kosha anja joubert

DIE KRAFT DER KOLLEKTIVEN WEISHEIT

wie wir gemeinsam schaffen, was einer allein nicht kann

Für
Noah, Salome und Ben,
meine Kinder

Vorwort

Vielleicht sollte man unsere Menschheitsgeschichte als eine Geschichte unserer Ich-Werdung, als eine Geschichte unserer Individuation erzählen. Als wir vor ungefähr 100 000 Jahren begannen, uns aus den reinen Naturzusammenhängen zu lösen, und erste Formen menschlicher Kultur schufen, waren wir uns ja anfänglich mehr unseres Clans als unseres Ichs bewusst. Es war dieses Clan-Wir der menschlichen Frühzeit, in dem wir uns langsam unseres Selbst bewusst wurden. Damals entstanden in den magischen Welten der Riten und Beschwörungen die ersten Formen der Kultur.

Das wichtigste Medium, das diese neue Kulturwelt schuf, war unsere Sprache. Was mit einfachen Lauten begann, füllte sich im Laufe von Zehntausenden von Jahren mit immer mehr Bedeutungen, bildete Strukturen und begann so damit, echte Sprache zu sein. Kurz gesagt – wir fingen an, einander Geschichten zu erzählen. Auch diese Geschichten entwickelten sich immer weiter, führten zu immer neuen Entdeckungen. Und neben dem praktischen Nutzen schufen sie unser Universum der Märchen und Mythen. Unser allererstes *Wir* war das *Wir* der Blutsverwandtschaft, der Familie, des Clans. Mit der Entfaltung der Sprache änderte sich der Schwerpunkt des *Wir*. Die biologische Nähe des „gleichen Blutes", der gleichen Fortpflanzungssippe, ging uns nicht verloren. Zu ihr gesellte sich aber etwas Zweites, Neues. Es war das *Wir* derjenigen, die sich die gleichen Geschichten erzählten. Immer stärker bildeten unsere gemeinsamen Mythen unsere Welt. In dieser Welt der Erzählungen erfuhren wir uns als Gemeinschaft. Und unsere Erzählungen entwickelten immer größere und weiter verzweigte mythische Welten, deren Kraft bis heute in uns wirkt.

Und noch ein Einschnitt veränderte uns radikal. Als die Sprache mit der Erfindung der Schrift ihre Flüchtigkeit verlor, erhielt sie eine feste, eine beständige Existenz. Texte auf Stein- oder Tontafeln, später auf Papyrus- und Papierrollen, bekamen eine Dauerhaftigkeit, die das flüchtig und direkt gesprochene Wort nie hatte. Im geschriebenen Text bekam die innere Struktur der Sprache und ihre Logik eine neue

Kraft, die nicht mehr ausschließlich an den Augenblick des Sprechens gebunden war.

Ein neues, systematischeres Denken, das aber noch lange in die Welt der Mythen eingebunden blieb, eröffnete uns neue technische und geistige Dimensionen. Es war eine Bewusstseinsrevolution, welche die Fundamente der ersten Hochkulturen am Euphrat, am Nil, am Indus oder am Gelben Fluss schuf. Dieses neue Denken, das sich immer mehr als Denken seiner selbst bewusst wurde, zeigte uns auch zunehmend uns selbst als Denkende, als Einzelne, die auch unabhängig von den Traditionen und Mythen immer neue Fragen stellen können. Die Kunst des unabhängigen Fragens und Spekulierens war die Kunst der ersten Philosophen. Die Griechen entwickelten sich im Mittelmeerraum zu den ersten großen Meistern dieser neuen Kunst.

Die Geburt des Individuums zeigte natürlich von Anfang an zwei Seiten. Theodor Adorno und Max Horkheimer sahen in ihrem 1944 während des Zweiten Weltkriegs im amerikanischen Exil geschriebenen Buch „Die Dialektik der Aufklärung", ihrem skeptischen Rückblick auf unsere Geistesgeschichte, in dieser neuen Eigenständigkeit des Einzelnen und seiner von allen Gebundenheiten gelösten Rationalität auch den Anfang eines großen Verlustes. Sie sahen im listigen Griechen Odysseus den Urahnen des eigenständig denkenden, aber auch von allem abgetrennten Menschen. In der „Odyssee", in der sich Odysseus mit Raffinesse und Tücke gegen die mythischen Mächte durchsetzt, sahen Adorno und Horkheimer auch den Anfang einer Vereinzelung und einer sich verselbstständigenden Zweckrationalität. In dieser verloren wir immer mehr alle unsere Bezüge zu einem kosmischen Ganzen, die unseren ersten Vorfahren in ihren magischen und mythischen Welten noch direkt gegeben waren.

Aber diese Geschichte ist eben auch die Geschichte unserer Freiheit. Griechenland war nicht nur das Geburtsland der Philosophie und mit Aristoteles auch das der Wissenschaft – Griechenland wurde auch zum Geburtsland der Bürgerrechte und der Demokratie. Freiheit und Rechte des Einzelnen fanden hier eine erste Blüte. Das Rechtssystem der Römer, aber auch die persönliche Beziehung der mittelalterlichen Mystiker zu dem Einen Absoluten Gott, beruht auf dieser neu gewonnen Individualität.

Vielleicht lässt sich unsere Bewusstseinsgeschichte besonders klar und direkt in unserer Kunstgeschichte erkennen. In einem Hochschulkurs für Bewusstseinsevolution, den ich einige Jahre lang in Connecticut in den USA leitete, fuhren wir mit den Studenten jedes Jahr für ein Wochenende nach New York. Dort gingen wir im Metropolitan Museum of Art, der vielleicht größten kunsthistorischen Sammlung der Welt, einen ganzen Tag lang von Sammlung zu Sammlung: von den Babyloniern zu den Ägyptern, über die Griechen zum Mittelalter, zur Renaissance, zur frühen Moderne bis zur Moderne und den großen Kunstwerken unserer postmodernen Gegenwart von Jackson Pollock oder Gerhard Richter. Wir durchschritten diese Sammlungen nicht als Kunsthistoriker, sondern als Bewusstseinshistoriker, denn in der bildenden Kunst stehen wir direkter als irgendwo sonst den vergangenen Bewusstseinsformen von Angesicht zu Angesicht gegenüber.

Jedes Mal, wenn wir mit den Studenten durch diese Sammlungen des Metropolitan Museum gingen, war es fast ein Schock, wenn wir von der ägyptischen Sammlung (der größten außerhalb Ägyptens) mit ihrer atemberaubenden Schönheit zur griechischen Sammlung gingen, um dort zu sehen, dass wir uns dort wirklich in einem anderen, neuen Universum befanden. Wie in keiner Kunst zuvor sehen wir in den griechischen Statuen nicht nur Götter und menschliche Archetypen: In diesen Statuen blicken uns Individuen an mit jeweils ganz eigenen Besonderheiten und unverwechselbaren Ausdrucksweisen. Zur gleichen Zeit, als in Griechenland die Philosophie geboren wurde, zeigte sich die neue Individualität auch in einer Transformation der bildenden Kunst.

Und wenn man in diesen Kunstsammlungen weiter durch die Jahrhunderte geht, erlebt man noch eine zweite Geburt des Individuums. In der Kunst der Renaissance, als sich unser europäischer Geist nach mehreren Jahrhunderten der Weltabgewandtheit und der Transzendenz vor allem im Italien des 15. Jahrhunderts wieder dieser Welt zuwendet, tun dies Künstler wie Raffael und Michelangelo mit einer Wucht des Konkreten und Individuellen, mit einer Entdeckung der persönlichen Perspektive, die in ihrer Welt- und Menschenauffassung in vielem auch heute noch Gültigkeit hat.

Und unsere gegenwärtige, postmoderne Kunst hat in ihrer Individualität und Vielfalt eine explosive Multiperspektivität erreicht, in der sich ganz neue Fragen stellen. Unsere Gegenwartskunst ist ja auch Spiegel einer fragmentierten Welt, in der es oft so scheint, als habe die Vielfalt der Perspektiven jeden Zusammenhang verloren, als gebe es uns nur noch als Splitter einer zersplitterten Welt.

Und hier, so scheint es, setzt Kosha Jouberts Buch über Kollektive Weisheit ein, fast in der Form einer neuen Spurensuche. Unsere hart errungene persönliche Freiheit, Individualität und persönliche Perspektive machen den Blick frei auf eine Sehnsucht und auch eine Ahnung, dass unsere Zersplittertheit nur ein Teil der Menschheitsgeschichte ist. Selbst unsere Einzigartigkeit und Individualität ist Ausdruck und Produkt eines Bewusstseinstroms durch die Zeiten, der schon immer ein ungeteilter, sich entfaltender Zusammenfluss des Bewusstseins war. Selbst unsere moderne und postmoderne Erfahrung der Isolation ist eine gemeinsame Erfahrung.

Kosha Joubert sichtet in unserer Zeit einen neuen Umschwung, vielleicht einen Wendepunkt unserer Bewusstseinsgeschichte, der bisher auf eine immer weitere Zuspitzung der Individuation zulief. Etwas beginnt sich in unserer Bewusstseinsgeschichte heute zu drehen, es wird eine neue Offenheit sichtbar, die unsere Eigenständigkeit und Individualität anerkennt und gleichzeitig sieht, dass wir viel weniger vereinzelt sind, als wir dachten.

Es ist schon erstaunlich, in welcher Vielzahl heutzutage Menschen in experimentellen Zusammenhängen mit einer neuen Kollektiven Weisheit experimentieren, einer Weisheit, die sich *zwischen* uns, im menschlichen *Zwischen,* und nur dort entfaltet.

Wie alle geschichtlichen Umbrüche ist auch dieser Umbruch ein tastender, experimenteller, in dem viele auf unterschiedliche Weise versuchen, das Neue zu erfassen. Aber die Zeichen sind deutlich, dass etwas Neues *zwischen* uns aufbricht.

Die Evolution, sowohl die biologische als auch die kulturelle, war stets ein Prozess, in dem sich immer komplexere Strukturen ausdifferenziert haben, um zu neuen größeren Einheiten zusammenzufinden, sei es die Entstehung der Moleküle aus den Atomen, die der

Zellen aus den Molekülen oder die der vielzelligen Körper aus ihren einzelligen Vorfahren. Es gibt keinen Grund anzunehmen, dass die Evolution irgendwo einen Schlusspunkt setzt. Die Anzeichen einer neuen, sich ihrer selbst bewussten Kollektiven Weisheit ist vielleicht der Aufbruch in eine neue Geschichte der Menschheit.

Tom Steininger

1

1.1. Traditionen des Schweigens

Meine Mutter ist Deutsche. Als Kind erlebte sie den Krieg mit seinen zerbombten Nächten. Mein Großvater kam zurück aus russischer Gefangenschaft und erzählte nur wenig von seinen Erlebnissen. Stattdessen fing er an zu trinken und starb früh an einem Herzinfarkt. Meine Großmutter – eine zutiefst freundliche Frau – will nichts gewusst haben von *der Endlösung*. Mit den Jahren wurde sie immer vergesslicher und zog sich schließlich im hohen Alter auf eine Insel aus frühen Kindheitserinnerungen zurück. 1958 verließ meine Mutter Hannover für eine Ausbildung beim Auswärtigen Amt. Mit zwanzig kaufte sie sich ihr erstes Kostüm, reiste nach Paris, London, Schweden und schließlich mit dem Dampfer durch den Suezkanal nach Südafrika, wo sie meinen Vater traf. Später wurde sie Dozentin für Germanistik.

Mein Vater stammt aus einer Boerefamilie – ursprünglich Hugenotten – die im 17. Jahrhundert an das Kap der Guten Hoffnung geflüchtet waren. Er wurde calvinistisch erzogen – in einer der puristischsten Formen reformatorischer Religion. Nach einem Physikstudium widmete er sich der Mathematik und begleitete dann als Informatikprofessor die revolutionären Entwicklungen des Informationszeitalters. Meine Großeltern unterrichteten an der Dorfschule in Ladismith in der Kleinkaroo. In ihrem Garten wuchsen Pfirsiche, Trauben, Pflaumen, Aprikosen, Quitten und Unmengen von Kakteen jeglicher Art. Einmal die Woche durfte bewässert werden. Hier in der Halbwüste brennt die Sonne mit einer Kraft, die das Land zum Singen bringt und den Menschen Angst einflößt. Früher war es die Welt der Khoikhoi und San – hier und da trifft man noch auf ihre leuchtenden Felsmalereien.

Wenn überhaupt irgendwo, bin ich in dieser kargen Landschaft verwurzelt. Als Kind lief ich nachmittags, wenn alle im Schatten des Hauses ruhten, hinaus auf das Feld. Der Sand brannte heiß an meinen nackten Füßen, das Zirpen der Zikaden vibrierte mit den Hitzewellen durch die Luft. Mit dem Gefühl, als würden mir Flügel wachsen, nahm ich den Gesang des Landes in mir auf. Hier draußen war ich frei. Im Haus hingegen gab es Räume mit einer Dunkelheit, die sich der lichtdurchfluteten Weite widersetzte. Das Geräusch der dicken Pavianspinnen auf den Holzfußböden flößte mir Furcht ein.

Angst hatte ich auch vor etwas, das mir unbenannt blieb. Da war eine Spannung unter den Menschen – ein Gefühl der Gefahr. In meinen Alpträumen brach Feuer aus der Erde und verschluckte, was mir lieb und teuer war. Langsam wuchs in mir das Bewusstsein um die Apartheid: gewaltsam getrennte Welten in einem Land voller Schönheit. Da war die Macht einer Hautfarbe, über andere Hautfarben zu entscheiden und Familien zu zerreißen, Land zu enteignen, Menschen zu erniedrigen.

Ich kam als Jugendliche zu der Überzeugung, dass die Apartheid und das Dritte Reich erst möglich wurden, weil Menschen nicht miteinander sprachen über das, was sie innerlich bewegt und verbindet. Erst da, wo man sich nicht mehr mitteilt und wo man die andere Seite nicht mehr hört, kann die Fremdheit so groß werden, dass strukturelle Gewalt zur Realität wird. Wären Konzentrationslager möglich gewesen, hätte man das Schluchzen und Grauen über Stacheldraht hinweg in deutschen Wohnzimmern gehört? Wäre die Apartheid möglich gewesen, hätten südafrikanische Mütter aller Hautfarben sich ausgetauscht über die Sorge um die Zukunft ihrer Kinder? Wie viele Menschen haben sich angewöhnt, schweigend über Unrecht hinwegzusehen?

Ich stamme aus zwei Traditionen – zwei Nationen, in denen das offene Gespräch gemieden wurde und menschliche Grausamkeit öffentlich Form annahm. Ich entschied mich, mein Leben der lebendigen Kommunikation unter Menschen zu widmen.

1.2. Einführung

„Ich bin Leben, das leben will,
inmitten von Leben, das leben will."

Albert Schweitzer

Der Strom der Zeit ist angeschwollen. Aus einem murmelnden Bach ist ein reißender Fluss geworden. Vorbei ist die Zeit, da wir dachten, besinnlich vom Ufer aus die Schöpfung in Augenschein nehmen zu können. Heute wissen wir: Wir sind selbst integraler Bestandteil des beständigen Wandels. Wir wissen, dass jede unserer Handlungen komplexe Auswirkungen hat auf das Weltgeschehen, auch wenn sie uns im Einzelnen noch so unscheinbar vorkommen. Wir und unser Tun – ob Routine oder Kreation – machen einen Teil der evolutionären Entwicklung auf diesem Planeten aus. Als Menschheit sind wir zu einer Naturgewalt angewachsen, welche die Kraft hat, das Leben auf Erden auszulöschen oder völlig umzugestalten. Unaufhaltsam verändern wir das Angesicht der Erde. Wir erschaffen neue Wirklichkeiten. Werden wir unserer Verantwortung dabei gerecht? Wie können wir miteinander die Weichen so stellen, dass unsere Kinder und deren Kinder glücklich mit sich und stolz auf uns sein können? Wie können wir in unseren sozialen Zusammenhängen, als Gesellschaft – auch und besonders in Deutschland – zu einer kollektiven, gemeinsamen Weisheit finden?

Noch fühlen wir uns größtenteils machtlos. Stehen als kleine Individuen dem Moloch Menschheit gegenüber und verzweifeln an der Komplexität und scheinbaren Blindheit der Masse. Wir schreiben Verschwörungstheorien und schieben die Schuld mal hierhin, mal dorthin. Wir fangen gerade erst an zu begreifen, dass es uns als Ganzes gibt: die Menschheit! Auf dem ganzen Planeten verteilt, konzentriert in Großstädten und Metropolen, fein verstreut in ländlichen Gebieten, dünn siedelnd hinauf in die Gebirge, in die Wüsten, Urwälder und Eislandschaften. Wir bereisen Gewässer und durchfliegen Lüfte. Wir schauen durch Satellitenkameras auf uns selbst hinab, durch Elektronenmikroskope in uns hinein und durch Teleskope hinaus ins All.

Im Moment besteht die Menschheit aus rund 6,9 Milliarden Einzelwesen. Bis 2050 sollen es 9,4 Milliarden sein[1].

Wer sind wir als Individuen? Wer sind wir als Kollektiv? Wie kommt es, dass wir so machtvoll geworden sind und uns gleichzeitig so machtlos fühlen? Was ist das für eine Wirklichkeit, die wir gemeinsam geschaffen haben? Weshalb pumpen wir weiterhin Öl aus der Erde und CO_2 in die Atmosphäre, weshalb werden weiterhin Wälder gerodet, Oberflächen versiegelt und Ökosysteme vernichtet, als wüssten wir nicht, dass wir damit unser eigenes Grab schaufeln? Was ist erforderlich, damit wir unsere Kraft bewusst und klug im Sinne des Lebens auf diesem Planeten einsetzen? Können wir Menschen als Ganzheit lernen, intelligent zu handeln?

Nie zuvor haben wir so viel über uns gewusst. Wir haben Geschichte geschrieben, Ausgrabungen gemacht und Kulturschätze geplündert, deren Schönheit unsere Seelen berührt. Wir bereisen und bestaunen Welten und Kulturen. Googlemaps ermöglicht es uns, in Straßennetze auf der anderen Seite der Welt hineinzuzoomen. Wir schauen uns gegenseitig über YouTube-Clips in die intimsten Lebenssphären. Das Wissen der Menschheit wird im Internet frei zugänglich und mit Hilfe von Schlagwörtern in Windeseile auffindbar. Noch nie waren wir so intensiv miteinander vernetzt!

Was ist das für eine Zeit, in der wir so viel zu wissen und so wenig zu verstehen scheinen – in der wir global so stark verknüpft sind und uns gleichzeitig so einsam fühlen?

Die Welt spricht zu uns. Sie fordert uns heraus mit dem Anblick sich ausbreitender Wüsten und Slums. Sie erzählt Geschichten von Verbundenheit, von Wechselbeziehungen, von Zeitzyklen und Entwicklungsspiralen. Sie überrascht uns mit chaotischen Wellen, mit grenzenlosem Schmerz und unendlicher Schönheit. Sind wir bereit, uns auf sie einzulassen? Oder beharren wir weiterhin auf der illusionären Vorstellung, dass wir von dieser Welt getrennt wären? Fühlen wir uns in unseren individuellen Isolationsblasen etwa sicherer?

Wir versuchen schlichte Zusammenhänge von Ursache und Wirkung herzustellen. Es gibt jedoch keinen leicht verständlichen Überblick. Die Fragen, die die Welt an uns heranträgt, werden immer komplexer, und wir sind herausgefordert, in unserer Auffassungsgabe mitzuwachsen. Wir sind konfrontiert mit einer unbestechlich faszinierenden Realität, in der Elementarteilchen mal als Materie und mal als Energiewelle erscheinen, je nachdem, wie wir hinschauen. Die neue Physik zeigt, dass es keine große Masse braucht, um Muster im Gesamtgefüge zu verändern. Der Flügelschlag eines Schmetterlings in New York reicht sprichwörtlich aus, um einen Sturm in Peking zu verursachen. Als die Zeit reif war, konnten Menschen wie du und ich die Berliner Mauer zu Fall bringen. Nelson Mandela konnte Südafrika auf einen friedlichen Weg aus dem Apartheidsystem führen. Eine neue Informationen und Strategie, die von anderen als bedeutungsvoll erachtet und tausendfach in das soziale Gefüge zurückgekoppelt wird, genügt, um ein gesamtes System von innen heraus zu verändern. Eine wichtige Zellinformation, in die richtigen Blutbahnen gelenkt, reicht aus, um einen kranken Organismus in einen gesunden zu verwandeln.

Jahrtausendelang haben wir uns auf die Suche gemacht und Geheimnisse gelüftet in der Hoffnung, die Kontrolle über unsere Welt zu gewinnen. Die Wissenschaft hat Licht in Bereiche des Aberglaubens gebracht. Sie hat aber auch das Heilige aus der profanen Welt vertrieben. Wir haben Lebendigkeit vermessen, Arten klassifiziert und Landkarten erstellt in dem Versuch, die Welt in ihre kleinsten Teilchen zu zerlegen und die Gesetzmäßigkeiten ihrer Zusammensetzung zu entschlüsseln. Wir haben Modelle der Realität mit der Wirklichkeit selbst verwechselt und zur Realität erklärt. Wir haben unser Bestes gegeben, die Welt mechanistisch zu begreifen und sie entsprechend zu formen. Wir haben versucht, die Erde zu einem sicheren Ort zu machen.

Wie kommt es, dass wir trotz unserer Technologie zur Kontrolle des Lebens immer mehr die Kontrolle verlieren? Wie kommt es, dass wir Probleme lösen und unsere Lösungen nur neue Probleme hervorbringen?

Aus dem viel gepriesenen Zitat des französischen Philosophen René Descartes *„Ich denke, also bin ich"* ist geworden: *„Ich denke,*

also lebe ich nicht. " Tausend Urteile und Konzepte, die unseren gesellschaftlichen und individuellen Geist bevölkern, durchziehen wie
Schwärme unser Gehirn und vernebeln uns die Sicht. Unsere Stärke,
das rationale Denken als Werkzeug zu nutzen, wird ohne gesunde
Einbettung zur Schwäche. Wie oft führt unser Denken eben nicht
dazu, das Leben in seiner Entfaltung zu unterstützen? Stattdessen
bestätigen wir gewohnte Gedankengänge und wiederholen Herangehensweisen, die nicht funktionieren. Unser Denken darf dem Leben
nicht länger außen vor bleiben. Es muss lernen, gesunde Muster des
Lebens zu erkennen und in Einklang mit ihnen seinen eigentlichen
Zweck zu erfüllen, nämlich geistig schöpferisch zu werden.

Das Leben weigert sich, sich einer zu kleinen Logik zu unterwer-
fen. Es zieht sich dort zurück, wo wir es geringschätzen und zur bloßen
Materie degradieren. Täglich verschwinden 150 weitere Arten[2] und
werden 415 Quadratkilometer Regenwald gerodet[3]. Naturkatastrophen entblößen unseren kleingeistigen Größenwahn und hinterlassen
uns mit neugewonnener Bescheidenheit. Das Leben wogt wütend an
den Mauern unserer Vernunft und fordert unablässig unsere Hingabe
an über uns hinauswachsende Aufgaben. Es fordert von uns, die volle
Verantwortung für diese Aufgaben zu übernehmen, ohne sie in ihrer
Ganzheit rational erfassen zu können.

Laut Einstein können wir unsere Probleme nicht mit dem gleichen Denken lösen, mit dem sie überhaupt entstanden sind. Die Welt
erzählt uns, dass unsere alte Art zu denken und zu begreifen überholt ist und eine nächste Stufe der Einsicht und Integration ansteht.
Heute brauchen wir die nötige Weisheit und Größe, unsere individuelle Intelligenz in einer kollektiven Intelligenz aufgehen zu lassen.
Wir müssen lernen, auszurichten, ohne kontrollieren zu wollen. Schon
immer haben wir Realität gemeinsam erschaffen und geformt, nur die
Größenordnung und Geschwindigkeit haben exponentiell zugenommen. Bisher sind uns die kollektiven Auswirkungen unserer Gedanken, Worte und Taten größtenteils unbewusst geblieben. Jetzt können
wir uns ihnen nicht mehr entziehen. Es geht um die Übernahme von
Verantwortung. Es geht um uns alle, um unsere Kinder, um dieses
eine wilde Leben, das gelebt und geliebt werden will.

Wir sind aufgefordert, bewusst in Verbundenheit und Kooperationsbereitschaft einzutreten, und zwar nicht mehr nur auf der Ebene des rational Vertretbaren, sondern auf der Ebene des intuitiven Einklangs mit allem, was uns umgibt. Wir sind eingeladen zu einer radikalen Vertiefung unserer Gespräche miteinander und mit der Welt. Wie können wir die Hochburgen unserer mentalen Konzepte verlassen, die individuelle Separation lösen und die soziale Fragmentierung aufheben? Wie können wir uns wieder mit Haut und Haar auf das Leben und aufeinander einlassen, ohne die positiven Errungenschaften unserer Zivilisation zu mindern?

Die Stummheit, das Schweigen inmitten des geschäftigen Lärms unserer Gesellschaft möchte durchbrochen werden. Wir sind eingeladen, das Wesentliche an- und auszusprechen. Wie kommt es, dass wir so oft neben unseren liebsten Angehörigen leben, ohne gemeinsam zu erkunden, was uns im Inneren bewegt? Wie können wir lernen, Gemeinschaft dort aufzubauen, wo wir leben? Unsere Nachbarschaften, Kieze, Dörfer und Gemeinden warten darauf, wieder zu lebendigen Orten der Zusammenkunft zu werden. Die Zeit ist reif, die Bilder in unseren Köpfen über ,die Wirtschaftsbosse', ,die Hausmütter', ,die afrikanischen Flüchtlinge', ,die Hippies', ,die Türken', ,die Deutschen' loszulassen und stattdessen das Gespräch zu suchen. Wir sind eingeladen, einen gesellschaftsweiten kooperativen Diskurs aufzubauen, in dem es um eine gemeinsame Suche nach Lösungen geht. Wie sähe eine tatsächliche Demokratie aus, die nicht auf die Macht der Mehrheit, sondern auf die Weisheit der Vielfalt setzt?

Wir sind aufgefordert, einen Schritt in Richtung Heilung zu machen und uns für Vertrauen statt Misstrauen zu entscheiden. Als Individuen tragen alle von uns die Wunden der eigenen Lebenslinie mit sich. Es gab für jeden von uns irgendwann den Moment, als vertrauensvolle Kinderliebe herzlos abgewiesen oder mit aktiver Gewalt beantwortet wurde. Und vielleicht auch den Moment, als ein vorsichtig ausgesprochener Traum lächerlich gemacht wurde und gewollt oder nicht gewollt im Mülleimer rationaler Urteilsmacht landete. Es gibt kaum eine Antwort, mit der wir weniger umgehen können als die der Abschätzigkeit, vor allem, wenn sie von geliebten Menschen kommt. Kinder verlieren ihr natürliches Selbstvertrauen, Jugendliche geben den zaghaften Versuch zur Größe auf, Erwachsene erinnern sich nur noch entfernt an unverblümte Offenheit. Wie Mimosen ziehen wir uns zurück und verschließen unsere Herzen und Sinne. Wir hören auf, offen zu kommunizieren. Das Resultat ist ein oberflächliches, langweiliges und im Unterstrom des Gemütes verängstigtes und isoliertes Dasein.

Als deutschem Kollektiv sitzt uns das Dritte Reich tief in den Knochen, vielleicht tiefer, als uns bewusst ist. Da haben wir mitgemacht, das deutsche Volk, haben uns mitreißen lassen von einer Polemik, in der von Gemeinschaft, Sehnsucht und hohen Idealen gesprochen wurde. Wir haben uns schuldig gemacht am Tod von sechs Millionen Juden[4]. Ideale einer vermeintlichen Perfektion wurden durch das Ausgrenzen und Töten von Leben angestrebt

Daraus gilt es zu lernen. Nur wie? Und was genau? Wie können wir einen Weg finden, auf dem wir uns nicht mehr voneinander abschotten müssen, um uns selbst treu zu bleiben? Können wir uns in Deutschland wieder trauen, kraftvolle Visionen zu entwickeln und zu einem positiven Beispiel im Weltgeschehen zu werden? Haben wir inzwischen gelernt, uns auf die scheinbare Imperfektion des Lebens einzulassen und in Momenten der Krise *Ja* zum ganzen Leben zu sagen, ohne Teile davon auszugrenzen?

Dieses Leben wird nie ein sicherer Ort sein. So sehr wir uns das auch wünschen. Sicherheit ist nicht die Mustersprache des Lebens. Das Leben ist stetiger Wandel, stetiges Wachsen und Vergehen – nichts bleibt, wie es ist. Unsere wissenschaftlichen Konzepte und gesellschaftlich verankerten Vorsichten können uns da nicht weiterhelfen. Unser rationales Denken ist hilfreich, aber in individuell isolierter Form nicht umfassend genug. Es ist weder flexibel noch fließend genug, um Antworten zu finden in einer Welt, die so komplex vernetzt ist wie die unsere. Wir können diese Welt in unserem Kopf allein nicht fassen. Wir müssen Fähigkeiten verfeinern, die wir lange vernachlässigt haben: Einfühlungsvermögen und Intuition. Wir brauchen die Weisheit und gesunde Bescheidenheit, uns wieder als Teil eines größeren Ganzen zu begreifen.

Über die Weisheit als elementaren kulturellen Wert schreibt der Kulturjournalist des deutschen Fernsehens Gerd Scobel[5] in seinem

Buch „Weisheit – über das, was uns fehlt": *„Weisheit ist die Fähigkeit, die wir benötigen, um mit Komplexität umgehen zu können. ... Sie verbindet unser rationales Verstehen mit etwas, das je nach Tradition Einsicht, Herz, Mitleid und Erkenntnis der wahren Natur der Dinge genannt wird."*[6]

Kollektive Weisheit wird uns nicht auf einem Silbertablett angeboten werden. Es gibt keine sichere Methode, gemeinsam zur Weisheit zu gelangen. Es gibt ein paar Landkarten und Erfahrungsberichte von einzelnen Weisen, aber als Kollektiv reisen wir in ein noch nicht bekanntes Terrain. Ist es möglich, als Menschheit in Verbundenheit miteinander und mit dem Leben weise zu handeln? So, dass die Kinder unserer Kinder einen blühenden Planeten vorfinden? Die Reise hat eine individuelle und eine kollektive Seite, eine beschreibbare und eine vollkommen unbekannte. Es ist ein gemeinsames Abenteuer und jede und jeder von uns spielt mit.

2

2.1. Zwischen den Welten

In meiner Kindheit bewegten wir uns zwischen zwei Welten. Alle paar Jahre verbrachten wir einige Monate in Deutschland. Ich lernte, wie sehr meine Persönlichkeit von dem Wertesystem der jeweiligen Kultur geprägt wurde. In Deutschland war Pippi Langstrumpf gerade der Hit – Mädchen durften endlich rotzfrech sein, auf Bäume klettern, Hosen tragen und vor sich hin pfeifen.

In Südafrika war diese Welle noch nicht angekommen. Hier hatten wir bevorzugt still und stickend, mit Schleifen im langen Haar, in der Ecke zu sitzen. Als ich mich mit meinem besten Freund auf dem Schulhof prügelte, bekam nur ich eine Strafe, weil Mädchen sich nicht prügeln. Ich sonnte mich in dem Wissen, Vorreiterin einer neuen Kultur der Freiheit zu sein, und eckte gerne an.

Schwieriger zu entfalten waren meine Einblicke in das Apartheidssystem. Ich merkte schnell, dass meine Fragen und Anschuldigungen weder in der Schule noch in meiner Familie weiterführten – unangenehmes, vorwurfsvolles Schweigen, Tränen meinerseits –, dies war kein System, das sich gerne anzweifeln ließ.

Der entscheidende Bruch begann mit der Emigration in die Niederlande in meinem 15. Lebensjahr. Nicht nur der ewige Nieselregen machte mir zu schaffen: Ich war mitten in der Pubertät, und die Diskrepanz der Weltbilder war beeindruckend. In Südafrika war ich Vorreiterin meiner Klasse gewesen, frech und wütend – als Klassenbeste konnte ich mir einiges erlauben. Dort hatte ich die modernsten Ideen und herausfordernde Gedanken. In dem niederländischen Klassenverband nun war ich plötzlich die Altmodischste. Schon meine Sprache, Afrikaans, hörte sich in den Ohren der anderen an wie ein mittelalterliches Gebrabbel mit primitivster Grammatik. Fassungslos sah ich mit an, wie meine Altersgenossen sich Joints drehten oder mit sexuellen Abenteuern und kleinen Diebstählen prahlten. Ich war Schuluniformen gewohnt, hier aber galten die mir unbekannten Gesetze der Mode. Ich hatte Mühe, Selbstwahrnehmung und Fremdwahrnehmung in Einklang zu bringen, und wurde schweigsam.

Der Bildungsstil richtete sich auf puristische Rationalität. Die Wände waren mit Gemälden von M.C. Escher[7] geschmückt. Die ewig treppensteigende Figuren und sich gegenseitig malenden Hände gaben die Absurdität einer verdrehten Perspektive wieder. Sie bildeten mein Erlebnis unserer unbewussten Gefangenschaft in bestimmten Weltbildern nach. Wie kam es nur, dass alle zu glauben schienen, dass ihre Sicht der Welt normal sei? Wer war ich, wenn meine Persönlichkeit sich durch einen Umzug so stark wandelte?

In dieser Welt entfiel auch Gott als letztendliche Zuflucht. Mir war klar geworden, dass der Jesus meiner Kindheit auf unerklärliche Weise in die Apartheid verwickelt gewesen war. Die falsche Moral der gefalteten Hände und inbrünstigen Gebete, während gleichzeitig die Nächsten mit Elektroschocks behandelt wurden, weil sie sich für Gleichberechtigung einsetzten, war in mir aufgebrochen. Leider konnte der Materialismus eines wissenschaftlichen Ansatzes, der die Welt nüchtern auseinandernimmt und Handel mit ihr treibt, keinen Trost bieten. Ich kämpfte mit Schlaflosigkeit, stritt mit meinem Vater und nahm Zuflucht zu Literatur und Kunst. Meine wachsende Wut über die Apartheid führte schließlich zu einem Riss in der Familie – was tun Eltern, wenn die eigene Tochter eine ‚Terroristenorganisation‘ wie den ANC[8] unterstützt?

2.2. Geistige Grundlagen

„Die wahre Entdeckungsreise besteht nicht darin, dass man neue Landschaften aufsucht, sondern darin, mit frischen Augen zu sehen."

Marcel Proust

Diese gemeinsame Abenteuerreise beinhaltet unter anderem ein Spiel mit Begrifflichkeiten und Bedeutungen. Unsere Interpretation der Wirklichkeit entsteht an der Grenze zwischen Ordnung und Chaos dort, wo wir uns das Unvertraute durch Namensgebung vertraut machen. *„Im Anfang war das Wort, und das Wort war bei Gott, und Gott war das Wort"* heißt es im Johannesevangelium[9]. Worte und Definitionen haben die Macht, Dinge zu umreißen und auszurichten. In unseren Gesprächen und öffentlichen Diskursen praktizieren wir gemeinsame Bedeutungsgebung und Wirklichkeitsgestaltung mittels Nutzung von Sprache.

Wörter besitzen eine innere und äußere Realität, die wie zwei Seiten einer Münze gemeinsam auftauchen. Die explizite Realität (der Wortlaut und die Buchstabenabfolge) tragen eine eigene Evolutionsgeschichte in sich. Die implizite Realität, die Bedeutung der Worte, taucht mit all ihren Implikationen der kollektiven Erinnerung auf wie aus einem Meer, in dem wir nach Deutung und Zuordnung angeln. Meist bleibt sie ungreifbar wie ein silbriger Fisch, den wir zwischen den Fingern zu fassen versuchen. Bedeutungen erscheinen einerseits klar und rational treffsicher, gleichzeitig sind sie wie Träume und Symbole unlösbar und nebulös mit ihrem psychologischen und historischen Deutungskontext verbunden. Unsere Suche nach kollektiver Weisheit in dieser Zeit der Individualisierung erfordert nicht nur die verstandesmäßige Durchdringung der jeweiligen Deutungsbesetzung von Wörtern, sondern oft auch ihre Umdeutung. Es ist kaum möglich, Wörter, die in der Vergangenheit negativ besetzt wurden, unbearbeitet in neue Wertungssysteme zu überführen.

a)

Die Wörter „Gemeinschaft" und „Kollektiv" sind z. B. in Deutschland unsichtbar, aber spürbar mit Erinnerungen an Missbrauch und Selbstverleugnung gekoppelt. Mit der Machtübernahme der Nationalsozialisten wurde die Idee der Volksgemeinschaft Teil einer politischen Beschwörungsformel, die uns in den zweiten Weltkrieg und den Holocaust begleitete. Es erfordert heute eine innere Anstrengung und das Berühren eines kollektiven Schmerzes, wenn wir diesen Begriffen wieder ein positives Verständnis der gesunden Zusammenführung kraftvoller, freier Individuen zuordnen wollen. Die Angelsachsen haben es mit den Begriffen „community" (was sowohl den Begriff „Gemeinde" wie den Begriff „Gemeinschaft" umfasst) und „collective" um ein Vielfaches leichter. Die englischen Begriffe sprechen von offenen, leichten Gefügen. Es stehen dabei niemandem die Haare zu Berge.

An dieser Stelle gehe ich von einer positiven Ausrichtung des Gemeinschaftsbegriffes aus, der sich natürlich in die Gesellschaft eingliedert. Ich definiere Gemeinschaft als eine Gruppe von Menschen, die sich dafür entscheiden, einen vertrauensvollen, authentischen Umgang und einen andauernden Diskurs miteinander zu pflegen; aus der individuelle und gemeinsame Projekte entstehen. Lebens- oder Arbeitsgemeinschaften können Teil einer Gemeinde oder Region ausmachen. Sie können zusammen an einem Ort leben, aber sich auch als über eine Stadt oder die Welt verstreutes Netzwerk oder virtuelle Internetgemeinschaft konstituieren. Ein lebendiger gesellschaftlicher Diskurs entsteht unter diesem Blickwinkel aus der sinnhaften Zusammenführung von gemeinschaftlichen Konversationen.

Das Wort „Kollektiv" stammt von dem lateinischen „collectivus" und bedeutet „angesammelt". Es beschreibt Ansammlungen von Einzelwesen, die sich zu einem größeren Ganzen zusammensetzen. Begriffe wie „Kollektivschuld" und „Kollektive Weisheit" legen einen Schwerpunkt auf das, was uns miteinander verbindet, ohne unsere individuelle Einzigartigkeit zu verneinen. Wir haben geschichtlich um den Prozess der Individualisierung (Übergang von Fremd- zur Selbstbestimmung) gerungen und ringen vielerorts nach wie vor darum. Seit dem Fall der Mauer sind 20 Jahre vergangen. In Deutschland ist der Diskurs über die Auswirkungen einer Ost- oder West-Vergangenheit bisher wenig geführt worden. Immer noch gibt es eine unsichtbare Trennlinie, die uns, vor allem die älteren Generationen, in unseren Prägungen unterscheidet. Die Erinnerung an eine gewaltsame Kollektivierung mit ihrer Bespitzelung und Unterdrückung individueller Freiheiten möchte zum Ausdruck gebracht werden. Ihnen gegenüber steht die Vereinsamung und konsumorientierte Lebensweise, die mit der Individualisierung und dem Kapitalismus einhergeht.

Ist das Pendel im kapitalistischen Westen zu weit in Richtung Individualisierung ausgeschlagen? Wie Jean Twenge[10], Professorin für Psychologie an der San Diego State University durch Studien belegt, hat die Selbstbezogenheit und der Narzissmus in der heutigen Kultur epidemische Ausmaße angenommen[11]. Narzissten halten sich im Grunde ihres Herzens für großartig, statt über Selbstdisziplin zu wirklichen Erfolgen zu kommen. Viele junge Erwachsene schwanken haltlos zwischen Größenwahn und Minderwertigkeit hin und her. Die Annahme, dass eine Ichbezogenheit unabdingbar ist für Erfolg, muss dringend hinterfragt werden. Stattdessen brauchen wir und unsere Kinder eine gründliche Ausbildung von Fähigkeiten wie echter Empathie, transparenter Ehrlichkeit und dem Vermögen, im Sinne einer größeren über sich selbst hinausgehenden Verbindlichkeit zu denken. Wir brauchen ein neues Gewahrsein, das Erfolg mit Zufriedenheit assoziiert und nicht mit dem Ansammeln von Reichtum. Glück entsteht, wenn wir in liebevollen Bezügen zu den Menschen und anderen Lebewesen unseres Kontextes leben. Insofern gibt es tatsächlich eine historische Notwendigkeit, das Wort „Kollektiv" zu rehabilitieren. Allerdings gilt es, als Grundlage für die Herausbildung Kollektiver Weisheit den historischen Mut zu respektieren, den die individuelle Autonomie und Loslösung aus der Konformität erfordert. Die Kollektive Weisheit nimmt die individuelle Freiheit als Fundament für eine erneute Hinwendung zu einem „Wir", in dem das Wissen um unsere Verbundenheit ihren Ausdruck findet.

Ein weiterer Aspekt unserer Forschungsreise im Bereich der Begrifflichkeiten und Bedeutungen bezieht sich auf Analogien. Wenn wir Vergleiche anstellen zwischen Mustern oder Prinzipien, die sich in unterschiedlichen Größenordnungen abspielen. nennen wir das Analogie. Inwiefern ist es hilfreich aus dem ‚Gruppenverhalten' von

Elementarteilchen, lebenden Zellen, Bakterien und Ameisen Rückschlüsse zu ziehen auf das kollektive Verhalten von Menschen? Kann z. B. das intelligente und komplexe Zusammenspiel von Ameisen uns Einblicke gewähren in Prinzipien, die auch auf die Entwicklung Kollektiver Intelligenz unter Menschen zutreffen? Inwiefern sind Prozesse der Kommunikation und Entscheidungsfindung unter Menschen vielleicht auch grundsätzlich von anderer Qualität?

Worte sind wirkungsvoller, wenn sie mit greifbaren Bildern verknüpft sind. Wir versuchen, Einblicke in komplexe Zusammenhänge zu gewinnen über Vergleiche mit einfacheren Zusammenhängen. Wir neigen prinzipiell dazu, in Symbolen, Analogien und Metaphern zu denken und uns an ihnen zu orientieren. Wichtig ist hierbei vor allem, uns der konkreten Auswirkung unserer sprachlichen Beschreibungen bewusst zu werden. Analogien helfen uns, Zusammenhänge zu erspüren, können aber auch zu naiven Vereinfachungen und groben Fehleinschätzungen führen. Seit den Anfängen der Sozialwissenschaften wurden z. B. Sichtweisen der Physik auf unsere Sicht des Menschen und den strukturellen Aufbau menschlicher Organisationen übertragen. Daraus hat sich ergeben, dass unsere sozialen und wirtschaftlichen Institutionen bis heute größtenteils einer mechanistischen Weltsicht entsprechend strukturiert werden. Sie sollen funktionieren wie Maschinen, in denen jedes Rädchen am rechten Platz und in gleich bleibendem Takt mitdreht. Der wachsenden Komplexität der Anforderungen wird mit einem immer größeren bürokratischen Aufwand begegnet. Das Verhalten der Mitarbeiter wird penibel kontrolliert. Es werden aufwändige Projektpläne aufgestellt, die davon ausgehen, dass die Dinge nach Plan verlaufen. Die Anspannung steigt.[11]

In der neueren Physik wurde diese Sicht einer Welt, die vorhersagbar abläuft, längst überholt von der Relativitäts- und Chaostheorie. Die Wirklichkeit ist zu einem höchst empfindsamen Meer von Möglichkeiten geworden, aus dem Wellen steigen und vergehen. Ab und an entsteht auch mal eine Tsunamiwelle, die alles komplett umwirft. Hier gibt es keine klare Prognostizierbarkeit, sondern nur Wahrscheinlichkeiten. Ob Potenziale tatsächlich zum Tragen kommen oder nicht, hängt von vielen Faktoren ab.

Lange hinkten die Sozialwissenschaften der Physik hinterher und arbeiteten mit veralteten Analogien. Inzwischen holen sie auf. Welche Bilder unterstützen unsere Organisationen darin, spontan und intuitiv sinnvoll auf die sich ständig verändernden Anforderungen zu antworten? Die Sozialwissenschaften und speziell die Organisationsentwicklung sind derzeitig damit befasst, diesbezüglich neue Denkweisen zu integrieren und neue Methoden zu entwickeln[12]. Improvisation und Kreativität sind in dieser komplexen Realität situativ verwendbare Talente, die mehr Früchte tragen als vorab festgelegte Arbeitsabläufe. Individuelle Freiheit und kollektive Ausrichtung finden zu einem neuen Zusammenspiel. Das steigende Interesse an Kollektiver Weisheit macht einen Teil dieses Prozesses aus.

Wie das oben beschriebene Beispiel vorführt, zeigt sich die Sinnhaftigkeit von Analogien letztendlich in der Nützlichkeit und Anwendbarkeit ihrer Schlüsse. Wenn sie zu einem erhöhten Verständnis und zur Zufriedenheit aller Beteiligten führen, ist es sicher sinnvoll, sie vergleichend heranzuziehen. Es bedeutet nicht, dass sie wahr sind in einem absoluten Sinne. Morgen brauchen wir vielleicht schon neue Bilder für einen nächsten Schritt in einer sich verändernden Welt. In diesem Buch gehe ich von einem Wahrheitsbegriff aus, der in dem Beziehungsgeflecht des gegenwärtigen oder situativen Moments begründet ist. Wahrheit ist eine Sichtweise, die das Potenzial eines Moments erfasst und in seiner Entfaltung unterstützt.

Die Analogien in diesem Buch beziehen sich in erster Linie auf Vergleiche zwischen verschiedenen Ebenen kollektiver Erscheinungen. Der jüdische Schriftsteller Arthur Koestler[13] erlebte fast das gesamte 20. Jahrhundert und wendete sich in seinem Werk gegen zwei totalitäre Regimes: den Faschismus und den Stalinismus. Als Gegenzug zum totalitären Kollektivismus begründete er den Begriff Holon. Dieser bezeichnet ein Ganzes, das gleichzeitig Teil eines größeren Ganzen ist, selbst aber kleinere Ganzheiten enthält, wobei jedes Teil sich seine relative Freiheit bewahrt. So entsteht eine natürliche Holarchie:

„Das Resultat der Evolution stellt sich als vielschichtige Realität dar, in welcher sich die evolutionäre Kette autopoietischer [dazu später mehr] *Existenzebenen hierarchisch ordnet. Wesentlich ist dabei aber, dass es*

sich nicht um eine Kontrollhierarchie handelt, in der Informationen nach oben und Befehle nach unten fließen. Jede Ebene behält eine gewisse Autonomie und lebt ihr eigenes Leben in horizontalen Beziehungen („Heterarchie") zu ihrer spezifischen Umwelt."[14]

So ist z.B. die Zelle Teil eines Organs, welches wiederum Teil eines menschlichen Körpers ist, welcher wiederum Teil eines sozialen Organismus ist usw. Die verschiedenen Größenordnungen beeinflussen sich dabei gegenseitig und stehen in einem Abhängigkeitsverhältnis zueinander. Solange die Beziehungen gesund verlaufen, wird uns die gegenseitige Abhängigkeit kaum bewusst. Erst wenn Zellen zu Krebs mutieren, Organe zusammenbrechen, Menschen zu Amokläufern werden oder Regierungen zu Diktaturen entarten, wird die Kostbarkeit der Balance zwischen individueller Freiheit und kollektiver Harmonie auf allen Ebenen des Gesamtsystems schmerzhaft bewusst.

Nach Ken Wilber[15] hat jedes Holon zwei Tendenzen: seine Ganzheit zu bewahren (Agenz) und seine Teilheit zu bewahren (Kommunion). (Wir wollen gleichzeitig unsere Freiheit als Individuen und unsere Verbundenheit als Mitglied einer Gemeinschaft oder Gesellschaft erleben.) Außerdem haben Holons ein „vertikales Vermögen" zur „Selbstranszendenz" (Bildung höherer Einheiten) und „Selbstauflösung" (Zerfall in kleinere Bestandteile)[16]. Die Bildung höherer Ebenen führt zu einer Steigerung der Komplexität: Neue, nicht vorhersagbare Qualitäten erscheinen im Bild. Durch die Vernetzung der Menschheit über das Internet entsteht z.B. ein nicht vorhersagbarer Bewusstseinswandel. Wissen, das früher einer Elite vorbehalten war, wird plötzlich für die Allgemeinheit zugänglich. Machtverhältnisse verschieben sich. Die heutigen Jugendlichen spielen mit virtuellen Welten, als wären sie real, und in einem gewissen Sinne werden sie es dadurch tatsächlich. Führt uns das Internet in die Herausbildung eines kollektiven neuronalen Netzwerkes, einem kollektiven Gehirn vergleichbar, welches des gesamten Globus umspannt?

Wenn wir über die Vielschichtigkeit von Holarchien und die Herausbildung neuer Muster sprechen, ist der Begriff des *Fraktals* (lat. fractus: gebrochen, von frangere: brechen, in Stücke zerbrechen) hilfreich. Der französische Mathematiker Benoît Mandelbrot[17] prägte diesen Begriff im Jahre1975, um Muster in natürlichen oder künstlichen Gebilden zu beschreiben, die in verschiedenen Größenordnungen wiederkehren bzw. Selbstähnlichkeit aufweisen. Diese Selbstähnlichkeit ist in der Natur, z.B. in Farnblättern, Bäumen, Wolken, Flusssystemen und Küstenlinien, nie absolut, sondern immer ungefähr. Muster werden zu einer „Gewohnheit" des jeweiligen Systems. Gerade darin liegt – unter ästhetischen Gesichtspunkten – die Perfektion der natürlichen Schönheit. Eine bestimmte Formensprache wird ständig wiederholt und ist doch nie gleich. Die Unendlichkeit widerspiegelt sich in den kleinen Dingen. Elementarteilchen kreisen umeinander und widerspiegeln in ihrem Tanz das Verhalten von Sonnensystemen und Galaxien. Die Länge eines Küstenverlaufs wird immer weniger bestimmbar, je genauer wir die Feinheiten der Buchten und Klippen miteinbeziehen. Die Musterbildung der Natur kann in der fraktalen Geometrie nachvollzogen werden. Einfache Formeln, deren Ergebnisse wieder in die Ursprungsformel zurückgefüttert werden, führen zu endlos komplexen Schlaufen. Mit ihrer Hilfe können z.B. täuschend echte Zeichentrickfilme hergestellt werden. Ein fraktales Weltbild nähert sich der kosmologischen Weisheit eines legendären Hermes Trismegistos[18] an: „Wie oben so unten, wie innen so außen."

Das Leben ist ein ständiger Prozess. Heraklits Erkenntnis: „Wir steigen in denselben Fluss und doch nicht in denselben, wir sind es und wir sind es nicht" wird in unserer schnelllebigen Zeit spürbarer als je zuvor. Die Entitäten unserer Welt sind in Wahrheit eher Knotenpunkte, in denen sich Ströme von Information, Energie und Materie als feste Gegenstände treffen. Nichts bleibt, wie es ist.

„Eine prozessorientierte Sicht fasst den Kosmos als Organismus auf, der nicht aus Substanzen besteht, sondern aus Vorgängen, Entwicklungen, Ereignissen, die sich im Strom der Zeit realisieren. Die Welt ist ein Potential und ein Wirklichwerden des Potentiellen, welches aber stets mit dem Ozean des Möglichen verbunden bleibt."[19]

Es soll Sprachen geben wie die der Aborigines, die in erster Linie aus Verben bestehen und leichter neue Verben erschaffen als Substantive. Das aktive prozesshafte Werden der Welt rückt dadurch in den Vordergrund. Im Gegensatz dazu wächst in der deutschen Sprache vor allem die Anzahl der Substantive, wodurch ein Fokus auf der

* Wie John Croft so gerne erzählt.

passiven, gegenständlichen Dinghaftigkeit des Lebens liegt. Marshall Rosenberg[20], der Begründer der Methode *Gewaltfreie Kommunikation*, erzählt in seinen Seminaren, dass die Prozessualität ein Faktor sei, an dem Friedenssprachen (Sprachen, die das Entstehen und den Erhalt von Frieden unter Menschen befördern) erkennbar würden. Sie unterstützen uns darin, unsere Anhaftung an die materiellen Dinge zu lösen und stattdessen in der Präsenz einer aktiven Verantwortungsübernahme zu verweilen.

Alle Ordnungen der Realität unterliegen dem Strom der ständigen Veränderung. Ich gehe hier davon aus, dass die vollendete Form, die perfekte Organisation, die eine richtige Methode, mit der wir Kollektive Weisheit herstellen können, nicht existiert. Sie besteht jeweils nur in einer momentanen Annäherung, die sich aus einer paradoxen Verbindung von Hingabe an den Prozess und Klarheit in der Ausrichtung speist. Unsere Welt ist nicht so statisch, wie wir sie gerne erscheinen lassen würden.

Der chilenische Biologe Francisco Varela[21] hat gemeinsam mit seinem Vorgänger und Lehrer Humberto Maturana[22] den Begriff der *Autopoiesis* geprägt. Sie beschrieben diejenige Fähigkeit lebendiger Systeme, sich selbst zu erschaffen und die eigene Identität aufrechtzuerhalten, obwohl sie sich beständig verändern. *„Ein lebendes System ist ein Netzwerk von Prozessen, in dem jeder Prozess einen Beitrag zu allen anderen Prozessen liefert. Das gesamte Netzwerk ist damit beschäftigt, sich selbst zu reproduzieren. Es wird sich verändern, um sich selbst zu erhalten. Jeder Organismus erhält ein klares Gefühl für die eigene individuelle Identität innerhalb eines größeren Netzwerkes von Beziehungen, die diese Identität mit erschaffen. Identität entsteht durch intimes Engagement.“[23]* Die Natur entwickelt offene Systeme, die einerseits die eigene Identität wahren, andererseits ihre interne Organisation und ihre Beziehungen zur Außenwelt ständig neu erschaffen und umgestalten. Wir selber, aber auch unsere sozialen Gebilde und unsere Projekte, sind *„autopoietische Existenzebenen“*. Wir lachen über alte Kinderfotos, sind betroffen über unseren Alterungsprozess und behalten dennoch ein durchgängiges Gefühl dafür, wer wir sind.

Auch hier gibt es die implizite und explizite Ordnung (innere und äußere Realität), von der wir schon bei der Bedeutung der Worte und ihrer Form sprachen. Bewusstsein, Bedeutung und Identität im Inneren sind untrennbar mit der Form im Außen verknüpft. Die Trennung zwischen Geist und Materie, die in der Aufklärung vollzogen wurde, verlangt nach einer Aufhebung. Materie ist im Ergebnis ausgeformter Geist. Das Potenzial zur Form und Sichtbarkeit liegt schlummernd im Unsichtbaren, die Welle schläft im Ozean. Der Quantenphysiker David Bohm[24] (1917–1992) beschreibt in seinem Buch „Die implizite Ordnung. Grundlagen eines dynamischen Holismus" die immanente Ordnung als Feld, in der die sichtbare Welt „eingefaltet" ist, bevor sie sich ausdrückt. Die Entfaltung in die Form kommt einem Aufblühen aus der impliziten Ordnung in die explizite Ordnung gleich. So kann ein Same als ein Tor gesehen werden, durch welches das Implizite, das Verborgene, ins Explizite strömt. Wasser, Erde, Sonnenlicht fließen durch diese Pforte, um ein ehemals unsichtbares Muster in einen strahlenden Baum zu verwandeln. Sie fließen durch die Pforte einer Knospe, um eine Blüte zu entfalten. Sie fließen durch Ei- und Samenzelle, um unseren Körper zu formen.

Auch wir stellen Tore des Übergangs zwischen impliziter und expliziter Wirklichkeit dar. Energie und Informationen fließen durch uns hindurch und werden durch Visionen und Gedankenwelten zu sichtbarer Realität gestaltet. Bohm entwickelte den *Dialogprozess*, von dem im Kapitel „Methoden" noch die Rede sein wird, um diesen Prozess bewusst werden zu lassen. Wir müssen ein hohes Maß an präsenter Aufmerksamkeit in unsere Gesprächsprozesse einziehen lassen, wenn wir die Fähigkeit zum gemeinsamen Denken ausbauen wollen.

Zu guter Letzt möchte ich in diesem Kapitel unterscheiden zwischen der Möglichkeit, kollektive Erscheinungen als *Systeme* oder aber als *Felder* zu betrachten. Ich glaube, dass beide Sichtweisen förderlich sein können für die Herausbildung kollektiver Weisheit, aber mit ihrer Bildersprache eine unterschiedliche Wirkung erzeugen.

Der Begriff „Allgemeine Systemtheorie" geht auf den Biologen Ludwig von Bertalanffy (1902–1972)[25] zurück. Wenn wir Kollektive als komplexe Systeme betrachten, liegt unser Augenmerk auf den individuellen Knotenpunkten, aus denen das Ganze zusammengestellt ist, und auf den komplexen Wechselwirkungen zwischen diesen

Punkten. Wir erforschen die Gesetzmäßigkeiten dieser gegenseitigen Wirkungen und versuchen, diese algorithmisch zu beschreiben. Wenn viele gleichartige Wechselwirkungen auftreten, die sich nicht gegenseitig bremsen, sondern stärken, tritt das Phänomen der Emergenz auf. Neue Qualitäten erscheinen im Gesamtsystem, die mehr sind als die Summe der Qualitäten seiner Teile.

Systeme werden grundsätzlich als offen betrachtet, wobei sie im Sinne eines Holons gleichzeitig den Teil eines größeren Gesamtgefüges ausmachen.

Die vorteilhafte Wirkung der systemischen Betrachtung liegt darin, dass sie uns einlädt, den Energie- und Informationsfluss im System (und im holarchischen Gesamtgefüge) zu beobachten und zu analysieren. Wir können dann die Elemente so positionieren und miteinander verknüpfen, dass Energien und Informationen im Moment möglichst gewinnbringend fließen können. Ein guter Entwurf kann z.B. beinhalten, dass gewünschte Funktionen im Gesamtsystem von möglichst vielen verschiedenen Elementen unterstützt und Informationen im Gesamtsystem möglichst frei zugänglich gemacht werden. Wenn ein menschliches System gut „entworfen" wurde, wird es sich, wie jedes natürliche Ökosystem, ständig weiterentwickeln und entfalten, so dass die Vielfalt, Stabilität und Kreativität zunimmt.

Mir scheint aber, als sei die Systemtheorie, bei aller positiven Steigerung der Prozesshaftigkeit und Ganzheitlichkeit, die sie mit sich bringt, mit einem Fuß in einer mechanistischen Weltsicht stecken geblieben. Deshalb möchte ich unsere Betrachtung um den Aspekt des *Feldbegriffs* erweitern. Die sozialpsychologische Feldtheorie stammt aus der Gestalttheorie und wurde von Kurt Lewin (1890 bis 1947)[26] weithin ausgearbeitet. Sie beruht auf einer Analogie mit dem physikalischen Feldbegriff, der auf Kräfte wie Gravitation und Magnetismus anwendet wird. Kurt Lewin war der Auffassung, dass in Gruppen ähnliche unsichtbare Kraftfelder wirken (z.B. unsichtbare Machtstrukturen oder Wertesysteme), in denen sich die Interaktionen der Mitglieder ausrichten.

Die Feldtheorie steht allerdings in der Gefahr, als unpräzise und anfällig für die Vernebelung durchaus beschreibbarer Vorgänge zu gelten. Ihr Vorteil für die Erforschung der Kollektiven Weisheit ist, dass sie einen Schwerpunkt legt auf den wesenhaften Charakter sozialer Organismen (die autopoietische Identität von z.b. Organisationen und Firmen) und auf unsichtbare und unterschwellig wirkende Kräfte wie Status, Geschichtlichkeit und emotionale Prozesse. Sie lässt zu, dass wir der impliziten Seite unserer sozialen Realität eine größere Aufmerksamkeit zollen. Wir alle kennen die Erfahrung, wenn wir in einen Raum treten und intuitiv spüren, ob eine Atmosphäre des Konfliktes oder des Erfolges, eine „gute" oder „dicke Luft" vorherrscht. In intensiven Konversationen kann es vorkommen, dass die ganze Gruppe weiß, wer als Nächstes einen Beitrag zu leisten hat, was als Nächstes gesagt wird oder dass in einem bestimmten Moment die Zeit für eine Pause gekommen ist usw. Solche Energiebewegungen, die das Gruppenwesen als Ganzes durchläuft, sind oft intuitiv wahrnehmbar.

In den letzten Jahren gab es vermehrt Experimente zu Feldwirkungen von menschlichen Gehirnwellen. *„Eine dieser Untersuchungen wurde 1993 in Washington, D.C., der Stadt mit der höchsten Kriminalitätsrate in den Vereinigten Staaten, durchgeführt. In den Monaten Juni und Juli des Jahres übten dort rund 4000 Menschen gemeinsam die Transzendentale Meditation aus. In diesen acht Wochen ging die Gewaltkriminalität in der Stadt deutlich zurück. Das Washington Police Department belegt dies mit überzeugenden Zahlen. Der Rückgang bei den vier schwersten Gewaltverbrechen, Vergewaltigung, Raubüberfall, schwerer Überfall und Mord, betrug in dieser Zeit 23 Prozent."*[27]

Die Beschreibung des Phänomens der Kollektiven Weisheit, der Faktoren, die zu ihrer Entstehung führen, und ihrer Wirkungsweisen werden sich in den kommenden Jahren hoffentlich weiter verfeinern und Hand in Hand gehen mit einem sich ständig anreichernden Erfahrungsschatz. Im Moment scheint es hilfreich, mit Begrifflichkeiten wie *Feld* und *System, Gemeinschaft* und *Kollektiv* zu spielen. Wir können uns auf unserer Forschungsreise hin zu mehr Verbundenheit und Kooperationsbereitschaft an *Analogien* versuchen, *fraktale Musterbildung* in kollektiven Strukturen erkennen und unser Bewusstsein für die *impliziten Aspekte* unserer sozialen Realitäten schulen.

In Wirklichkeit ist die Realität ganz anders.

3

3.1. Alte Wege – Neue Wege

Meine selbst geschaffene Initiation als junge Frau verlief in verschiedenen Etappen. Ein großer Schritt war der Ausstieg aus dem Studium mit 21 Jahren, kurz vor der Magisterarbeit, bei exzellenten Noten. Studiert hatte ich Linguistik und kulturelle Anthropologie. Ich war angetreten mit dem sehnlichen Wunsch, die interkulturelle Kommunikation zu erlernen. Ich wollte die Fähigkeit entwickeln, Gesprächsräume zu eröffnen für Menschen, die sich fremd sind. Ich wollte lernen, Räume zu schaffen, in denen Menschen anderen Menschen begegnen und dadurch sich selbst kennenlernen.

1990 organisierte die Anti-Apartheidsorganisation, in der ich aktiv war, in Zusammenarbeit mit dem ANC[28] eine Frauenkonferenz mit Namen „Malibongwe"[29]. Frauen aus Südafrika, von denen viele ins Ausland geflohen waren, konnten sich hier treffen mit dem Ziel, eine südafrikanische Frauenbewegung zu gründen und gemeinsame Strategien zu erarbeiten. Das Apartheidregime in Südafrika steckte tief in der Krise. Es war nur noch eine Frage der Zeit und des Ausmaßes von Gewalt, die nötig war, das System zu Fall zu bringen. Die Frauen, die kamen, waren zutiefst beeindruckend. Manche hatten Hüften, die so breit waren, dass sie die Welt zu umfassen schienen. Andere besaßen eine innere Kraft und Wut, dass die Luft förmlich davon gefüllt war und der Raum vibrierte. Sie sprachen direkt aus Herz und Bauch. Ich aber fühlte mich unendlich weiß, unbedeutend und schuldig. Obwohl ich viele Monate an der Vorbereitung mitgearbeitet hatte, bekam ich den Mund nicht auf. Schließlich zog ich mich zurück, um mich in das Drama einer Depression zu stürzen.

Ich zog daraus den Schluss, mein Studium aufzugeben. Nach vier Jahren hatte ich nichts gelernt, was in dieser Situation von Bedeutung schien. Ich hatte nicht gelernt, zu kommunizieren. Die Wissenschaft konnte mir nicht weiterhelfen. Sie schien vom tatsächlichen Leben abgeschnitten. Das Studium war meine Hoffnung gewesen, innerhalb der normalen Gesellschaft einen Weg zu finden, der für mich stimmte. Nun besah ich mir die Welt und entschied, dass selbst die besten aller Regierungen anscheinend das Wohl der Wirtschaft dem Wohl der eigenen Bevölkerung, der Natur und der zukünftigen Generationen vorzogen. Keine von ihnen schreckte vor versteckter Ausbeutung der Ärmsten zurück. An der Universität hatte ich die Ethik und die Liebe zum Leben nicht gefunden, auf die ich gehofft hatte. Hier wurde mit totem Wissen gehandelt, welches der Rationalisierung von bestimmten Weltbildern diente. Nicht zuletzt wusste ich plötzlich mit eiserner Gewissheit, dass die Tage der Apartheid in Südafrika gezählt waren und dass meine politische Mitarbeit im Grunde überflüssig war. Ich wollte aussteigen.

Die brave Professorentochter brach aus ihren gewohnten Bahnen aus. Ich zog in ein besetztes Haus und fing an, ohne Geld zu leben. Ich wollte meine Vorrechte aufgeben und meine gefühlte Schuld sühnen. Der Müll einer europäischen Großstadt wie Amsterdam bot Fülle ohne Ende. Ich baute mir ein altes Fahrrad zu einem Kastenwagen um und zog mit anderen nachmittags über den Gemüse- und Früchtemarkt, um brauchbare Reste einzusammeln. Aus Supermarktmülltonnen zogen wir triumphierend ganze Stangen Schokoladenriegel und Yoghurtbecher hervor – es gab genug zu essen.

Vor allem aber lernte ich neu zu vertrauen. Mir war immer beigebracht worden, dass ich sterben würde, wenn ich die normalen Bahnen der Gesellschaft verließ. Nun hatte ich in meiner Verzweiflung alle Sicherheitsnetze durchschnitten, hatte mich dem Leben anvertraut und machte die Erfahrung, dass für mich gesorgt war. Ich trat der Performancegruppe ‚The Mutoid Waste Company‘[30] bei. Aus Müll wurde Kunst – von überdimensionalen Dinosaurier- und Insektenskulpturen aus Altmetall bis hin zu feinsten Zauberfiguren aus buntgemusterten Telefonkabeln. Ich spezialisierte mich auf maßgeschneiderte Kostüme und Hüte aus Innenreifen.

Das Leben selbst wurde zu einem Kunstwerk. Ich begegnete Menschen, die verrückter waren als ich. Hier, in den Randbereichen der normalen Gesellschaft, lernte ich endlich, mit dem Fremdartigen zu kommunizieren. Hier waren Menschen, die alles verloren hatten, was ihnen teuer war, und deren Wunden offen lagen. Hier fand ich zu meiner inneren Freiheit, zu meiner Intuition und zum Gespräch mit den Menschen zurück.

3.2. Das Phänomen

Die Welt ist ein Teil von uns, und wir sind ein Teil der Welt. Die Grenze zwischen uns und unserer Umwelt ist nie absolut, sondern verläuft fließend und durchlässig. Diese Passage ist so beweglich, dass in spirituellen Traditionen von der Möglichkeit einer kompletten Auflösung gesprochen wird. Seit unsere Physis anfängt, sich aus Ei- und Samenzelle herauszubilden, fließt ein ständiger Strom von Energie, Materie und Information durch uns hindurch. Unser Körper ist weniger ein festes Gebilde als ein zeitweiliger Übergang inmitten eines ständigen Energieflusses. Diese Arme und Beine, dieser Verstand und diese Organe bestehen in Wirklichkeit aus einer komplexen Gemeinschaft von ungefähr 75 Billionen lebendigen Einzelzellen[31], die keine Ahnung davon haben, welche Identität wir ihnen als Ganzes zuschreiben. Jede Einzelne von ihnen nimmt Nahrung zu sich, scheidet Überflüssiges aus, verarbeitet Informationen, durchläuft ihren Lebenszyklus und stirbt letztendlich. Gemeinsam agiert diese Gemeinschaft so kollektiv intelligent, dass wir sie als Einheit erleben, aus der unser Selbst hervorgeht. Diese Wesensart im ‚Ich' zu empfinden, ist vielleicht unser ursprünglichster Zugang zu einem Verständnis des Phänomens der Emergenz – dem Emporkommen oder Auftauchen neuer Qualitäten einer höheren Ordnung aus dem Zusammenspiel einzelner Komponenten. Unser Bewusstsein entsteht nicht einfach aus der Summe unserer zellulären Qualitäten. Emergierte Werte sind qualitativ anderer Natur als die Summe ihrer Anteile.

Auch Kollektive Intelligenz kann als ein Phänomen der Emergenz umschrieben werden. Aus der Zusammenführung und Verknüpfung individueller Intelligenz entstehen Einsichten, die weit über das Vermögen irgendeines Individuums hinausgehen. Es kommt zu Lösungsansätzen, die erst aus einem Raum der Verbundenheit emergieren können. In diesem Sinne sind wir nicht nur gemeinsam VIELE, sondern gemeinsam ein MEHR. Wir können gemeinsam schaffen, was einer allein nicht kann, nicht nur von der Größenordnung her, sondern auch von der Dimension.

Zurück zu dem faszinierenden Gemeinschaftswesen ‚Körper‘, mit dem wir so intim und geheimnisvoll verbunden sind: Dieses beherbergt jeden Tag ein paar Milliarden sterbende Mitglieder in seiner Zellgemeinde und muss sie ersetzen. 93 % des Körpers bestehen aus drei Elementen: Sauerstoff, Kohlenstoff und Wasserstoff. Die Elemente selbst haben sich seit Anbeginn des Universums nicht verändert, nur ihr Aufenthaltsort und ihre eingegangenen Verbindungen sind temporär und in einem stetigen Wandel begriffen. Wir sind buchstäblich aus dem Staub der Sterne geformt. Die Elemente, aus denen unser Körper zusammengesetzt ist, haben eine lange Reise hinter sich.

Noch lebendiger wird unsere Körpergemeinschaft durch ihre Vielfalt: Schätzungsweise nur ein Zehntel bis höchstens die Hälfte unserer Zellen sind menschlicher Natur, der Rest besteht aus Mikroorganismen, die mit uns in freundlich-intimer Nachbarschaft leben. Es sind vor allem Bakterien, die als Kolonien z.B. unsere Darm- und Hautflora ausmachen. Diese Nachbarn haben in gewisser Hinsicht wenig mit uns gemein, aber wir umfassen sie und leben in symbiotischer Verbundenheit mit ihnen.

Es gibt natürlich auch Mikroorganismen, sogenannte Krankheitserreger, die es nicht so gut mit uns meinen. Auch sie gehen ständig ein und aus in diesem komplexen System, das wir unser „Ich“ nennen. Wenn sie sich in uns vermehren, führt das zu Krankheiten. Wir fühlen uns ihnen auf eine seltsame Weise ausgeliefert und unser Immunsystem ist ständig damit beschäftigt, das empfindsame Gleichgewicht unserer inneren Gemeinschaft und unserer Gesundheit aufrechtzuerhalten. Vor nicht allzu langer Zeit noch waren wir geradezu besessen von der Idee, uns durch strenge hygienische Maßnahmen vor ihnen abzusichern. Heute wissen wir längst, dass es auch hier anstelle rigider Vermeidung das richtige Maß an Kontakt braucht. Unser Immunsystem sollte Bakterien und Viren kennenlernen und sich im Umgang mit ihnen trainieren. Wir und unsere Umwelt sind zutiefst miteinander verwoben. Jeder Versuch einer sauberen Separation muss Illusion bleiben.

Trotz des löblichen Einsatzes unseres Immunsystems begleitet uns der langsame und stete Strom des Alterns unser ganzes Leben. Wir brauchen nicht bis zu dem entschleiernden Moment unseres Todes zu warten, um jetzt und hier Einblick in den radikalen Fluss unserer scheinbar so festen Form zu gewinnen. Wann wird etwa der Luftzug, den wir jetzt durch unsere Nase einziehen, zu einem Teil von uns? Ist es da, wo er sanft oder kalt, scharf gewürzt oder süß parfümiert unsere Nasenwand streift? Oder da, wo er unsere Lungen zur angenehmen Dehnung bewegt, eine Welle der Weitung bis in die Lungenbläschen schickt? Oder da, wo die Atemgase unaufhaltsam übergehen in den Strom unseres Blutes, um schließlich Eingang zu finden in die Intimität unserer Zellinnenräume? Und an welchem Punkt wird Atem wieder zur Welt? Dort, wo die Luft unsere Stimmbänder streift und über den Klang Sinn oder Verwirrung, Poesie oder Missklang schafft? Dort, wo unser Atem weiße Wolken in einen Wintermorgen malt? Oder dort, wo ‚unser' Kohlendioxyd von einem Baum aufgenommen wird, um einen weiteren Zyklus der Verwandlung zu vollführen?

Die Welt ist ein Teil von uns und wir sind ein Teil der Welt. Die gesamte Materie auf unserem Planeten ist eingebunden in diesen sich ewig erneuernden wechselhaften Strom des Lebens. Ebenso wie die Materie fließen auch Kulturen, Traditionen und Informationen durch uns Menschen hindurch, werden ausgetauscht und weitergereicht. Wir werden von ihnen und sie durch uns transformiert. Verbundenheit ist eine Tatsache, über die wir uns Klarheit verschaffen und zu der wir tatsächlich mental und emotional „erwachen" können. Verbundenheit ist nicht ein Traum, den wir erst herstellen müssten. Was bedeutet das für unser Vermögen, kollektiv weise zu werden? Wie viel Wissen um das Ganze tragen wir buchstäblich in uns?

Francisco Varela sagt: *„Die Evolution hat für mich nichts damit zu tun, dass Tiere besser werden in der Erkennung oder in der Anpassung an* *eine Umwelt. Sie hat mit der Tatsache zu tun, wie es Francis Huxley so schön dargestellt hat, dass die Biene die Blume erträumt, und die Blume die Biene. Biene und Blume gehören auf eine Weise zusammen, dass, wenn du eins von beiden wegnimmst, beide verschwinden.*"[32] Darwin und seine Nachfolger stellten zu ihrer Zeit die Evolution als einen Prozess dar, der auf den Zufall genetischer Mutationen einerseits und dem Überleben der stärksten Individuen andererseits basiert. Heute sehen immer mehr Wissenschaftler, dass das Prinzip der Kooperation die Evolution mindestens genau so stark mitgestaltet wie das Prinzip der Konkurrenz. Das Geflecht des Lebens entfaltet sich gemeinsam in feiner, gegenseitiger Abstimmung. Die Frage nach dem Erstauftritt von Huhn oder Ei lässt sich in Beziehung zu den Zusammenhängen zwischen vielen Arten und Phänomenen stellen. Es scheint, als gäbe es eine zugrundeliegende Weisheit, aus der beide gemeinsam hervorgehen.

Unser Universums ist vor 13–14 Milliarden Jahren entstanden, das Alter unseres Planeten beträgt ungefähr 4600 Millionen Jahre. Vor ungefähr 3500 Millionen Jahren erscheinen die ersten lebenden Zellen. Vor 60 Millionen Jahren entstehen die ersten Säugetiere und erst vor ungefähr 250 000 Jahren die ersten Menschen. Uns gibt es, wenn wir das auf einer Zeitschiene betrachten, erst seit einem kurzen Augenblick. Wir tauchen ganz am Schluss einer Ewigkeit auf, in der die Dinge sich mal langsam, mal bruchhaft, aber generell doch höchst bedächtig entwickeln. Die Neuerungsrate von Leben beschleunigt sich allerdings im Laufe der Evolution immer mehr – *„Je mehr Möglichkeiten geschaffen werden, desto größer ist die Wahrscheinlichkeit, dass weitere Möglichkeiten geschaffen werden. Kreativität bringt Kreativität hervor.*"[33] Diese Beschleunigung wird durch Entdeckungen und technologischen Neuerungen des Menschen immer weiter vorangetrieben. Wir sind heute Teil einer Explosion an Novitäten auf diesem Planeten, von der im Moment unklar ist, wohin sie führt.

Aber kehren wir noch einmal zurück zu unseren Vorfahren, den Einzellern. Schon bald nach dem Entstehen der ersten lebenden Zellen entwickeln sich die ersten Bakterienkolonien. Sie bestehen aus Cyanobakterien, Einzellern, die zwar noch keinen Zellkern besitzen, aber schon fähig zur Arbeitsteilung sind. Während manche der Bakterien sich darauf konzentrieren, Sonnenlicht umzuwandeln und zu speichern, können andere Teile der Kolonie die Abfallstoffe dieses Prozesses verdauen. Gemeinsam bauen sie regelrecht „Städte", die als mineralische Ablagerungen bis zum heutigen Tage erhalten blieben. Gibt es Nahrung in Fülle, fließt der Hauptteil der Energie in die Erzeugung von Nachkommen. Wird aber das Essen rar, verändert sich die Form der Nachkommen in die von „Pionieren". Pionier-Cyanobakterien sind mit den nötigen Fähigkeiten ausgestattet, um Forschungsreisen zu unternehmen, Nahrung zu suchen und neue Kolonien zu gründen. Auch moderne Bakterien können diesen Wandel von Pionieren zu Siedlern und zurück zu Pionieren vollziehen.[34]

Schon diese Urgemeinschaften des Lebens besitzen die Grundbausteine der „Schwarmintelligenz", wie sie heute bei Ameisen und Bienen untersucht wird.[35]

Einfachste Lebewesen befolgen einfache Regeln, um gemeinsam höchst intelligent zu wirken. Ein ständiger Informationsaustausch zwischen Mitgliedern führt zu individuellen Entscheidungen, welche Aufgabe zu erledigen, welche Strategie zu befolgen ist. Niemand hat den Überblick, und niemand erteilt Kommandos. Trotzdem funktioniert das Ganze auf der Basis dieser individuellen Entscheidungen als komplexes und in sich stimmiges System, das intelligent und einfühlsam auf die sich verändernden Bedingungen der Umgebung antwortet. Bakterien-Pioniere übermitteln z.b. chemische Nachrichten an ihre alte Heimatkolonie. Wenn ihre Forschungsreise nach Nahrung sie in ein unwirtliches Gebiet führt, schicken sie noch im Prozess des Sterbens eine abschreckende Nachricht, so dass ihnen niemand folgt. Wenn sie allerdings fette Beute machen, werden über Nachrichtenketten Lockbotschaften an die Ursprungskolonie überbracht.

In echten Krisensituationen sind Bakterien sogar fähig, ihre eigene DNA neu zusammenzusetzen, indem sie Erbinformationen miteinander tauschen und verändert kombinieren. Hierbei entscheidet nicht der Zufall, sondern die Probe dessen, was funktioniert. Mit den Urbakterien entsteht gleichzeitig das erste weltweite Informationsnetzwerk, in dem globale Strömungen von Wind und Wasser genutzt werden, um Bruchteile genetischen Materials miteinander auszutauschen und so auf der Höhe neuester Entwicklungen zu bleiben.

Vor ungefähr 2,7 Milliarden Jahren erscheinen erste Zellkerne auf der Bildfläche des Lebens auf Erden, in einer Bakterienform mit dem Namen Eukaryoten. Die neuesten wissenschaftlichen Untersuchungen gehen davon aus, dass Eukaryoten aus „gastfreundschaftlichen" Bakterien hervorgehen, die andere Bakterien in sich aufnehmen, die dann den Zellkern bilden.[36] Mit dem Entstehen eines Zellkerns wird der Weg geebnet zu einer erhöhten Komplexität der Einzeller, die nun mit einer größeren Erbmasse arbeiten kann. Immer mehr Informationen werden nicht nur horizontal im Raum, sondern auch vertikal durch die Zeit an Nachkommen weitergegeben.

Bruce Lipton[37], der sich seit vielen Jahren mit der lebendigen Beschaffenheit von Zellen befasst, kommt allerdings zu dem Schluss, dass das Hauptinstrument zur Informationsverarbeitung, das Gehirn einer Zelle, nicht, wie bisher angenommen, im Zellkern zu verorten ist. Bei Experimenten zeigt sich nämlich, dass Zellen selbst dann, wenn ihr Zellkern entfernt wird, weiterhin dazu fähig sind, mit ihrer Umgebung zu kommunizieren, sich fortzubewegen und Nahrung zu sich zu nehmen. Sie sterben letztendlich daran, dass sie abgestorbene Proteine nicht mehr ersetzen können. Der Nucleus (Zellkern), der den größten Teil des genetischen Materials enthält, ist also nicht die zentrale Schaltstelle, die aus Umweltreizen geeignete Handlungsmuster ableitet, sondern nur ein Faktor in einem weit komplexeren Geflecht. Er beinhaltet die Blaupausen, die Pläne zur Konstruktion der ungefähr 1 000 000[38] verschiedenen Proteine, die im menschlichen Körper gebraucht werden. Die Frage, welche Blaupause zu welchem Zeitpunkt aktiviert wird, wird aber nicht zentral, sondern dezentral an der Zellmembran und in intimer Abstimmung mit der Umgebung entschieden. Dies ist ein Prinzip, das den Richtlinien der Schwarmintelligenz folgt und nicht den Grundsätzen einer zentralistischen Hierarchie. Nach Bruce Lipton können wir uns die Membran einer Zelle als Informationsprozessor vorstellen, die sowohl die innere wie die äußere Umgebung liest und sie einander anpasst. Sie sendet Signale an den Zellkern, die darüber entscheiden, welche Blaupausen aktiviert werden sollen.

Wir haben schon auf die Gefahr von Analogien hingewiesen. Können wir aus der Art, wie Zellen und Bakterienkolonien funktionieren,

Schlüsse ziehen über die Funktionsweisen von Menschen, Organisationen und Gesellschaftsformen? Die Komplexitätsebenen reichen in andere Dimensionen hinein. Durch Emergenz entstehen im Menschen Qualitäten, die anderen Gesetzen unterliegen. Anderseits lässt sich das Heranziehen von Analogien nicht ganz vermeiden. Für uns Menschen gilt nicht die Welt, die wir sehen, sondern die Welt, wie wir sie interpretieren. Wir haben im weitesten Sinne ein symbolisches Verständnis der Dinge. Wir sprechen viel mehr in Bildern miteinander, als wir allgemein annehmen. Solange wir daran glauben, dass die Welt aus einem Zentrum heraus geformt und gesteuert wird, werden wir in allem hierarchische Strukturen suchen, finden und erschaffen. Beispielsweise werden Organisationen traditionell mit einem Managerteam ausgestattet, welches das Ganze lenken und ausrichten soll. Bei der heutigen Komplexität führt diese Art kontrollierender Hierarchie immer deutlicher zu Überforderung und unzulänglichen Entscheidungen.

Wie wäre es nun, wenn wir die formende Kraft einer Organisation an ihren Rand verlegten? Wenn wir davon ausgingen, dass die Menschen, die den direkten Kontakt mit der Umwelt haben, ein unendlich wertvolles Informations- und Ideenreservoir darstellen (ähnlich wie die Zellmembran)? Das Verhältnis der bestimmenden Kräfte zwischen Zentrum und Rand würde sich spürbar verschieben. Immer mehr Unternehmen und Organisationen weltweit integrieren diese neue Symbolik.

Dee Hock[39] entwickelte z.B mit VISA-Card die erste global operierende Wirtschaftsorganisation, die einerseits auf der Basis von gemeinsamen ethisch begründeten Prinzipien und andererseits von einem höchstmöglichen Maß an Selbstorganisation in verschiedensten kulturellen Zusammenhängen erfolgreich ist. Statt einer zentralen Verwaltung gelten wenige schlichte Strategien und ein hohes Maß an Freiheit für alle. VISA-Card wird bekannt als Organisation mit einem leeren Zentrum oder als ‚chaordische' Organisation. Google ist zum beliebtesten Arbeitgeber der USA aufgestiegen, nicht nur wegen der finanziellen Konditionen, sondern auch wegen der Freiheit, die den Mitarbeitern eingeräumt wird; diese wird in höchstem Maße als kreativitätsfördernd beschrieben. Das Internet selbst wird im Gesamten durch seine Nutzer geformt. Die Grundprinzipien der Schwarmintelligenz finden Anwendung im Bereich Transport und Auslieferung von Waren in komplexen Netzwerken. Das sind nur einige Beispiele einer völlig neuen Herangehensweise, die den Fokus auf mehr Informationsverarbeitung in den Grenzbereichen statt im Zentrum einer Organisation legen. Gibt es einen Gott im Zentrum der Welt oder schaut Gott uns als Gegenüber durch jedes Augenpaar an, in das wir blicken? Wir müssen keine Entweder-oder-Entscheidung treffen, um der zweiten Möglichkeit mehr Raum in unserer Sichtweise und unserem Leben zu schenken. Sobald wir das tun, ist das Interesse an dem Phänomen der Kollektiven Weisheit ein ganz natürlicher Schritt.

Je größer die Oberfläche einer Zelle ist, desto mehr Impulse kann sie zwischen ihrer inneren und äußeren Umgebung vermitteln. Somit wächst die Menge an Informationen, die sie verarbeiten kann. Das Leben ist anscheinend von Natur aus neugierig und versucht Möglichkeiten zur Informationsaufnahme und -verarbeitung auszuweiten. Insofern gab es eine natürliche Tendenz der Einzeller, im Laufe der Evolution immer größer zu werden. Aber auch ein Ballon kann nur eine gewisse Zeit anschwellen, bevor er zu platzen droht. Vor ungefähr 700 Millionen Jahren erscheinen die ersten exotischen, mehrzelligen Organismen auf der Erde. Die einzelnen Zellen werden nun zu noch engeren Gemeinschaften verbunden, als es die Bakterienkolonien je sein könnten. Sie werden dicht verkabelt über ein neuronales Netzwerk. Eine neue Ebene der Informationsverarbeitung macht seine Aufwartung: das Gedächtnis! Erinnerungen an bestimmte neuronale Abläufe können gespeichert und wiederholt werden.

Hand in Hand mit der Entwicklung des Gedächtnisses erscheinen neue Möglichkeiten für die Herausbildung kollektiver Felder. Nicht nur die Vererbung von Genmaterial, sondern auch der Prozess der Sozialisation kann nun zur Ausbildung von bestimmten Verhaltensweisen in Mehrzellern genutzt werden. Organismen lernen durch Nachahmung ihrer Artgenossen voneinander. In der Natur werden Kollektive so zu vernetzten Orten des gemeinsamen Lernens und Denkens, zu Zentren der Kommunikation und des Informationsaustausches. Vielleicht ist dies die Hauptursache unserer Neigung zum engen Zusammenleben. Schon heute leben mehr als die Hälfte der Menschen in urbanen Zentren. Bis 2030 sollen es zwei Drittel sein.[40]

Howard Bloom[41] kristallisiert in seinem Buch „The Global Brain" fünf Prinzipien der sozialen Organisation heraus, die bestimmen, wie Kollektive gemeinsam lernen.[42] Über diese Prinzipien sagt Bloom, dass er sie durch empirische Beobachtung entdeckt hat. Da wir inzwischen wissen, dass der Beobachter und das beobachtete Objekt untrennbar miteinander verknüpft sind, lade ich uns an dieser Stelle ein, diese Prinzipien mit unserer eigenen Lebenserfahrung abzugleichen. Wie wirken sie in uns und in den sozialen Systemen, von denen wir ein Teil ausmachen?

1. **Konformitätsbewahrer** stellen sicher, dass genügend Einheit in der Vielfalt einer Gruppe entsteht, damit eine gemeinsame Identität erzeugt wird. Wir werden z.B. mit dem Vermögen geboren, alle möglichen Klänge menschlicher Sprachen zu erzeugen. Aber schon bald verkümmern hiervon die Fähigkeiten, die nicht beansprucht werden. Wir lernen, eine einzige Sprache zu sprechen und die Welt aus einem bestimmten Blickwinkel zu betrachten. Wir werden nicht als Deutsche geboren, sondern erzogen. Im Geschichtsunterricht meiner Afrikaans-Südafrikanischen Kindheit war das bedeutendste Datum die Ankunft von Van Riebeeck und der niederländischen Ostindien-Kompanie am Kap der Guten Hoffnung: der 6. April 1652. Ein Datum, das wohl sonst kaum jemand kennt. Europäern wird während des Heranwachsens erzählt, dass die ersten ernstzunehmenden Philosophen der Menschheitsgeschichte im alten Griechenland lebten. Als Chinese weiß man, dass das eine eurozentrische Sichtweise ist. Wir befinden uns in unseren jeweiligen Nationen und Kulturen unter unsichtbaren gemeinsamen Käseglocken, deren wir uns erst dann wirklich bewusst werden, wenn wir sie verlassen und von außen betrachten.

   Konformitätsbewahrer können brutal vorgehen. Feindlichkeit gegenüber Gruppenmitgliedern, die sich anormal verhalten, ist bei den meisten Tierarten und Völkern vorzufinden. Es gibt eine Grundregel, die schon bei unseren bakteriellen Vorfahren gilt:

Stärke die Verbindung zu denen, die im Sinne der Gruppenwertigkeiten Erfolg haben, und schwäche die Verbindung zu denen, die scheitern. Die Angst, aus einer Gruppe ausgegrenzt und abgestoßen zu werden, lebt oft unbewusst im modernen Menschen weiter. Hexenverbrennungen und Judenverfolgungen liegen noch frisch in unserer kollektiven Erinnerung. Wir erinnern uns zellulär daran, dass soziale Ablehnung tödliche Folgen haben kann. Ann Epstein von der Medizinischen Abteilung in Harvard hat darauf hingewiesen, dass das Gefühl der Erniedrigung und Ausgrenzung die häufigste Ursache für Selbstmord bei Kindern und Jugendlichen ist.[43]

2. **Vielfaltserzeuger** stellen sicher, dass ein Reichtum an unterschiedlichen Strategien zur Verfügung steht, wenn sie gebraucht werden. So formen sie einen Gegenpol zu den Konformitätsbewahrern. *„Jedes Individuum stellt eine Hypothese des Kollektivs dar."*[44] Wenn Bienen ausschwärmen, um neue Nahrungsquellen ausfindig zu machen, fliegen sie in alle Richtungen. Sie suchen die ganze Bandbreite ab, bevor sie sich durch ein feines Kommunikations- und Abstimmungssystem einigen, welche Quellen gemeinsam angeflogen werden. Unser Immunsystem umfasst ungefähr 10 Millionen bis 10 Milliarden mögliche Antikörpertypen, die alle für den Fall der Fälle zur Verfügung stehen, dass ein Krankheitserreger genau diese Form, genau diese Zusammenstellung braucht, um ausgeschaltet zu werden. Genau so hat die Menschheit einen unendlichen Reichtum an Kulturen und Persönlichkeitstypen hervorgebracht, die verschiedene Qualitäten mit sich bringen. Auf unserem Weg in eine unbekannte Zukunft ist es nicht möglich vorauszusagen, wann welche Kombinationen von Wissen und Fähigkeiten gebraucht wird, um den nächsten Schritt zu tun. Vielfalt ist eine Ressource, die heute, parallel zum fatalen Artensterben, in der Bandbreite ihrer Bedeutung langsam, aber sicher entdeckt wird. Indigene Völker bauen eigene Samenbanken auf, als Protest gegen die globale Vereinheitlichung und das Monopol auf Saatgut, das mit der Agrarindustrie entsteht. Die Vielfalt der Menschheit findet in der Völkerbegegnung bei den Vereinten Nationen einen Ausdruck. Wir sind wie Kinder, die

erst entdecken, welchen Schatz die Natur zustande bringt, während er uns schon zwischen den ungeschickten und unwissenden Fingern zerrinnt.

3. **Innere Richter** sind in jedem von uns und in jedem selbstorganisiertem System tätig. Sie sorgen dafür, dass wir uns gut fühlen, wenn unser Beitrag zum Ganzen wertvoll zu sein scheint, und schlecht, wenn dem nicht so ist. Die Ausschüttung von Hormonen – Serotonin im positiven, Octopamin im negativen Falle[45] – führt dazu, dass unser Selbstbewusstsein entweder anschwillt oder in sich zusammenbricht, je nachdem, ob wir nach unseren eigenen Maßstäben bzw. den Maßstäben der anderen Anerkennung verdienen oder nicht. Serotonin führt zu einem Hochgefühl, das unser Immunsystem stärkt, unsere Gehirnleistungen aufbaut und unseren Status in der Rangordnung der Gruppe steigert, egal ob wir gerade als Languste, Moorhuhn oder Mensch unterwegs sind. Octopamin hingegen sorgt dafür, dass selbstzerstörerische Tendenzen an die Oberfläche treten, die uns in Depressionen stürzen, uns körperlich schwächen und psychisch zermürben. Es gibt zahllose Heldengeschichten über Männer und Frauen, die es schafften, angesichts direkter Ablehnung und Erniedrigung trotzdem zu ihrer Wahrheit zu stehen, ihre Integrität zu wahren und letztendlich als weise Anführer aus der Situation hervorzugehen. Es ist Teil unserer Freiheit als Menschen, dass wir unseren Hormonausschüttungen nicht hilflos ausgeliefert sind, sondern lernen können, diese willentlich zu steuern.

4. Das **Kanalisieren von Ressourcen** bringt Reichtum, Einfluss, Berühmtheit und attraktive sexuelle Partner zu denen, die Erfolg zu haben scheinen. Die Urbakterien, die auf Nahrung stoßen, werden vom Rest ihrer Kolonie gefördert. Diejenigen, die nicht so viel Glück haben und in einer sprichwörtlichen Wüste landen, werden abgestoßen. Bekannte Autoren werden häufiger zitiert als Unbekannte und werden dadurch noch bekannter. Über berühmte Persönlichkeiten wird häufiger berichtet und sie werden noch berühmter. Erfolgreiche Schüler werden stärker gefördert und werden dadurch noch erfolgreicher. Das Internet

bietet einerseits der unbekannten Masse mehr Möglichkeiten als je zuvor, in Erscheinung zu treten. Andererseits gilt auch hier die Spielregel: Der Algorithmus der Google-Suchmaschine ist darauf aufgebaut, Internetseiten, die gut verlinkt sind, bei jeder Suchfunktion zuerst zum Vorschein treten zu lassen, wodurch sie immer bekannter werden. Bei YouTube-Clips, die einmal gut ankommen, kann es zu einem Schneeball-Effekt kommen. Per Mail wird der Link an Freunde weitergeleitet, und die Zuschaueranzahl schnellt lawinenartig an. Allerdings finden die „Hypes" in der Schnelllebigkeit unserer Zeit oft genauso ruckartig ein Ende, wie sie anfangen. Was heute ganz oben steht, kann morgen schon Schnee von gestern sein.

5. **Gruppenturniere**: Mit diesem Wort beschreibt Bloom die gesunden und ungesunden Formen, die Reibung und Konkurrenz, aber auch Kooperation zwischen sozialen Organismen annehmen kann. Von Fußballspielen zu Kriegen, vom freundschaftlichen Wettkampf zur tödlichen Konfrontation – Kollektive sind dazu gezwungen, sich als Ganzes zu konsolidieren und eine gemeinsame Strategie zu finden. Oft genug werden Konfrontationen im Außen genutzt, um innenpolitische Spannungen zu überspielen: Eine Organisation, die sich auf den gemeinsamen Feind ausrichtet, hat keine Zeit, sich auf die Vielfalt in den eigenen Reihen zu besinnen. Und sobald der Feind wegfällt, wächst die Bedeutung der Konflikte in den eigenen Reihen wieder. Internationale Handelsbeziehungen sind Turniere auf einer anderen Ebene.

Blooms fünf Prinzipien behandeln folgende drei Ebenen: Innerhalb eines Individuums, zwischen mehreren Individuen und zwischen Gruppen von Individuen. Dabei geht es jeweils um das gleiche Spannungsfeld: Wie viel Einheit ist notwendig, wie groß darf Vielfalt sein? Wann und wie wirkt sich Vielfalt fruchtbar aus in unserer Welt, in unseren sozialen Organismen und in unseren Psychen und Körpern? Und wodurch wird genügend Einheit erzeugt, so dass wir als gemeinsame Identität sichtbar werden und agieren können? Wie entsteht eine „corporate identity", die in ihrer tiefsten Verbundenheit wörtlich und tätig von jedem einzelnen Teilhaber getragen und gewürdigt wird? Ab welchem Punkt wirkt sich Konkurrenz destruktiv aus? Wie werden wir dem Wissen gerecht, dass alle die gleiche Luft atmen und aus der gleichen Lebensquelle stammen?

Eine weitere Fragestellung ergibt sich aus der Notwendigkeit, Wertigkeit in der Vielfalt angemessen zu behandeln. Ist nicht jedem einzelnen Menschen seine ureigene Wertigkeit zuzuordnen? Wenn wir jedes Individuum – wie Bloom das tut – als eine Hypothese des Lebens betrachten, dann gibt es eine Gleichwertigkeit. Denn wir können nicht voraussagen, wer im nächsten Moment mit einer ganz bestimmten Fähigkeit, einer originellen Idee oder einer unscheinbaren Information maßgeblich zu einer Lösung beiträgt. Diese Option erhält sich in Respekt, Offenheit und Wertschätzung von Andersartigkeit.

Und trotzdem: Bei aller Gleichwertigkeit sind wir nicht gleich. Nicht jeder Vorschlag ist gleich gut. Es sind schon fantastische Projekte zugrunde gegangen an der Unfähigkeit, klare Entscheidungen zu treffen. Gibt es die eine Wahrheit des Momentes überhaupt? Die eine Möglichkeit, die für das gemeinsame Unterfangen am sinnvollsten ist? Die Schwarmintelligenz der Bienen beantwortet diese Frage mit Ja. Es gibt den besten Nistplatz, es gibt die beste Futterstelle für den Tag und für die Gruppe. Nach dem Erfassen der vielfältigen Möglichkeiten muss gegenwärtig entschieden werden, was die kollektiv weiseste Variante für den Moment ist. Aber das bedeutet noch lange nicht, dass die Entscheidung zentral verhandelt werden muss! Und sie gilt auch nur für den gegenwärtigen Zeitpunkt. Im nächsten Moment schon können sich die Bedingungen ändern, eine neue Futterstelle kann auftauchen. Flexibilität im Moment, der Tanz mit dem Chaos – das sind genau die Aspekte des Lebens, mit denen meines Erachtens weder zentral-hierarchisch organisierten Bürokratien noch basisdemokratisch ausgestaltete Kollektive umgehen können.

Sich selbst organisierende Systeme haben ausgeklügelte Methoden entwickelt, enorme Datenmengen dezentral zu verarbeiten und Entscheidungen dezentral zu fällen. Das funktioniert aufgrund von zahlreichen einfachen Interaktionen zwischen einzelnen Mitgliedern. Ameisen z.B. kommunizieren beständig mit Berührungen und Düften. Honigbienen führen bei ihrer Rückkehr im Bienenstock einen Tanz in

Form einer 8-er Schlaufe vor, der sowohl Richtung wie Größe eines Nahrungsfundes vermittelt. Je mehr Bienen „begeistert" von einem gleichen Fund berichten, desto mehr weitere Bienen schwärmen dorthin aus. Der Biologe Thomas Seeley[46] erforscht seit vielen Jahren ihre verblüffenden Fähigkeiten, richtige Entscheidungen zu treffen. Er benennt die Regeln folgendermaßen: *„verschiedene Möglichkeiten, freier Wettbewerb der Ideen und ein Mechanismus zur Eingrenzung der Alternativen."*[47] Mit interessanten Ergebnissen wendet er in der Übertragung die gleichen Prinzipien in seinen Fakultätssitzungen an. Er lädt seine Mitarbeiter dazu ein, eine Weile mit allen Möglichkeiten und Ideen zu spielen, bevor die Entscheidung für eine Alternative in einer geheimen Abstimmung getroffen wird.

James Surowiecki[48] beschreibt in seinem Buch „Die Weisheit der Vielen – Warum Gruppen klüger sind als Einzelne", dass auch Menschen, wenn sie unabhängig voneinander denken und dann einen neutralen Mechanismus zur Zusammenführung ihrer Einschätzungen der Situation nutzen, zu hervorragenden Ergebnissen kommen. Er erzählt von einem Experiment, das Francis Galton[49] im Jahre 1906 durchführte. Galton war, wie viele seiner Zeit, der festen Überzeugung, dass gesunde Gesellschaften nur dann entstehen, wenn die Macht in Händen einer Elite bleibt, die im Besitz guter Erbmasse und somit guter Eigenschaften ist. Er glaubte nicht an eine Intelligenz der Massen und noch weniger an die Demokratie. Umso größer war sein Erstaunen, als er nach einer Tierschau, als Besucher das Gewicht eines Ochsen schätzten, den Durchschnitt der Schätzungen von 787 Teilnehmern ermittelte. Die kollektive Leistung bezeugte mehr Exzellenz als der beste Einzelexperte hätte erbringen können: nämlich 1197 Pfund bei einem Tier, das tatsächlich 1198 Pfund auf die Waage brachte. Galton musste seine Haltung zur Demokratie revidieren. Wir werden in späteren Kapiteln die Frage nach der Weisheit der Vielen tiefer beleuchten.

Um noch einmal auf die fünf Prinzipien von Bloom zurück zu kommen: Offen bleibt die Frage, inwiefern alle fünf Prinzipien gleichermaßen zutreffen auf Kollektive, die aus einfacheren Organismen bestehen, und auf menschliche Kollektive. Trotz der gemeinsamen Wurzeln und trotz der hohen Ähnlichkeit des Erbmaterials sind Menschen keine Insekten. Analogien haben ihre Grenzen. Denn obwohl es stimmt, dass Menschen mit ihrer Aufmerksamkeit gerne den Interessen der Masse folgen, betonen wir genau so gerne unsere individuelle Einzigartigkeit. Wir brechen nicht automatisch unsere Verbindungen zu denjenigen ab, denen es gerade nicht gut geht. Im Gegenteil: Menschen sind fähig, Mitgefühl zu haben, zu lieben und in einem hohen Maß selbstlos zu handeln. Wir besitzen einen freien Willen.

Können wir glücklich sein, während es anderen schlecht geht? Daniel Goleman[50] beschreibt in seinem Buch „Soziale Intelligenz – wer auf andere zugehen kann, hat mehr vom Leben", wie eng wir wirklich miteinander verbunden sind. Goleman zitiert den chinesischen Weisen Mengzi[51], der schon im 3. Jh. vor Christus die Feststellung macht: *„Alle Menschen besitzen einen Geist, der den Anblick des Leidens anderer nicht ertragen kann."*[52]

Wenn Menschen sich in Fremde einfühlen, die sich in Not befinden, dann lassen sie ihnen genau so viel Hilfe zuteil werden, wie sie das bei geliebten Personen tun würden. Leider beziehen wir uns heutzutage oft nur noch sehr distanziert aufeinander. Goleman spricht deshalb von der abstrakteren „kognitiven Empathie", die an die Stelle der tatsächlich erfahrenen emotionalen Empathie oder Resonanz getreten ist.

Thomas Hübl, ein spiritueller Lehrer, der im Bereich der gerade im Entstehen begriffenen „Neuen Wir-Kultur" forscht, beschreibt Mitgefühl als etwas, das erst möglich wird durch unsere Akzeptanz der Andersartigkeit: *„Mitgefühl ist das Wissen, dass die Welt durch jedes Augenpaar anders aussieht."* Statt unsere Wahrnehmung anderen überzustülpen, können wir lernen, uns in andere Menschen und sogar in soziale Organismen und Räume einzufühlen und über diesen Weg Informationen über sie gewinnen. Auf diesen besonderen Aspekt werde ich später noch detaillierter eingehen.

Wir können also lernen, unsere Selbstliebe aufrechtzuerhalten, auch wenn das Feedback der Gruppe nicht positiv ist. Wir können lernen, Lösungssituationen zu schaffen, bei denen Gewinner nicht automatisch Verlierer nach sich ziehen, sondern aus denen alle Beteiligten glücklich und zufrieden hervorgehen. Wir können auf globaler

Ebene gegenseitig unterstützende Beziehungen aufbauen. All das ist möglich. Betrachtet man die Ebene der Menschheit und unsere jetzige Zeit genauer, sehen wir darüber hinaus sogar die Notwendigkeiten dazu.

„Wir müssen einander lieben oder sterben."

(W. H. Auden)

4

4.1. Die Pilgerreise

Im Jahr 1991 brach ich zu einer Pilgerreise durch Südafrika auf. Das Straßenleben in Europa hatte mich gut vorbereitet. Nelson Mandela war gerade aus dem Gefängnis entlassen und führte Gespräche mit De Klerk und der weißen Regierung. Die weiße Autorität brach langsam in sich zusammen.

Die Übergangsphase von der Apartheid zur rechtlichen Gleichstellung der verschiedenen Bevölkerungsgruppen dauerte von 1990 bis 1994 und wurde begleitet von blutigen Unruhen. Ich aber war fest entschlossen, mein Geburtsland zu bereisen. Ich wollte die Orte besuchen, die ich als Kind nie gesehen hatte. Ich wollte Townships und Homelands durchwandern. Ich wollte Kontakt aufnehmen mit den verborgenen Winkeln meiner damaligen Welt.

Gleich in der ersten Nacht, im kleinen Strandort meiner Großeltern, wurden meine Ängste überraschend greifbar. Ich machte einen Spaziergang am Fluss und Strand und traf auf die unglaubliche Schönheit der Natur. Es war eine dieser seltenen Vollmondnächte, in denen fluoreszierendes Plankton an Land gespült wird. Jeder meiner Schritte schickte zehntausend kleine Glimmerstrahlen in alle Richtungen. Das Meer wogte golden. Ich sinnierte über die Möglichkeit, auf dieser Reise vergewaltigt zu werden. Wie würde ich damit umgehen? An einem der Strandhäuser traf ich auf einen weißen ‚Afrikaner‘, der mich beschimpfte, weil ich zu so später Stunde als junge Frau alleine unterwegs war. Am Hafen, wo die „Farbigen" noch an ihren Fischerbooten arbeiteten, begegnete mir nur wohlwollender Humor. Die Männer lachten, fragten mich, was ich vorhätte, und ließen mich in

Frieden weiterziehen. Zurück am Fluss konnte ich der Versuchung nicht widerstehen, nach all den Jahren Entfremdung endlich wieder in dieses Heimatgewässer zu steigen. Es war dunkel und kein Mensch weit und breit zu sehen, nur das sanfte Glühen eines abgebrannten Lagerfeuers. Ich tauchte ein in ein endloses Glücksgefühl. Um mich herum sprangen große Fische aus dem Wasser, das Mondlicht schien sie zu locken.

Dann der Schock: Ein Auto fuhr bis ans Lagerfeuer, suchte den Fluss mit den Scheinwerfern ab, bis der Kegel auf mich gerichtet war, und hielt an. Ein zweites Auto gesellte sich dazu. Ich stand im Rampenlicht als junge Frau, bis zu den Schultern im Wasser zwar, aber nackt. Mir gegenüber standen sieben betrunkene weiße Männer. Sie beratschlagten, wer mich rausholen sollte. Für sie war ich Freiwild.

Was war das für eine Kultur, die sonntags zur Kirche ging, Moral predigte und trotzdem keine hatte? Eine Kultur, in der mir von Anfang an beigebracht wurde, mich vor ‚den Schwarzen' zu fürchten, die aber selbst so gewaltsam vorging? Ich schrie die Männer an, erlaubte meiner ganzen Wut, sich zu entladen. Eingeschüchtert machten einige von ihnen einen Rückzieher. Ich nutzte den Moment, tauchte unter und schwamm, so lange ich konnte. Weit, weit, bis alles dunkel und still war und meine Lungen fast platzten. Dort kroch ich an Land und ins Gebüsch. Von weitem hörte ich noch Stimmen. Das Licht der Autos strich suchend über die Wasseroberfläche.

Zwei Tage später fuhr ich mit einem Bus los, in dem sonst nur Schwarze reisen. Bis in eine der Townships. Von dort trampte ich mit Townshiptaxis weiter und wunderte mich sehr über meine weiße Haut, während ich eingequetscht zwischen schwarzer Haut saß. Vier Wochen wanderte ich alleine die Küste hoch, von Port Elizabeth nach Port St. Johns. Ich tauchte ein in eine Welt, die mir Geschichten erzählte über mich und das Universum. Ich sah Wale im Meer. Meine Haut war salzig. Manchmal waren die Strände für Weiße, manchmal für Schwarze reserviert. Ich lief. Die Weißen wunderten sich, denn es gab in ihrer Welt keine jungen weißen Frauen, die alleine die Küste hochwandern. Die Schwarzen lachten und zeigten auf mich. Manchmal wurde ich zu einem Essen eingeladen. Immer wenn ich an einsamen Stränden auf Menschen traf, hatte ich Angst. Aber ich passte nicht in ihr Konzept, und so ließen sie mich in Ruhe. Ich hatte nichts, was sich zu nehmen lohnte. Ich schien außerhalb der Realität zu stehen, unantastbar. Abends traute ich mich nicht, Feuer zu machen. Ich schlief im Dunkeln mit den Sternen, dem Mond und dem Rauschen des Meeres.

Mehrmals wurde ich Zeugin von Gewalt. Ein betrunkener Schwarzer griff mit einer zerbrochenen Glasflasche einen anderen an. Ich sah, wie Blut floss, und zog weiter. Auch das war Teil der Geschichte. Letztendlich landete ich in der Transkei, einem der damaligen Homelands. Hier wohnten Weiße, die sich weigerten, im Apartheidsystem mitzumachen, und vor dem Kriegsdienst geflüchtet waren. Nun taten sie sich mit Schwarzen zusammen. Eine Gemeinschaft war entstanden – Lehmhütten wurden gebaut, das Land gepflügt, Kunsthandwerk hergestellt. Ich blieb zwei Monate, ruhte mich aus und heilte allmählich. In dem Urwald bei Port St. Johns gibt es eine Schwefelheilquelle, zu der Kranke von weither kommen. Dorthin schickte man mich. Ich saß in der Quelle mit einer dicken Xhosa-Frau[53]. Sie lachte und schmierte mir den Schlamm auf den ganzen Körper. Ich tat für sie das Gleiche und spürte eine unendliche sinnliche Befriedigung in diesem schlichten Vorgang.

Keine der Wegweiser meiner Kultur hätten mich je an diesen Ort führen können. Alle Freunde und Bekannten waren der Meinung, ich sei verrückt. Sie glaubten, dass ich zumindest vergewaltigt würde, wenn nicht sogar ermordet, alleine in diesem Land. Keiner wusste von dem einfachen Wohlwollen, auf das ich treffen würde. Das Leben kann nicht vorgefertigt oder gedacht werden, sondern nur gelebt. Die Weisheit liegt nicht auf den leicht begangenen Hauptstraßen, sondern auf den versteckten Nebenwegen, wo wir sie nie erwartet hätten.

4.2. Das „Ich" und das „Wir" im Spannungsbogen

Wir haben die Forschungsergebnisse von Jean Twenge, Professorin für Psycholgie, schon angesprochen, die besagen, dass unsere Kultur „narzisstisch" geprägt ist. Es scheint, dass seit den 60er Jahren ein so großer Nachdruck auf individuelle Freiheit und die Herausbildung eines gesunden Selbstwertgefühl gelegt wird, dass wir uns selbst und unserer Kinder zu einem Heer von sich selbst überschätzenden Egoisten herangezogen haben. Aus dieser Einsicht folgt der Aufruf zu einer neuen Ethik, die dem kollektiven Wohlsein einen stärkeren Schwerpunkt einräumt. Diese beiden Intentionen aber erzeugen eine dialektische Spannung[54], die die Menschheit seit Anbeginn begleitet.

Die Kräfte von Konkurrenz und Kooperation, von Vielfalt und Einheit, die Ausformung des Individuums und des Kollektivs ergeben von jeher ein fruchtbares Spannungsfeld. Unsere Geschichte als Menschheit kann praktisch als Reise zwischen diesen Polen dargestellt werden. Die Spannung ist naturgemäß nicht auf eine Lösung angelegt. Stattdessen stehen wir vor der Aufgabe, uns einer ausbalancierten Mitte anzunähern und uns sich neu bildenden Gegebenheiten immer wieder feinfühlig anzupassen. Jede Zeit wirft ihre eigenen Fragen auf und ruft nach eigenen Antworten.

Im Yin-Yang Zeichen[55] ist jeder der Pole schon im anderen enthalten. Die Pole bedingen einander genauso, wie sie einander herausfordern. Je weniger individuelle Freiheit in einem System enthalten ist, desto stärker wird die Sehnsucht nach ihr. Oder aber: Je tiefer wir uns in die Einsamkeit und Bedeutungslosigkeit einer selbstbezogenen Kultur verstricken, desto stärker wird die Suche nach Sinn und Gemeinschaft ausgeprägt. Die sogenannte Goldene Mitte[56] ist wie ein Wunder. Das älteste Ehepaar Großbritanniens, das jetzt seit 80 Jahren glücklich verheiratet ist, wurde nach seinem Geheimnis gefragt. Die Antwortet ist einfach: *„Jeden Tag eine kleine Auseinandersetzung – das hält uns zusammen. "*

Spiral Dynamics ist ein Modell, dass die Evolution dynamischer menschlicher Systeme und menschlichen Bewusstseins im Licht des oben beschriebenen Spannungsfeldes erschließt. Professor Clare W. Graves[57] kam in den 50er und 60er Jahren des vergangenen Jahrhunderts aufgrund empirischer Forschungen zu dem Schluss, dass es verschiedene Werte-Systeme gibt, sogenannte Meme, die sich individuell und menschheitsgeschichtlich entwickeln. Ähnlich wie unsere Gene Blaupausen für physische Charakteristiken enthalten, bilden Meme Blaupausen für menschliches Handeln. Sie können als Einheiten kultureller Transformation, aber auch als Filter, durch die wir die Welt interpretieren, verstanden werden.

Don Beck[58] hat das Modell in über 30 Jahren erweitert und verfeinert. Die deutsche Übersetzung seines Buches erschien 2007 und ist für Menschen, die Interesse an Veränderungsprozessen haben, sehr zu empfehlen. An dieser Stelle möchte ich nur einige Aspekte kurz zusammenfassen.

Spiral Dynamics präsentiert eine Landkarte, die äußerst hilfreich sein kann, sich in der heutigen modernen Gesellschaft zurechtzufinden. Wenn wir das Aufkommen kollektiver Weisheit unterstützen wollen, müssen wir zum Beispiel immer entscheiden, von welchem Kollektiv wir jeweils sprechen. Wir müssen die Frage beantworten: Wer ist unsere Zielgruppe? Besteht sie aus Menschen, die eine ähnliche Weltsicht haben und der gleichen Gesellschaftsschicht angehören wie wir selber? Aus Menschen, die entweder kulturell oder altersmäßig einer ganz anderen Schicht angehören? Oder aber haben wir es mit einer Gruppe zu tun, die multi-kulturell und generationenübergreifend ausgerichtet ist und in sich ein hohes Maß an Vielfalt umfasst? Wir müssen wissen, mit welchen Werte-Strömungen wir zu tun haben und worauf diese ansprechbar sind.

Es ist wichtig, das Modell von „Spiral Dynamics" als eine Art Orientierung gebende Landkarte zu verstehen. Sie ist nicht die Landschaft selbst. Wenn wir Ken Wilbers Beispiel folgen, der „Meme" mit „Existenz- oder Bewusstseinswellen" übersetzt, ist es nicht nur der Sprache wegen angenehmer. Es bringt auch die immanente Beweglichkeit der „Meme" klarer zum Ausdruck, denn die beschriebenen Wellen vermischen sich in uns und unseren sozialen Gebilden zu komplexen Mustern. So kann ein Mensch z.B. in seiner partnerschaftlichen Beziehung eine bestimmte Welle zum Ausdruck bringen, wobei er in der Ausübung seines Berufes eine Mischung von zwei weiteren verwendet.

„Die Schönheit der Spirale als Konzept besteht zu einem bedeutenden Teil darin, dass sie unablässig wächst und doch nie denselben Boden bedeckt, so dass sie nicht alleine eine Erklärung der Vergangenheit ist, sondern auch eine Prophezeiung der Zukunft; sie definiert und erhellt das bereits Geschehene und führt zugleich immerfort zu neuen Entdeckungen.“[59]

Die einzelnen Bewusstseinswellen beschreiben nicht, was Menschen tun oder erleben, sondern wie sie es tun oder erfahren. Sie verweisen auf die hintergründige Weltsicht der Menschen. Wir können z.B. in jeder der Existenzwellen ein spirituelles Erlebnis haben, aber je nachdem, durch welche Brille wir schauen, werden wir unsere Erfahrungen sehr unterschiedlich beschreiben und interpretieren. In einem Fall mögen wir der Jungfrau Maria begegnen, in einem anderen fühlen wir uns in einer sogenannten Einheitserfahrung mit dem Kosmos verbunden. Jede der aufeinander folgenden Bewusstseinswellen integriert die ihr voran gegangenen und transzendiert sie. Jede Welle wirft Schwierigkeiten und Probleme auf, für welche die folgende Lösungen erarbeitet. Jede hat gesunde und ungesunde Ausdrucksformen. Als „gesund“ bezeichnen wir sie dann, wenn sie die Existenz und Entwicklung anderer Bewusstseinswellen zulässt. *„Doch Werte-Meme, die in Konflikt miteinander stehen, führen zu aufgewühlten Menschen, nicht mehr funktionierenden Familien ... und zu zerfallenden und zusammenbrechenden Zivilisationen.“*[60]

In der Natur verlaufen Prozesse von Ordnung zu Chaos und wieder zurück zur Ordnung. Die Verpuppung einer Raupe zu einem Schmetterling ist dafür ein gutes Beispiel: Dabei werden Raupenorgane abgebaut und zu Falterorganen umgebildet. Erst wehrt sich das Immunsystem der Raupe gegen die fremdartigen Schmetterlingszellen und versucht diese zu bekämpfen. Chaos herrscht. Irgendwann, wenn der Veränderungsdruck zu groß wird, gibt die „Raupe“ nach, und die bestechende Schönheit einer Schmetterlingsordnung kann sich ausbreiten. So ähnlich verlaufen auch die Verwandlungsprozesse von einer Bewusstseinswelle zu einer nächsten in uns und unseren sozialen Organismen. Grundlegende Veränderungen von Weltanschauungen können friedlich ablaufen, führen aber oft zu Spannungen, die bis hin zu Erscheinungen wie der Inquisition ausarten können.

Das Bewusstsein entwickelt sich mit und durch die sich ständig verändernden Lebensumstände. Das Internet als eine Welt, die ein Netzwerk darstellt, bietet z.b. eine technologische Erneuerung, die unsere Art, miteinander zu kommunizieren, vollkommen auf den Kopf stellt. *„Durchdrungen von Knoten und Links, organisiert sie sich immer wahrnehmbarer in Form lose verbundener Individuen und flacher Hierarchien, von Communitys, Szenen und Clans. Sie baut auf Selbstorganisationsprozesse. ... Das Netzwerk als Leitbild, aber auch als reale sozio-technische Infrastruktur hat unsere Denkweisen und gesellschaftlichen Organisationsformen in den vergangenen beiden Jahrzehnten radikal verändert."*[61]

Die Evolution der Wellen verläuft von weniger komplexen zu komplexeren Umgebungen, vom Überleben in der Natur zum Surfen über das Internet hinaus, von der Verwurzelung in einem kleinen Stück zutiefst vertrautem Land zur Metropole und globaler Landschaft. Sie spiegelt sich sowohl in der individuellen Lebensgeschichte als auch in der gesamten Menschheitsgeschichte.

Die jeweilige Umgebung ruft in uns eine Antwort hervor. Wir verarbeiten innerlich die Komplexität und Vernetzung der äußeren Welt, so gut wir können. Unsere innere Komplexität wächst mit der äußeren Komplexität. *„Menschliche Systeme, so argumentierte Graves, spiegeln verschiedene Aktivierungsebenen unserer dynamischen neurologischen Ausstattung, das heißt der chemischen Zusammensetzung unseres Gehirns, komplexer Zellansammlungen und Milliarden möglicher Neuronenverbindungen."*[62]

Die im Folgenden beschriebenen Bewusstseinswellen sind symbolhaft zu verstehen. Wir können deren Deutungen in uns selbst entdecken. Damit wir und unsere sozialen Systeme sich auf gesunde Art weiterentwickeln, ist es wichtig, die jeweils positiv wirkenden Aspekte der Wellen zu integrieren, während wir uns mit den negativ wirkenden Aspekten auseinandersetzen. Wenn wir aber Wellen als Ganzes ablehnen, führt das zu einer Verdrängung im Inneren und

Äußeren. Während wir die einzelnen Wellen betrachten, sind wir eingeladen, selbst an uns zu beobachten, in welchen Bereichen wir eine innere Abwehr oder aber eine Anziehungskraft verspüren. Die Wellen werden in Form einer Spirale dargestellt, die sich in ihrer Entwicklung emporschraubt. Dabei pendeln die einzelnen Bewusstseinswellen stets zwischen einem auf das kollektive Wohl und einem auf individuelle Freiheit ausgerichteten Modus. Das Modell arbeitet zusätzlich mit Farbzuordnungen und nimmt auf der individualistischen Seite seinen Anfang:

Erste Stufe

Laloux: Infrarot

1. Beige: Archaisch – Instinktiv (Individuelle Freiheit)

Auf dieser Ebene geht es um das Überleben in einem sehr ursprünglichen Sinne: Nahrung, Wärme, Kontakt und Sicherheit sind die wesentlichen Kriterien. Beige beschreibt einen natürlichen, instinkthaften Zustand, in dem das Selbst als klar getrennte Einheit kaum bewusst ist. Wir finden diese Welle der Existenz bei Neugeborenen, Kranken und Sterbenden, unter Lebensumständen wie Katastrophen oder Hungersnöten. Politische Flüchtlinge und Opfer häuslicher Gewalt – in Momenten großen Schocks besuchen wir diesen Zustand wieder. Eine gesunde Gesellschaft baut auf eine gesunde Spirale auf. Und diese beginnt mit einer Kultur der Unterstützung und Geborgenheit für diejenigen in Not.

Mit dem Erwachen des Selbst als getrennte Einheit kommt die Sehnsucht nach Zugehörigkeit zu einem Kollektiv auf, und der Übergang zur nächstfolgenden Welle bahnt sich an.

Laloux: Magenta

2. Purpur: Magisch – Animistisch (Kollektives Wohl)

Diese Welle ist verknüpft mit Fragen nach der Zugehörigkeit zu Familie, Gruppe oder Clan (es kann sich durchaus auch um einen Unternehmensclan handeln). Rituale, Traditionen und ‚Stammesbräuche' stärken die Verbundenheit. Verwandtschaft und Abstammungslinien bestimmen politische Verbindungen. Treue und Ergebenheit gegenüber den Ältesten, den Ahnen und den Bräuchen werden eingefordert. Heilige Gegenstände und gemeinsame Erinnerungen werden in Ehren gehalten. In einer undurchschaubaren und beängstigenden Welt wird eine gemeinsame Geborgenheit hergestellt. Menschheitsgeschichtlich bezeichnet diese Welle die Zeit der Stammeskulturen. Im Positiven haben wir heute viel von ihnen zu lernen: Hier existiert ein intuitives Wissen um unsere Eingebundenheit in natürliche Zusammenhänge. Im individuellen Leben bezeichnet Purpur die Zeit, in der wir als Kinder fasziniert sind von unseren Familiensystemen. Feste wie Geburtstage, Hochzeiten, Ostern und Weihnachten gehören hierher, solange der soziale Aspekt im Mittelpunkt steht. Viele ‚moderne Menschen' tragen einen Mangel in diesem Bereich mit sich und versuchen unbewusst, purpurne Beziehungen wiederherzustellen.

Früher oder später fängt die individuelle Kraft spürbar zu wachsen an, die Furcht, sich vom Clan zu separieren, wird überwindbar, und die Welt wirkt zunehmend verlockend. Plötzlich erscheinen die Rituale willkürlich und werden hinterfragt. Der Wunsch nach Freiheit wächst, und eine aufkommende Wut gegen Verbote und Gebote bildet den nötigen Antrieb für Veränderung.

3. Rot: Impulsiv – Mächtig (Individuelle Freiheit)

Auf dieser Bewusstseinswelle geht es darum, den eigenen Impulsen zu folgen, wenn nötig auch auf rücksichtslose Art. Eine egozentrische Seite des Menschen wird sichtbar, die auch vor Ausbeutung oder Gewalt nicht zurückschreckt. Die reine Kraft zählt, um im Dschungel des Lebens durchzukommen. Mächtige Archetypen, Sinnbilder wahrer Götter und Göttinnen, beherrschen diese Welt. Aus dieser Welle entstehen menschheitsgeschichtlich hierarchische Strukturen, die auf physischer Kraft und Gewaltandrohung basieren. Feudale Herren schützen ihre Untergebenen im Austausch gegen Gehorsamkeit und Dienstleistung. Der stärkste und flinkste Junge wird Anführer einer Straßenbande.

Die Rote Welle ist spürbar bei Kindern in der Trotzphase, bei rebellischen Jugendlichen, bei den Helden der Actionfilme und den Helden der Rockmusik. Wir genießen sie im Sport, wenn wir an unsere Grenzen und über sie hinausgehen und uns in einem gesunden Gerangel an einem Gegner reiben.

Irgendwann aber wird auch das widerborstigste Trotzkind des ewigen Neinsagens leid, und der junge Kriminelle möchte aus der Gewaltspirale aussteigen. Die Grenzen persönlicher Macht werden in Frage gestellt, und die Sehnsucht nach höheren Werten wächst. Das Individuum wendet sich wiederum mit dem Kollektiv zu.

4. Blau: Mythisch – Ordnend (Kollektives Wohl)

Menschheitsgeschichtlich werden mit dieser Bewusstseinswelle Staaten und Religionen aufgebaut. Das Individuum sucht nach einem rechtschaffenen Leben, nach moralischen Richtlinien und Sicherheit in der Gegenwart. Es ist bereit, sich für eine „Wahrheit" aufzuopfern und sich einer Disziplin unterzuordnen, sei es, dem Vaterland zu dienen oder den sinnlichen Freuden zu entsagen. Die Welt ist in „Gut" und „Böse" aufgeteilt, und es gibt nur einen „richtigen Weg". Das Grundmuster hierarchischer Ordnung und Kontrolle der Menschen über Sinnfragen und Schuldgefühle findet seinen Ausdruck sowohl in den großen Weltreligionen als auch in politischen Systemen wie Nationalismus, Sozialismus und Kommunismus. Die Armeen dieser Welt organisieren sich der Blauen Bewusstseinswelle entsprechend. Individuell lernen wir diese Art Ordnung spätestens mit unserem Eintritt in die Schule kennen. Die Entwicklung eines gesunden Maßes an Selbstdisziplin ist für die Umsetzung eigener Projekte (wie z.B. das Schreiben dieses Buches) unerlässlich. Jedoch möchte sie verwurzelt sein in einem inneren Sinngefühl statt einer von außen angetragenen Moral.

Allmählich nähert sich der Punkt, an dem der individuelle Hunger nach Autonomie und eigener Wahrheitssuche auflodert. Die Grenzen des allgemein Erlaubten werden durchbrochen. Autoritätsstrukturen brechen in sich zusammen.

5. Orange: Wissenschaftlich – Strategisch (Individuelle Freiheit)

Das rationale Denken unterstützt uns darin, uns von Dogmen zu befreien und die Geheimnisse der Natur zu lüften. Die Annahme einer objektiven Wirklichkeit, die nach mechanischen Prinzipien funktioniert, richtet die Bestrebungen aus. Der Fortschrittsglaube nimmt seinen Anfang. Eine clevere Nutzung natürlicher Ressourcen soll ein besseres Leben für alle ermöglichen. Betrachtet durch die Brille dieser Bewusstseinswelle, steckt das Leben voller Alternativen und Möglichkeiten für diejenigen, die bereit sind, ihr Bestes zu geben und Risiken einzugehen. Es scheint ganz natürlich, dass aus jeder Situation Gewinner und Verlierer hervorgehen. Eine nüchterne Herangehensweise ist gefragt. Wir glauben an unsere Fähigkeit, der Welt unseren Stempel aufzudrücken. Diese Welle zeigt sich u.a. im Kapitalismus, im Neoliberalismus und in der Wissenschaft der alten Schule. Das ‚bessere Leben' spielt sich ab in den Industrienationen, in reichen Vororten, in einem konsumorientierten Lebensstil und im modernen Single-Dasein.

Aber auch diese Welle führt irgendwann in eine Sackgasse. Übrig bleibt ein Gefühl der Einsamkeit und eine entweihte Welt, aus der die Intimität sich zurückgezogen hat. Der tiefere Sinn von Anstrengung und Karriere hat sich aufgelöst. Der Konsum kann die Leere nicht mehr füllen. Die Trostlosigkeit urbaner Landschaften und das Ausmaß der Umweltzerstörung rufen zu einer Neubetrachtung des Lebens auf.

6. Grün: Sensibel – Einfühlsam (Kollektives Wohl)

Wir nähern uns der Welle, mit der sich wahrscheinlich viele LeserInnen dieses Buchs identifizieren können. Die Erkundung der eigenen Gefühle und der eigenen Sensibilität behauptet sich gegen die reine Rationalität. Wir fühlen uns wieder verbunden mit der Natur und entdecken die Gemeinschaft unter Menschen neu. Vertrauensräume werden aufgebaut, gegenseitige Fürsorge wird maßgeblich. Eine friedliche Form des Nebeneinanders wird erarbeitet in der Anerkennung, dass jeder Einzelne nur einen Teil der Wahrheit kennt. Entscheidungen werden im Konsens getroffen, nachdem jede Meinung angehört wurde. Menschliche Reife wächst durch Reflexion und dem Sicherkennen im Gegenüber. Neue Formen der gewaltfreien Kommunikation und konstruktiven Auseinandersetzung entstehen. Harmonie im Miteinander wird zur Richtschnur. Dieser Welle entspricht z.b. John Lennons Musik, Greenpeace, die Tiefenökologie, die Gemeinschaftsbewegung oder überhaupt der Sozialstaat. (Don Beck schätzt, dass sich in den USA inzwischen ungefähr 20–25 % der Bevölkerung vornehmlich in dieser Welle bewegen.)

Aber auch die Grüne Welle findet ein Ende in erneutem Veränderungsbedarf. Irgendwann wird die Atmosphäre erdrückend friedfertig, aufwändige, langwierige Sitzungen führen zu unverhältnismäßig geringen tatsächlichen Ergebnissen, und der Hunger nach effektiver Aktion wächst.

An diesem Punkt nach den sechs ersten Bewusstseinswellen haben wir einen kompletten Kreis der Spirale durchlaufen. Clare W. Graves glaubt, dass nun der Ausstieg aus einer ersten Stufe (First Tier) und der Sprung in eine neue Ebene, einer zweiten Stufe (Second Tier) erfolgt. In seinen eigenen Worten:

„In der menschlichen Existenz beginnt unsere Gattung damit, dass sie auf einfachste Weise jene Themen anschlägt, die uns in Tausenden von Variationen beschäftigen werden. An diesem geschichtlichen Zeitpunkt beendet die gesellschaftlich wirksame Avantgarde der Menschheit gerade die erste Äußerung des sechsten Themas der Existenz (Grünes Meme) und beginnt wieder mit dem ersten Thema in einer völlig neuen und viel komplexeren Variante."[63]

In allen sechs Wellen der ersten Stufe geht es in erster Linie um Fragen des Überlebens, auch wenn diese auf immer feineren Ebenen behandelt werden. Bevor wir die ersten sechs Wellen integriert haben, ist es nicht möglich, das ganze Spektrum bewusst wahrzunehmen. Ein gegenseitiges Unverständnis herrscht vor. Jede Bewusstseinswelle glaubt, dass die eigene Perspektive die beste sei. Für eine blaue Ordnung ist rote Impulsivität und orange Freiheitsdenken extrem unbequem. Orangefarbener Individualismus findet blaue Kleinbürgerlichkeit peinlich und grünen Konsens schwach. Eine grüne Basisdemokratie dagegen kann Wertungen, natürliche Hierarchien und kompetente Exzellenz schwer ertragen.

Auf der zweiten Stufe findet eine Entspannung statt. Wenn wir den Sprung auf die zweite Stufe schaffen, wird die Spirale der ersten Ordnung vor unserem Auge in ihrer Gesamtheit sichtbar. Es wird uns zu einem Anliegen, sie in ihrer Entfaltung auf allen Ebenen zu unterstützen. Wir lernen, die positive Ausdrucksart der verschiedenen Bewusstseinswellen auch in uns selbst zu würdigen. Wir hören auf, uns über andersartige Anteile unserer Gesellschaft zu empören. Die Fähigkeit zum Mitgefühl wächst. Wir werden kreativer in der Suche nach Möglichkeiten der Integration und der Entwicklung von Innovation. Eine Bewegung von einem Relativismus zu einer ganzheitlichen integrativen Weltanschauung findet statt. Die Überlebensangst tritt in den Hintergrund und wir lernen mit ihr zu spielen, statt von ihr beherrscht zu werden.

Zweite Stufe

Lalour: Teal (smaragd-grün)

7. Gelb: Integrativ – Systemisch (Individuelle Freiheit)

Es bilden sich sogenannte natürliche Hierarchien heraus[64], Formen und Systeme befinden sich in einem ständigen Fluss. Flexibilität und Spontaneität gewinnen an Bedeutung. In einer komplexen Welt, die von den destruktiven Auswirkungen der ersten Stufe bedroht wird, werden Möglichkeiten für eine Kultur der Nachhaltigkeit neu entdeckt. Bisher nicht gegangene Wege bergen insofern Überraschungen, als eine spielerische Neugierde die bedeutungsträchtige Ernsthaftigkeit von **grünen** Gefühlsäußerungen ersetzt. Persönliche Freiheit im Denken wird zusammen gebracht mit einer Wertschätzung für die Vielfältigkeit des Gesamtsystems. Eine große Offenheit gegenüber den persönlichen Innenwelten und dem Denken der anderen führt zu der Erlaubnis, einen ganz eigenen Weg zu gehen. Widersprüchlichkeiten werden als Teil des Lebens gewürdigt. Wir lernen diese sowohl zu beinhalten als auch zu erleben, dass aus ihrem fruchtbaren Spannungsfeld unvorhergesehene Kreativität entstehen kann.

„In dem Maß, wie sich der Gruppenmagnetismus (**grün**) abschwächt, scheint es viele mögliche Herangehensweisen zu geben – die **blaue** Suche nach wahrem Sinn und Zweck im Leben, das **orange** Streben, hervorragend zu sein, das **rote** Bedürfnis nach Macht und Eroberung sowie der **purpurne** Drang, sich in einem geschützten Kreis zu versammeln. In ihren gesunden Formen tragen sie alle dazu bei, die Integrität der Spirale aufrechtzuerhalten."[65]

Ein angemessenes Verhalten führt dazu, dass lebendige Systeme in den verschiedensten Nischen des globalen Netzwerkes blühen können. Diese Welle finden wir in machen Internetcommunities, in Wikipedia und in Aspekten der Vereinten Nationen.

Muster der Veränderung können Menschen und ihre Organisationen in beide Richtungen durch die Wellen der Spirale führen. In Krisenzeiten sind Abwärtsbewegungen die Regel. Die bewusste Unterstützung einer Aufwärtsbewegung im Sinne einer Entwicklung (sich aus Verwicklungen zu lösen) wird in **Gelb** angestrebt. Langsam, aber sicher wächst dabei die Einsicht, dass die großen Fragen nicht von Einzelnen beantwortet werden können, egal, wie oft wir uns im Internet kurzschließen. Eine neue Wende von „Ich" zu „Wir" wird eingeleitet.

8. Türkis: Holistisch – Verbunden (Kollektives Wohl)

Die Welt wird als ein einziger, dynamischer Organismus erfahren, und die Menschheit wird als Gesamtheit erlebt. Das „Neue Wir" entsteht, in dem man nicht mehr als getrennte Einheit lebt, sondern sich gleichzeitig auch als das Ganze erfahren kann. Thomas Hübl[66], ein neuzeitlicher spiritueller Lehrer, schreibt dazu: „In Kontakt zu sein mit dem Augenblick, dem Jetzt und allem, was in seiner Tiefe vor sich geht, ist eine hohe Kunst. Wie sieht eine Welt aus, in der wir morgens aufwachen und wissen, dass es nur einem Menschen unter fast sieben Milliarden nicht gut geht? Und in der wir auch gleichzeitig alles Erforderliche geben würden, damit auch dieser Mensch seinen Platz im Leben findet?"[67]

Die Welt erschließt sich über ganzheitliches, intuitives Denken und Fühlen. An die Stelle der Betrachtung von außen tritt eine von innen heraus verstandene und empfundene Sichtweise. Diese Welle wird beispielsweise spürbar in David Bohms Theorie der impliziten und expliziten Ordnung, in den morphogenetischen Feldern von Rupert Sheldrake, in der integralen Theorie Ken Wilbers und in der Noosphäre von Pierre Teilhard de Chardin. Wir sollten an diesem Punkt kritisch mit uns selbst umgehen. Wir stellen uns gerne vor, wir hätten Türkis schon erreicht, nur weil wir ein Patenkind in Afrika unterstützen oder mal eine Einheitserfahrung in der Meditation erlebten. Aber sind wir wirklich fähig, das Leben auf Erden als Ganzheit in uns zu erfassen?

Auch diese Welle der Existenz ist kein Endpunkt. Nach Graves und Don Beck taucht als Nächstes die Bewusstseinswelle **Koralle** auf, die jedoch noch nicht beschreibbar ist.

Wie hilft uns das Modell von Spiral Dynamics in Bezug auf kollektive Weisheit weiter? In jeder Welle erscheinen kollektive Intelligenz und kollektive Dummheit auf eigene Art. In jeder wird kollektiv Wirklichkeit geschaffen, auch wenn der Fokus auf individuelle Freiheit gelegt wird. Allerdings entsteht das Gewahrsein für unsere kollektive Schaffenskraft nur sehr allmählich. Das Gewahrsein des individuellen Selbst erwacht in **Beige**, die ersten Ansätze davon, bewusst Teil eines Kollektivs zu sein, in **Purpur**. In **Rot** führt individuelle Freiheit gepaart mit der Androhung und Ausübung von Gewalt zu Macht über andere. In **Blau** wird die Lenkung der unteren Klassen durch eine herrschende Elite verfeinert. In **Orange** wird das Wissen unterschiedlicher Menschen zum ersten Mal bewusst zusammengetragen. Die Wissenschaft wird zu einer Institution der kollektiven Intelligenz. Neue empirische Forschungen knüpfen an frühere an und führen sie weiter. Wissenschaftler konkurrieren und kooperieren. Hier zeigt sich die Notwendigkeit einer Unterscheidung zwischen kollektiver Intelligenz und kollektiver Weisheit. Die Zusammenführung und Verknüpfung individueller Intelligenz führt zu erstaunlichen Entdeckungen und technischen Neuerungen. Allerdings führt sie nicht zwangsläufig zu der notwendigen Weisheit im Umgang mit diesen, so dass das feine, fragile Gewebe des Lebensnetzes auf unseren Planeten geschützt würde. Kollektive Intelligenz reflektiert die Entdeckung der Beziehungsfasern unserer Existenz, kollektive Weisheit aber enthält darüber hinaus auch das Wissen um den Stoff selbst und dessen Bedeutung. Die bewusste Suche nach kollektiver Weisheit beginnt mit der **grünen** Welle der Existenz. Die sensible Wahrnehmung der Bedürfnisse anderer Wesen wird geübt. Die Gemeinschaft formt einen Kreis, in dem Vertrauen aufgebaut und ein fürsorgliches Miteinander gepflegt wird. Eine Ausrichtung auf eine Gemeinschaft, Nachbarschaft oder Organisation als Ganzheit schafft eine Öffnung für erste bewusste Erfahrungen von Emergenz. Verborgene Themen und Störungen können an die Oberfläche gelangen, um sowohl mitgeteilt als auch behandelt und geheilt oder korrigiert zu werden. Gemeinsam wird eine komplexere Sicht der Realität erzielt. Allerdings führt das Bedürfnis nach Harmonie und Gleichheit (und eine daraus entstehende Kompromissbereitschaft) nicht gradlinig zu der Realisierung einer höchsten gemeinsamen Möglichkeit. Viel zu oft einigt man sich stattdessen auf den niedrigsten gemeinsamen Nenner. Konsensprozesse können als langwierig und ineffektiv erfahren werden. Eine pluralistische Sicht von Gleichberechtigung erlaubt nicht, dass natürliche Kompetenzhierarchien entstehen. **Grün** konzentriert sich (oft ohne das selbst zu bemerken) auf eine Gemeinschaft von Gleichgesinnten, und das vernebelt unter Umständen den Blick über den eigenen Tellerrand hinaus und begrenzt den Wirkungsradius. Die evolutionäre Spannung, die daraus entsteht, ist für die Entwicklung von **Gelb** notwendig.

In **Gelb** bekommt Kollektive Weisheit eine neue Ausrichtung: Statt sich auf die Emergenz neuer Qualitäten in einer bestimmten Gemeinschaft zu beziehen, sucht sie diese auf gesellschaftlicher Ebene herzustellen. Statt einer pluralistischen entsteht nun eine integrale Weltsicht. Noch größere Zusammenhänge werden entdeckt, natürliche Hierarchien erkannt und gewollt. Die Kompetenz und Führungskraft des Individuums darf wieder zum Ausdruck kommen.

Widersprüche bleiben in einem lebendigen Spannungsfeld stehen. Wir treten in das Informationszeitalter ein.

Durch das Aufkommen von neuen Tele- und Informationstechniken hat die Dichte des Datentransfers auf unserem Planeten explosionsartig zugenommen. Noch gibt es große Unterschiede. Während in manchen Ländern Afrikas kaum mehr als 1% der Bevölkerung Zugang zum Internet haben, sind es in Nordamerika, Japan und Saudi-Arabien inzwischen fast 100%. Das Internet bietet eine Plattform für viele Stimmen, Ideen und Kommentare, die früher keinen Zugang zur Öffentlichkeit fanden. Hier sind fast alle Bewusstseinswellen repräsentiert, zum Teil erschreckend ungefiltert (wie im Falle von Kinderpornographie und Rechtsextremismus). Das ‚World Wide Web' in seiner Gesamtheit ermöglicht ein komplexeres Bild der menschlichen Realität als je zuvor.

Forschungen im Bereich der „Schwarmintelligenz" ergeben sich aus einer damit zusammenhängenden Öffnung gegenüber der Komplexität lebendiger Systeme. Die Erkenntnisse aus der Erforschung der Kommunikations- und Entscheidungskulturen von Ameisen und Bienen werden z.b. genutzt, um den Betriebsablauf von Zulieferungsfirmen zu optimieren. Andreas Neef definiert einen Schwarm als „eine Gruppe von Individuen, die mittels direkter Kommunikation selbstorganisiert und ohne zentrale Lenkung miteinander agieren und damit ihre Effizienz steigern können."[68] Der Begriff wird immer öfter auf menschliche Organisationsprozesse angewandt. Handys, Skype und dynamische Websites führen zu neuen Phänomenen wie „Virtual Communities" (Virtuelle Gemeinschaften) und „Smart Mobs". Eine Einladung über Facebook kann z.b. in Windeseile 200 Menschen am Hauptbahnhof Berlin zu einer 20-minütigen öffentlichen Meditation zusammenführen. Die Menschen brauchen sich vorher noch nie gesehen zu haben. Die Geschwindigkeit und Flexibilität, mit der sich Gruppen organisieren können, führt uns in neue Dimensionen der Koordination von Verhaltensformen. Protestaktionen von Globalisierungsgegnern laufen inzwischen mit bisher ungekannter Logistik ab: Das Wissen darüber, wo die Polizei Blockaden aufbaut, verbreitet sich in Blitzeseile, genau so schnell werden neue Strategien vereinbart. Gewaltakte können inzwischen mit fast jedem Handy als kleine

Videos aufgezeichnet und sofort auf YouTube veröffentlicht werden. Skype ermöglicht weltweit intensive Kommunikationsprozesse, bei denen wir uns und unsere Umgebung gegenseitig mit virtuellen Augen sehen. Meine Freundin aus Indien kann mich mit der kleinen Kamera ihres Laptops durch die Räume ihres Hauses führen und mir ihre Familienmitglieder vorstellen. Freundschafts- und Kooperationsnetzwerke können entstehen, die nicht mehr auf örtliche Nähe angewiesen sind. Twitter wirbt u.a. mit folgendem Slogan: „Durchsuche Twitter jetzt – und finde heraus, was die Welt gerade denkt".

Wir sind vernetzter als je zuvor.

Erst ab **Gelb** finden wir Zugang zu der Gesamtheit der ersten Stufe der Spirale und können lernen, in verschiedenen Bewusstseinswellen ein- und auszugehen. Wir lernen, Brillen auf- und abzusetzen. Kollektive Weisheit beinhaltet nun die Förderung von gesunden Varianten von **Beige** (gesunde Nahrung und ein Mindestmaß an Geborgenheit), **Purpur** (unterstützende intime Beziehungen), **Rot** (Spontaneität und authentischer Selbstausdruck), **Blau** (Selbstdisziplin und höhere Ziele), **Orange** (Wissensdurst) und **Grün** (vertrauensvolle Kommunikation).

Wenn wir fähig sind, die Schönheit einer Welle in uns zu entdecken, können wir ihre Schönheit auch im Außen fördern und respektieren. Die Anteile, die wir in uns verdrängen, verdrängen wir auch in der Gesellschaft. Wenn wir mit einer vielschichtigen Gesellschaft umgehen wollen, müssen wir lernen, verschiedene Sprachen zu sprechen. Wir können wütende Jugendliche (**rot**) nicht erreichen, indem wir sie bitten, in Achtsamkeit über ihre Gefühle zu sprechen. Sie brauchen stattdessen Herausforderung, Abenteuer und Anerkennung. Es macht auch keinen Sinn, eine Diskussion über die Relativität aller Wahrheit mit Fundamentalisten (**blau**) zu beginnen. Wenn wir kollektive Weisheit auf gesellschaftlicher Ebene fördern wollen, müssen wir vor allem wissen, mit wem wir es zu tun haben!

Kollektive Weisheit auf der Ebene von **Türkis** richtet sich auf die Menschheit als Ganzes aus. In Türkis wissen wir, dass jede Veränderung in diesem Feld eine sofortige Wirkung auf alles andere hat. In den 60er Jahren des vergangenen Jahrhunderts, nach der Landung auf dem Mond, sehen Menschen zum ersten Mal den Planeten Erde aus der Ferne. Die Fotos dieser blauen Perle inmitten der Schwärze des Alls lassen in uns ein Gewahrsein darum aufbrechen, wie verletzlich unser Planet ist. Die Gaia-Theorie von James Lovelock[69] entsteht, welche die Erde und alles Leben auf ihr als ein lebendiges Gesamtgefüge, ein autopoietisches System, beschreibt. Der französische Jesuit Pierre Teilhard de Chardin[70] (1881–1955) spricht von der Evolution der Menschheit als einer Bewegung, die zuerst auseinanderführt. Dabei nimmt die kulturelle und genetische Vielfalt immer weiter zu, bis die gesamte bewohnbare Erde bevölkert ist. Irgendwann gibt es keine Möglichkeit mehr, in der äußeren Welt weiter zu expandieren, mit der Folge, dass die Welt in die Tiefe wächst. Von da an habe der Mensch die Verantwortung, ein wachsendes Gewahrsein unserer Verbundenheit zu entwickeln. „Höheres Sein ist umfassenderes Vereintsein. Diese Vereinigung jedoch steigert sich nur, wenn wachsendes Bewusstsein sie trägt. Das aber bedeutet Schau. Deshalb entspricht die Geschichte der lebenden Wesen zweifellos der Ausgestaltung immer vollkommenerer Augen inmitten eines Kosmos, in dem die Möglichkeit eines immer schärfer sich ausbildenden Unterscheidungsvermögens besteht."[71]

Die Menschheit wächst zusammen. Menschen aus allen Nischen dieses Planeten finden Zugang zum Internet und finden auch Zugang zu der gesamten Bandbreite der Wellenbereiche, wie sie in Spiral Dynamics dargestellt sind. Zugleich weitet sich jeder neuer Bewusstseinsschritt, den die Menschheit oder Anteile von ihr gehen, augenblicklich als neue Möglichkeit in der gesamten Spirale aus. Dadurch verändert sich das gesamte Gefüge. Die Spirale von heute ist nicht dieselbe Spirale wie die von gestern. Ihre Beschaffenheit verwandelt sich und damit auch die Wege, die durch sie führen. Sie werden vielfältiger und flexibler. Die Welten rücken enger zusammen. Immer mehr Menschen werden zu Brückenbauern und Weltenwanderern.

Ein Beispiel hierfür: Ein aufgewecktes Kind in Indien kann über einen Billigcomputer und Breitbandinternet Zugang finden zu der gesamten Spannweite menschlicher Bewusstseinswellen. Junge Menschen, die noch in indigenen Kulturen verwurzelt sind, fangen an, das Beste von Purpur mit Gelb zu verknüpfen. Während wir uns im Westen selbstgefällig in unserer Vorreiterrolle suhlen, überholen uns Menschen wie z.b. Wangari Maathai, (kenianische Friedensnobelpreisträgerin und Gründerin der „Green Belt Movement") und Vandana Shiva (alternative Nobelpreisträgerin und Quantenphysikerin aus Indien). Sie haben die Fähigkeit, umfassendes intellektuelles Wissen mit einer tiefen Liebe und konkreter, aus Weisheit geborener Aktion auf eine Art zu verweben, die in Europa und anderswo nur Hochachtung hervorrufen kann. Als Graves von der „gesellschaftlich wirksamen Avantgarde der Menschheit" *(s.o)* sprach, meinte er noch die geistige Elite des Westens. Ich denke, dass, wenn wir heute überhaupt noch von einer „Elite" sprechen wollen, wir sie dort suchen sollten, wo Menschen sich, nebst einem abstrakten Verstehen, auf die intime Begegnung mit dem Leben selbst einlassen. In den westlichen Hochburgen des Wohlstands leben wir zum Teil wie in einem Elfenbeinturm, abgeschottet von den Winden der rasch voranschreitenden Umweltvernichtung, die momentan anderswo wehen. Uns fehlt anscheinend oftmals noch die direkte Erfahrung, die zu einem wirklich tiefen Engagement für das Ganze führen würde.

Graves war der Meinung, dass eine Linearität der Entwicklung unvermeidbar sei. Ich glaube und erlebe, dass die Konvergenz unserer Welt eine Chance zur Non-Linearität, zu Sprüngen und Beschleunigung in sich trägt.

Wir tragen die Vielfalt immer stärker in uns statt zwischen uns, und zwar als innere Reichtümer und Widersprüchlichkeiten. Die Zahl der Menschen, die mehr als einen genetischen und kulturellen Strang in sich vereinen, wächst Tag um Tag. Die Zahl der Menschen, die in einem anderen Land als ihrem Geburtsland leben, erweitert sich ständig. Wir sind Knotenpunkte in einem Feld der zusammenwachsenden Erfahrung. Wir, in Verbindung mit dem Internet, umspannen die Erde wie ein neuronales Netz mit zunehmender Dichte. Könnte daraus ein neues Bewusstsein erwachsen? Ein kollektives Gewahrsein, welches weit über den Einzelnen hinausgeht?

Das, was Teilhard de Chardin vor 80 Jahren vorausgesehen hat, wird spürbar: „Höheres Sein ist umfassenderes Vereintsein." Die Evolution strebt auf einen Punkt zu, in dem alles, was sich im Laufe der Evolution auseinanderdivergiert hat, auf einer höheren Bewusstseinsebene wieder zusammenläuft. Die Evolution zieht uns jetzt in Richtung Verbundenheit. Oder, um es in Übereinstimmung mit Peter Russel[72] zu sagen: Wir streben auf einen Punkt in der Entwicklung zu, wo das, was im Gehirn zwischen den Zellen passiert, damit das Gehirn als Ganzes Gewahrsein entwickelt, anfängt, zwischen uns Menschen stattzufinden. Wir sind wie die Einzelzeller, die gemeinsam diese eine Menschheit ausmachen. Wir werden über Internet, Migrationen, internationale Kommunikationsprozesse und Auswirkungen in der Umwelt immer intensiver miteinander vernetzt, zu einem einzigen denkenden und wahrnehmenden Ganzen, einem „global brain". Die Frage, welches Gesamtbewusstsein aus uns als Menschheit emergiert, ist entscheidend. Werden wir dazu fähig sein, eine Kultur aufzubauen, die das Leben auf der Erde ehrt und schützt?

5

5.1. Eine unsichtbaren Bewegung

Die Gemeinschaft in der Transkei[73] war Anfang der neunziger Jahre für mich wie eine Erleuchtung. Es gab also Inseln inmitten der gängigen Gesellschaft, wo Menschen längst Alternativen aufbauten. Mitten im Herzen Südafrikas und vollkommen unbeobachtet von der südafrikanischen Regierung lebten Schwarze und Weiße nicht nur miteinander, sie lernten auch voneinander, liebten sich, ließen ihre Kinder gemeinsam aufwachsen. Diese Menschen hatten sich entschieden, in einem gewalttätigen System nicht länger mitzuspielen. Ohne viel Aufsehen zu erregen, zogen sie sich in einen unbeobachteten Winkel des Landes zurück und setzten ihre Träume eines guten Lebens um.

Zurück in Europa, strömten immer mehr Informationen und weitere Eindrücke aus diesem unbeobachteten Nebenstrom unserer Gesellschaft auf mich ein. Ich entdeckte, dass nicht nur in Amsterdam Gemeinschaftsprojekte aller Art bestehen, sondern in ganz Europa. Ich reiste in die französischen Pyrenäen, nach Spanien, Gomera, Italien, England, Dänemark, Norwegen, Irland. Überall wiederholte sich das gleiche Muster. Ich entdeckte ein Netzwerk, das mir bisher unsichtbar geblieben war. Nun entfaltete es sich langsam und in erster Linie durch Mund-zu-Mund-Propaganda vor meinen staunenden Augen.

Ganz normale (und meist gebildete) Menschen hatten genug von einem Lebensstil, der offensichtlich nicht ganzheitlich und nachhaltig war. Sie entschieden sich, aktiv zu werden, Taten auf Worte folgen zu lassen. Sie wollten ein gutes Leben führen und forschten nach Möglichkeiten dafür. Wie können wir konkret in guten Beziehungen stehen zu den Menschen, Pflanzen, Tieren, zu Erde, Wasser und Luft? Diese Menschen sind nicht länger bereit, die großen geteerten Straßen unserer Kultur zu bereisen in dem Wissen, dass unser Wohlstand auf Kosten unserer Kinder und Enkel geht. Ihre Sehnsucht nach Integrität lässt ihnen schließlich gar keine andere Wahl, als waghalsige Schritte zu tun. Mythologisch gesehen sind sie Helden und Heldinnen, die sich gezwungen sehen, das geborgene Nest ihrer Vorfahren zu verlassen und durch tiefe Wälder, hohe Berge, urbane Dschungel und ländliche Einöden ins Abenteuer zu ziehen. Dabei treffen sie auf Seelenverwandte, finden zu ihrer ureigenen Lebensaufgabe und schaffen wahre Schätze als Prototypen einer neuen Kultur.

In den Pyrenäen begegnete ich einer Gruppe von Biologen, die sich für die Rückansiedlung des Wolfes und die Aufforstung kahl geschlagener Wälder einsetzten. In Dänemark startete die Co-Housing-Bewegung gerade mit voller Kraft. Mütter waren es leid, ihre Kinder in der Isolation einer Kleinfamilie aufzuziehen. Sie taten sich zusammen und starteten die ersten generationsübergreifende Wohnprojekte. 1992 reiste ich sechs Monate durch Israel und lernte die Kibbuz-Bewegung kennen. Jeweils zum Vollmond erlebte ich Friedenstreffen zwischen Israelis und Palästinensern. In Ägypten traf ich auf die Sekem-Initiative[74], die Wüstenböden regeneriert, die biodynamische Landwirtschaft einführt und Wirtschaftlichkeit mit sozialer und ökologischer Verantwortung in Einklang bringt. Schließlich kam ich nach Indien und begegnete dem Weg der Meditation und Achtsamkeit. Ich lernte authentischen Selbstausdruck in der Gemeinschaft um Osho[75] in Poona. Spätestens jetzt wurde mir klar, dass diese Bewegung nicht auf Europa beschränkt war, sondern alle Kontinente umfasste.

Meine Sicht der Welt erfuhr eine radikale Umorientierung. Statt auf das Versagen von Wirtschaft und Politik zu starren, sah ich plötzlich überall die Kraft und den Mut der Menschen, die ihr Leben in die Hand nehmen und sich für das Wohl eines größeren Ganzen einsetzen. Ich erlebte, dass die Unweltbewegung und Bewegungen für soziale

Gerechtigkeit aus der gleichen Wurzel erwachsen und natürlicherweise zusammenwirken. Die Vielfalt und Ganzheitlichkeit der entwickelten Lösungsstrategien waren sehr beeindruckend. Wie kann es sein, dass eine so massive Bewegung dermaßen unsichtbar bleibt? Wie kommt es, dass nicht viel mehr darüber in den Medien gezeigt wird?

2007 veröffentlichte Paul Hawken[76] sein Buch „Gesegnete Unruhe – Wie die größte soziale Bewegung der Geschichte wieder Gerechtigkeit und Schönheit in der Welt herstellt". Inzwischen schätzt er zufolge seinen Nachforschungen die Anzahl an Organisationen, die sich für Nachhaltigkeit und soziale Gerechtigkeit einsetzen, weltweit auf mehr als eine Million. Nie zuvor gab es eine Zivilbewegung in diesem Ausmaß! Nie zuvor war die Menschheit in einem so große Maße engagiert!

5.2. Kollektive Dummheit

Die Kollektive Weisheit entsteht nicht aus einem wertfreien Raum. Sie basiert auf dem Glauben, dass wir Menschen fähig sind, eine Kultur aufzubauen, die das Leben schützt und in seiner Entfaltung fördert. Sie geht davon aus, dass Menschen von Natur aus gerne kooperativ sind und Freude daran haben, großzügig zu sein und einander zu helfen. Sie setzt voraus, dass Menschen große, kraftvolle Geheimnisse sind, die sich beständig weiterentwickeln und entfalten wollen. *„Es gibt in jedem Menschen einen Stützpunkt Gottes."*[77]

Wenn wir nicht an den Kern des Guten im Menschen glauben, fehlt uns die nötige Kraft, diese Weisheit gemeinsam handelnd hervorzubringen. Wir wissen, dass das Leben ein ständiger Strom der Veränderung ist und dass auch wir selbst heute nicht die gleichen sind wie noch gestern. Wir üben, immer wieder mit frischen Augen hinzuschauen und das Unvorhersagbare zu erwarten.

Wir haben gelernt, dass unsere Gefühle nicht von anderen verursacht werden, sondern uns zeigen, wer wir sind, mit allen unseren

Licht- und Schattenseiten. „Meine Gefühle kommen nicht von außen. Wenn ich bei mir bleibe, zeigt das Leben mir, was zu tun ist."[78] Die alte Herangehensweise gegenseitiger Anschuldigungen und Vorwürfe bringt uns nicht weiter. Aber unsere kollektive Kraft wächst, wenn wir einander teilhaben lassen an inneren Prozessen und so mehr Wachheit und Bewusstsein in diese einfließen lassen. Dabei kann ein Zusammenhalt entstehen, der nicht mehr den einen über den anderen setzt. Gemeinsames intelligentes Leben beruht auf den Einsatz dafür, das Beste in jedem Menschen zu fördern. Unsere Vielfalt ist kostbarer Ausgangspunkt für neue Strategien.

„Die Welt hat genug für jedermanns Bedürfnisse, aber nicht für jedermanns Gier."[79] Die kollektive Weisheit basiert auf den Glauben an eine Erde, auf der all das vorhanden ist, was wir brauchen, wenn wir wieder lernen, achtsam auf ihr zu leben. Sie basiert auf dem Glauben an unsere Fähigkeit, komplexe Zusammenhänge intuitiv zu erfassen, und an eine implizite Realität, die uns drängt, den nächsten Lernschritt zu tun. Die Kollektive Weisheit bringt eine Liebe zum Menschen mit sich und baut auf diese auf.

Glaube kann Berge versetzen. Wir formen durch unsere Bilder und Gedanken über die Welt unsere Realität. Wenn wir die Möglichkeit Kollektiver Weisheit wahrhaftig für real halten, tun wir damit einen ersten Schritt in ihre Richtung.

Wie denken wir also tatsächlich über den Menschen? Wie viel Pessimismus dürfen wir uns erlauben? Wie viel Realismus brauchen wir? Was ist ein gesundes Maß an Optimismus? In welche Richtung fließt unsere Kraft und worauf liegt unser Fokus? Seit Jahrtausenden schon verkünden die großen Religionen, dass der Mensch von Natur aus sündig ist und erst die Prinzipien der Zivilisation und eine strenge Erziehung ihn zu einem tauglichen Individuum machen. Wie denken wir heute darüber?

Es gibt genügend erschütternde Beispiele für das menschliche Unvermögen, sich weise zu verhalten. Selten wurden die Abgründe menschlicher Dunkelheit in einer Tiefe durchwandert wie in Deutschland. Auschwitz hat unsere Arroganz und stolze Überheblichkeit gebrochen oder hätte es zumindest tun sollen. Wir schauen in die Hölle der menschlichen Seele.

Schwarze Milch der Frühe wir trinken dich nachts
Wir trinken dich mittags und morgens wir trinken
dich abends
wir trinken und trinken
Ein Mann wohnt im Haus dein goldenes Haar
Margarete
Dein aschenes Haar Sulamith
Er spielt mit den Schlangen
Er ruft spielt süßer der Tod ist ein Meister aus
Deutschland
Er ruft streicht dunkler die Geigen dann steigt ihr
als Rauch in die Luft
Dann habt ihr ein Grab in den Wolken da liegt
man nicht eng ...

(Ausschnitt aus der Todesfuge, Paul Celan)[80]

Ein Jude aus Israel erzählte mir vor kurzem, dass er lange gebraucht hatte, bis er herausfand, weshalb er nicht weinen konnte. Seine Mutter hatte Auschwitz überlebt, in einer Baracke nicht unweit der Gaskammern. Jeden Tag hörte sie das Schluchzen und Schreien der Kinder, die von ihren Eltern getrennt in die Kammern geführt wurden. Sie stopfte sich in die Ohren, was sie finden konnte, aber das Geräusch der klagenden Kinderstimmen ließ sich nicht ausblenden. Es nagte an ihre Seele, Tag um Tag, bis ein Loch entstanden war, das sich nicht wieder stopfen ließ. Es zerbrach ihr das Herz. Als ihre eigenen Kinder viel später in Israel zur Welt kamen, konnte sie ihre Tränen nicht ertragen. Ihre Verzweiflung darum war so fassungslos, dass die Kinder tatsächlich lernten, ihren Schmerz hinunterschluckten und das Weinen unterdrückten. Das Trauma wirkt weiter in den nachfolgenden Generationen.

Der Schatten von Ausschwitz wirkt nach, in den Nachkommen der Opfer und der Täter. Es gilt nach wie vor, diesen Schatten in uns aufzuspüren und ans Licht zu bringen.

Wie konnte es zum Holocaust kommen? Warum haben sich viele unserer Eltern und Großeltern schweigend oder aktiv dem Nationalsozialismus gefügt? Andere haben diese Fragen tiefer und umfassender zu beantworten versucht, als ich es vermag. Einige Gedanken mögen jedoch an dieser Stelle genannt werden, um uns dieses schmerzhaftesten Beispiels kollektiver Dummheit aus jüngster Geschichte gewahr werden zu lassen, bevor wir uns der Hoffnung auf Kollektive Weisheit wieder zuwenden.

Die deutsche Niederlage im ersten Weltkrieg, die Wirtschaftskrise von 1929, die folgende Armut und die Schwäche der Weimarer Republik nutzte Hitler in Form des Bedürfnisses des deutschen Volkes nach Stärke, Führung und neuer internationaler Anerkennung. Machtmissbrauch gelingt nie so leicht wie in Zeiten der Krise. Die Erfahrungen des Ersten Weltkriegs waren noch nicht verarbeitet, die Inflation von 1923 untergrub Integrität und Moral.

Ein eigens für Propaganda eingerichtetes Ministerium befasste sich mit der Frage: „Wie steuern wir die Massen?" Förderungsprogramme unter dem Motto „Gemeinschaft – Kraft durch Freude" wurden entwickelt. Allein im Jahr 1938 wurden 10 Millionen Deutsche in Ferienlager geschickt. Manche sprechen noch heute über die schönen Jugenderinnerungen an diese Zeit.

Rudolf Hess, Hitlers Stellvertreter, sagte in einer Rundfunkrede 1934: „Mit Stolz sehen wir: Einer bleibt von aller Kritik ausgeschlossen, das ist der Führer. Das kommt daher, dass jeder fühlt und weiß: Er hat immer Recht und wird immer Recht haben. In der stillschweigenden Ausführung seiner Befehle liegt unser aller Nationalsozialismus verankert." Das tägliche Gebet der von der NS-Volkswohlfahrt (NSV) betreuten Kinder lautete folgendermaßen: „Führer, mein Führer, von Gott mir gegeben, beschütze und erhalte noch lange mein Leben! Hast Deutschland gerettet aus tiefster Not, Dir danke ich heute mein tägliches Brot. Bleib lange noch bei mir, verlasse mich nicht, Führer, mein Führer, mein Glaube, mein Licht! Heil, mein Führer!"[81] In diesem System gab es keine wirksame Kraft mehr, die das Wohl des Ganzen im Auge hatte und die Schattenseiten in sich wahrnahm und ansprach. Das Böse wurde nach außen projiziert und konnte sich dadurch im Innen uneingedämmt ausbreiten. Eine Kultur, die gerade noch große Philosophen, Musiker und Mathematiker hervorgebracht hatte, erniedrigte sich und alles, mit dem sie in Berührung kam, durch den Rückfall in primitives Stammesdenken, in die Kategorisierung von Gut und Böse. Leider war dieses Denken nun gepaart mit der vernichtenden Macht einer modernen Industrienation. Die Anbindung an die Ethik des eigenen Herzens und an den inneren Kritiker als Bezugsgröße für moralisches Handeln wurde gekappt.

Von der menschenunwürdigen Ausbeutung des Kolonialismus bis zu quälenden Tierversuchen hat die Neigung des Menschen, im Namen eines ‚höheren Ziels‘ andere Lebewesen zu entwerten und sich von jeglichem Mitgefühl mit ihnen abzukoppeln, eine lange Geschichte. Auschwitz als ein prägendes Beispiel hält uns einen Spiegel vor, der uns zwingt, das Böse als Fähigkeit anzuerkennen, die in den eigenen Genen schlummert.

Nach 1945 ist Deutschland gewissermaßen in einem rational-materialistischen Diskurs eingefroren. Der öffentliche Diskurs über Themen wie „Gemeinschaft" und „Spiritualität" ist nach wie vor im angelsächsischen Ausland unbefangener. Noch im 19. Jahrhundert nahmen die deutschen Philosophen und Denker eine Vorreiterrolle in der Kritik des Materialismus und blinden Fortschrittglaubens ein. Seit 1945 wurden allerdings weder die romantische Tradition Schellings und Hölderlins, noch die idealistische Tradition Hegels in Deutschland selbst in bedeutendem Maße weitergeführt. Stattdessen traten verstärkt Denker in den USA (wie Ken Wilber) in ihre Fußstapfen.

Nun ist die eigentliche Tätergeneration bald gestorben, und das Eis fängt an zu schmelzen. Irgendwann ist die Zeit gekommen, auch die tiefste Schande und Wunde zu einer Quelle der Kraft zu machen. Tom Steininger[82], Redakteur des EnlightenNext-Magazins und Vorreiter der integralen Szene Deutschlands, spricht von unserem Potenzial, zu erleben, dass Auschwitz nicht das letzte Wort hat. Das deutsche Volk ist in den Abgrund der eigenen Fähigkeit zur Grausamkeit gestiegen. Wir haben den Tod von sechs Millionen Juden kaltblütig geplant und durchgeführt. Wir wissen um unsere Fähigkeit zur grausamen Täterschaft. Es ist unfassbar, und trotzdem müssen wir diese Anteile unserer Geschichte integrieren. Da gilt es nicht nur, intellektuell Fakten anzuerkennen, sondern vor allem auch den nach-klingenden Gefühlen Raum zu geben. Von außen wird uns gespiegelt, dass wir Deutschen nach wie vor einerseits zu einer gewissen Härte, andererseits zu einer Sentimentalität im Umgang mit uns selbst und anderen neigen. Es ist Zeit, uns zu trauen, diese Formen der Abwehr und des Selbstschutzes hinter uns zu lassen. Erst dann können wir uns mit einer gesunden Demut wieder ganz aufrichten und der Welt mit Klarheit und ehrlicher Visionskraft begegnen.

Wie tiefes Zuhören zu Heilung führen kann

Erfahrungsbericht von Robin Alfred[83], einem Freund aus der Find-horn-Gemeinschaft in Schottland:

„Vor einigen Jahren arbeitete ich in einem Team, das von einer engagierten deutschen Vierzigjährigen geleitet wurde. Eines Tages fand ich sie zutiefst verstört vor: Sie hatte einen Brief von einem der Helfer, einem Juden, empfangen, der besagte, dass sie doch nach Hause gehen solle und dass hier die Hilfe von Deutschen nicht benö-tigt werde. Sie erzählte mir von ihrer tief sitzenden Angst, im Ausland als Deutsche verurteilt und für den Holocaust verantwortlich gemacht zu werden. Der Brief traf sie wie ein Dolchstoß an einem ihrer ver-letzlichsten Punkte. Sie sprach von ihren Schuldgefühlen und davon, wie sie im Grunde ihr ganzes Leben mit dem Versuch zubrachte, das Unrecht der Vergangenheit wiedergutzumachen.

Während ich ihr zuhörte, wurde mir bewusst, dass ich mich noch nie für die deutsche Seite der Nachkriegserfahrung interessiert hatte. Ich bin selber Jude und wuchs mit eigenen Geschichten auf. Immer und immer wieder wurde uns über die Verfolgung der Juden durch die Jahrhunderte, über den Holocaust und die Nazis berichtet. Die Deutschen waren Unmenschen. Meine Mutter meinte immer, wenn ich eine Erkältung hatte, ich solle viel Wasser trinken, um die „Ger-mans" (Deutsche, mit Anspielung auf „Germs" – Krankheitserreger) wegzuspülen. Mein Vater überraschte mich mit der Aussage, er würde ja am liebsten einen Mercedes kaufen, weil die Dinger so stabil seien, aber das könne er seinen Freunden in der Synagoge nicht antun. Die Gestapo kam im Mercedes zu den Häusern der Juden gefahren. ... Mit 17 Jahren war ich in Israel. Mich hatte die Anzahl der Deutschen berührt, die dort bei dem Aufbau mithalfen, aber ich hatte nie nach ihrem Erleben gefragt.

Während wir uns gegenseitig unsere Geschichten erzählten und spürten, wie heilsam das war, wuchs in uns die Idee, einen jüdisch-deutschen Dialog innerhalb unserer Gemeinschaft ins Leben zu rufen. Ungefähr 40 Menschen trafen sich. Wir schufen einen Rahmen, in dem über Wochen immer jeweils ein/e Jude/Jüdin und ein/e Deutsche/r von ihren Erfahrungen berichteten.

Ich werde den Prozess nie vergessen. Ich hörte von den andauernden Schuldgefühlen der Deutschen, von der Furcht vor den Verwicklungen der eigenen Familien. Es wurde gesprochen von der plötzlichen Stille am Tisch, wenn der Name eines bestimmten Onkels oder Ortes fiel. Warum? Was war geschehen? Waren sie Mitglied der SS gewesen?

Deutsche Teilnehmer hörten über den Schmerz der jüdischen Erfahrung, von der Flucht, dem Verlust von Familienmitgliedern, die in Auschwitz vergast wurden, Traumata, die weiterlebten und von dem ständigen Mantra: „Never forget" begleitet werden – es darf nie vergessen werden! Und sie hörten von dem Inseldasein, das viele Juden in ihrer Kindheit erlebt hatten, und von der Furcht vor den Nicht-Juden, die sich bis hin zu einer Form des Rassismus steigern konnte.

Keine Fragen oder Interpretationen wurden gestellt, es ging schlicht darum, Zeuge zu werden. Während Tränen fielen und nie zuvor Gesprochenes hörbar wurde, breitete sich langsam, aber sicher ein Gefühl der tiefen Berührtheit und Entspannung in der Gruppe aus. Das Ende des Dialogs fiel in die Zeit von Chanukah – ein achttägiges jüdisches Fest der Freiheit und des Lichts, das um die Wintersonnenwende gefeiert wird. Deutsche und Juden bereiteten unter viel Gelächter und Freude gemeinsam jüdische Speisen vor – der Schein der angezündeten Kerzen beleuchtete einen großen Kreis zufriedener Gesichter. Wir hatten die Verbundenheit geschmeckt, die allem menschlichen Erleben zu Grunde liegt."

Es gibt kaum ein Land, kaum ein Individuum, dessen Vergangenheit keine verborgenen Untiefen aufweist. Amnesty International zeigte in dem Film „Your Neighbours Son"[84], wie junge Griechen von der Junta (1967–1974) systematisch durch Erniedrigung und Gewaltanwendung zu Folterern gemacht wurden. Wir müssen akzeptieren, dass diese Gewaltanteile in allen Menschen, also auch in uns, angesprochen werden können. Im Dialog, in der tiefen Wahrnehmung des Erlebens und des Schmerzes der verschiedenen Seiten der Betroffenen kann Heilung und Vergebung geschehen, so dass die Weiterführung von Täter- und Opferstrukturen überflüssig wird. Bis das geschieht, bleiben uns Spuren der Wut, Rache und Schuld aus unserer kollektiven und individuellen Vergangenheit erhalten. Die daraus resultierende Zurückhaltung unserer Liebesfähigkeit beeinträchtigt alle Kontakte und Beziehungen, die wir eingehen.

Die Kollektive Dummheit ist kein Phänomen der Vergangenheit. Wir sind heute tagtäglich mit ihr konfrontiert. Fast unmerklich, aber sichtbar und gleichzeitig unaufhaltsam breitet sich die Umweltzerstörung in unserer Kultur aus. Wir wissen darum seit vielen Jahrzehnten und funktionieren trotzdem weiter in offensichtlich nicht nachhaltigen Systemen. Ein bekannter Witz bringt es auf den Punkt: „Treffen sich zwei Planeten im Weltall. Sagt der eine: „Oh, du siehst ja schrecklich aus ...", sagt der andere: „Ja, so fühl' ich mich auch. Ich glaube, ich habe Homo sapiens." Sagt der erste: „Mach dir nichts draus. Das geht vorüber!"

Wie sollen wir uns allen Ernstes für unser Überleben einsetzen, wenn wir insgeheim glauben, dass es sinnvoller wäre, wenn die Menschheit möglichst rasch diesen Planeten verließe, um dem Rest des Lebens eine bessere Chance zu geben? Vielerorts wird die Überbevölkerung als Hauptfaktor der Probleme auf unserem Planeten benannt. Die Anzahl der Menschen ist in den letzten Jahrzehnten explosionsartig gestiegen. Bis 2050 sollen ungefähr 9,4 Milliarden Menschen leben. Dabei übersteigt der heutige weltweite Ressourcenverbrauch die langfristige Tragfähigkeit der Erde schon um mindestens 30%. Wenn alle Menschen so viel verbräuchten wie wir Deutsche, reichten zwei ganze Planeten von der Art der Erde nicht, um der Nachfrage nach Ressourcen zu genügen. (Rees und Wackernagel[85]) Sind etwa

Naturkatastrophen, Klimawandel, Epidemien und Kriege nur eine natürliche Strategie des Gesamtsystems, das Gleichgewicht zu wahren? Abstrakt gesehen stellt jede Reduzierung der Menschheit eine Erleichterung für die Natur dar. Wie viele von uns hoffen im Stillen, dass es die anderen treffen möge und nicht uns?

Es gibt bei manchen Ameisenarten ein Phänomen: Wenn ihr Nest vernichtet wird und sie dadurch das Zentrum verlieren, auf das sich ihrer Schwarmintelligenz ausrichtet, greifen sie zurück auf ihre einfachste Überlebensmaxime: „Folge der Ameise vor dir." Das kann dazu führen, dass die Ameisen über ein riesiges Gelände einen Kreis mit einem Radius von mehreren Kilometern formen. Jede richtet sich aus an der Ameise vor sich. Letztendlich wandern die Ameisen blind weiter, bis sie vor Erschöpfung umfallen. Es ist kein Entrinnen möglich, es gibt keine Vielfaltserzeuger in diesem Szenario. Das ist ein starkes Bild für kollektive Dummheit, die aus Konformität entsteht. Wir finden hier eine erschreckende Analogie für eine Tendenz in unserer Kultur, in Anbetracht einer Krise nicht intelligent zu reagieren, sondern zurück zu fallen auf „business as usual". Im Westen fühlen wir uns immer noch viel zu sicher.

Nach meiner Wahrnehmung leben wir heute in einem globalen System der organisierten Ausbeutung, die der Apartheid in Südafrika nicht ganz unähnlich ist. Es gibt eine Konzentration von Macht und Reichtum in den Händen weniger, geschützt durch eine internationale Gesetzgebung, die in erster Linie von denen erarbeitet und ratifiziert wurde, die auch von ihr profitieren. Die Bewegungsfreiheit der weniger Bevorrechteten ist stark eingeschränkt. Dadurch ist der gesunde Kreislauf von Aktion und Feedback als echte Auswertungsmöglichkeit im globalen System verhindert. Es ist zwar nicht mehr die Hautfarbe, aber doch der jeweilige Reisepass, der weitgehend über die Lebenserwartungen und Ausbildungsmöglichkeiten entscheidet und darüber, wer sich wann wo aufhalten darf. Eine 4-wöchige Aufenthaltserlaubnis für Umweltaktivisten aus südlichen Ländern für Deutschland zu bekommen, stellt z.B. erfahrungsgemäß ein enormes Problem dar. Vor allem für Teilnehmer ohne dickes Konto und ohne klare Arbeitsverhältnisse im Heimatland wird die Einreise unverhältnismäßig erschwert. Fernsehreportagen und Werbungen von Hilfsorganisationen können den direkten menschlichen Kontakt hier nicht ersetzen. Wir wissen nicht wirklich, wie es unseren Mitmenschen geht.

Immer noch fließt mehr Geld aus südlichen Ländern zu den Industrienationen als in die andere Richtung. Schuldenrückzahlungen an den Norden übertreffen in der Gesamtsumme die Entwicklungshilfe für den Süden. Anstelle eines groben Kolonialsystems ist ein globales Wirtschaftssystem getreten, in dem die Ausbeutung und Absicherung von Eigeninteressen verblümt und subtil fortgesetzt wird. Tatsache ist auch, dass die südlichen Länder am stärksten vom Klimawandel betroffen sind, obwohl sie am wenigsten zu den CO_2-Emmissionen beigetragen haben. Im Moment sind es die Industrienationen, die die Unterzeichnung wichtiger CO_2-Abkommen ausbremsen.

Allein im Jahr 2008 versuchten 37.000 Afrikaner, über das Meer nach Italien zu fliehen. Elektronische Überwachungssysteme und Soforteinsatzteams für die Grenzsicherung sorgen für eine möglichst lückenlose Abschottung der „Festung Europa". Mich erinnern solche Zustände durchaus an meine Jugend in Südafrika. Und dies ist nicht etwa die einzige „Mauer", die unsere Welt durchzieht. Die Grenze zwischen Mexiko und den USA ist 3144 km lang. Es ist eine der weltweit am häufigsten überquerten Grenzen. Der bestehende Grenzzaun wurde auf Beschluss des Senats vom Mai 2006 auf eine Länge von 1.125 Kilometer erweitert. Bis zum Ende der Bauarbeiten und der Verdopplung der Einsatzstärke der United Border Patrol (Grenzschutz) übernimmt die Nationalgarde mit ungefähr 6.000 Mann die Sicherung dieser Grenze. Die Zahl der Menschen, die beim Versuch, sie illegal zu überschreiten sterben, wird auf 250 bis 500 jährlich geschätzt.[86]

Sind wir uns eigentlich dessen bewusst, wie unser Wohlstand den Armen gegenüber abgegrenzt wird?

Menschen sperren Menschen aus. Menschen sperren Menschen ein. Versuchen wir dabei in Wahrheit, Teile von uns selbst auszusperren? Die Angst des Menschen vor dem Menschen und dem Leben überhaupt wird geschürt.[87] Statt gemeinsam nach wirklichen Lösungen zu suchen, spielen wir immer noch mit dem Status quo und fügen kleine Korrekturen ein, um unser Gewissen zu beruhigen. Wir traben blind weiter wie die Ameisen, die ihre Ausrichtung auf ein größeres Allgemeinwohl, auf eine höhere Intelligenz verloren haben.

In Gefahrensituationen fallen wir von kooperativen in konkurrierende Strategien zurück. Solange wir uns einigermaßen sicher fühlen, sind wir und unsere Zellen auf Regeneration und Wachstum ausgerichtet.

Sobald wir allerdings das Gefühl haben, uns schützen zu müssen, verschließen wir uns. Wir versuchen zu verhindern, dass störende Faktoren eindringen und verringern deshalb unsere Sensibilität. Wir können in einem beständigen Gefühl der Bedrohung leben. Nach Bruce Lipton führt das aber dazu, dass viele von uns mit einer andauernden Ausschüttung von Stresshormonen belastet sind. Adrenalin ist in Situationen der akuten physischen Gefahr ein äußerst hilfreiches Hormon, bei einer kontinuierlichen Ausschüttung führt es allerdings zu bedenklichen Symptomen, wie schnellen unbewussten Reaktionen statt durchdachter Antworten. Die Blutgefäße im vorderen Teil des Gehirns (im Neokortex) verengen sich, das Blut wird verstärkt zurück in das Stammhirn geleitet. Gleichzeitig fließt mehr Blut in die Muskulatur, um sich bei etwaigen Angriffen verteidigen zu können, während Herz und Organe leicht kontrahieren. Zusammengefasst werden wir physiologisch gesehen unflexibel, empfindungsarm und unintelligent. Stress, Angst und Depression als Kulturkrankheiten führen auf jeden Fall zu einer höheren Anfälligkeit dafür, kollektiv dumm zu bleiben.

Um das Entstehen Kollektiver Weisheit zu ermöglichen, braucht es einen inneren Paradigmenwechsel. Wir müssen den Glauben an die menschliche Fähigkeit zur Güte und Weisheit wiederfinden. Wie geht das, ohne dabei naiv zu sein? Wie können wir Kollektive Weisheit entwickeln, ohne blind zu sein gegenüber menschlichen Schwächen, aber im Wissen um unser höheres Potenzial? Wie können wir bewusst positive Anlagen in uns und anderen unterstützen und den negativen die Kraft entziehen? Wie können wir in unserer direkten Umgebung eine Atmosphäre fruchtbarer Co-Kreation herstellen und die Weiterentwicklung der Welt als Gesamtstruktur im Sinne von Spiral Dynamics unterstützen?

6

6.1. Das Fenster zur Freiheit

Auf wundersame Weise hatte mich mein Lebensweg zurück in das Geburtsland meiner Mutter geführt. Eigentlich auf der Durchreise, traf ich den zukünftigen Vater meiner Kinder in Deutschland, verliebte mich Hals über Kopf und blieb. Vor der Geburt meines Sohnes erlebte ich in Träumen Flutwellen, Vulkanausbrüche und enge Schluchten. Ich schlug mich herum mit der Anforderung, mich den natürlichen Prozessen meines Körpers hinzugeben, ohne verstandesmäßig die Kontrolle behalten zu können. Als es dann endlich losging, erlebte ich verwundert die Feinabstimmung von Hormonen und Schmerzen, von Wehen und Muskeldehnung. Welch eine verborgene Intelligenz war da am Werk! Wie gut, dass ich das nicht im Griff behalten musste! Erst als die Presswehen einsetzten, verlor ich mein Vertrauen. Ich verkrampfte mich. Ich konnte mir einfach nicht vorstellen, wie dieser kugelrunde kleine Kopf durch mich geboren werden könnte, ohne mich zu zerreißen. Sofort stockte die Geburt – mir war ja auch lieber, dass es nicht weiterging. Die Schmerzen wurden unerträglich. Irgendwann hörte die Hebamme die Herztöne meines Sohnes ab und meinte, dass es dem Kleinen langsam zu eng werde. Da überkam mich eine pure Kraft und ich presste ihn mit voller Aufmerksamkeit hinaus in die Welt. Es gab kein größeres Wunder, als ihn in meinen Armen zu halten, nichts Schöneres, als in seine Augen zu schauen.

Als sich dann drei Jahre später meine Tochter auf ihren Weg in diese Welt machte, nahm ich mir vor, mich dieses Mal zu entspannen. Was ist das für ein Gott, der zu Eva nach dem Sündenfall spricht: „Viel Mühsal bereite ich dir, sooft du schwanger wirst. Unter Schmerzen wirst du deine Kinder gebären. Du wirst nach dem Mann verlangen, er aber wird herrschen über dich."[88] Das ist keine Botschaft, der ich glauben möchte! Wie viel Schmerzempfinden wird in Wahrheit allein durch einen kollektiven Glauben daran erschaffen? Die Vorstellung einer ekstatischen Geburt trat in mein Leben. Monatelang war ich nicht nur mit meiner Tochter schwanger, sondern auch mit meiner Vorstellungskraft dieser großartigen Aussicht.

Eine Freundin war bei mir, als die Wehen einsetzten. Sie massierte mich und wir unterhielten uns über die anerzogene Scham der Frauen. Man bringt uns bei, die Beine brav übereinanderzuschlagen, aber bei der Geburt bleibt uns gar nichts anderes übrig, als unsere Schenkel zu spreizen. Noch dazu vor fremden Menschen, in sterilen Krankenhauszimmern. Auch das ist eine kulturell geschaffene Blockade. Wie oft kämpfen Frauen mit einem subtilen inneren Widerstand gegen diese Umstände? Mit welchen Folgen?

Ich nahm wahr, dass auch ich nicht frei war davon, und schuf mir bewusst eine Intimsphäre, indem ich sowohl die Hebamme als auch den Vater des Kindes lieber noch eine Runde drehen ließ, so dass beide erst 15 Minuten vor der eigentlichen Geburt den Raum betraten. Ich erlaubte mir Dehnung, Stöhnen, Bewegung, so wie mein Körper es wollte. Ich folgte ganz meinen Instinkten, ohne von außen beeinflusst zu sein. Als die Presswehen anfingen, fand ich mich auf Knien und Händen im Vierfüßlerstand wieder. So konnte ich mit den Wehen tanzen. Ich spürte, wie der Kopf meiner Tochter in den Geburtskanal eintauchte. Diesmal hatte ich keine Furcht davor, zu zerreißen. Im Gegenteil, ich genoss voller Staunen die Präzision meiner Dehnbarkeit. Ich spürte genau, was in jedem Moment geschehen wollte, und die Geburt wurde zu einem puren Genuss. Der Kopf meiner Tochter schob sich vorsichtig ins Freie. Wir schauten uns einen Moment tief und verblüfft in die Augen, bevor ich ihren kleinen Körper ganz hinauspresste und sie in meine Armen nehmen konnte. Sie war ganz ruhig, lag auf meinem Bauch und fing an zu nuckeln. Hier gab es kein Geburtstrauma, keinen Schmerz, keinen Klaps auf den Po und keinen Aufschrei. Nur Hingabe und Freude über das Wunder des Lebens. *„Unter Freuden wirst Du Deine Kinder gebären."*

6.2. Der sensible Mensch

Wir haben die Heilung historischer Wunden, z.B. durch den Dialog zwischen „Opfern" und „Tätern", erwähnt. Im Zuge dessen kann Vertrauen wieder wachsen und das Gefühl der Separation von der Welt schmelzen. Erst unsere Isoliertheit voneinander und vom Rest der Schöpfung ermöglicht die Weiterführung ungesunder Lebenskreisläufe. Unsere innere Kontraktion führt zu einer Desensibilisierung, zu der Minderung unseres natürlichen Mitgefühls und der Bereitschaft, ungute Verhältnisse ‚auszuhalten'. Hinter der aufgesetzten ‚Härte' liegt die Angst vor dem eigenen Schmerz. Allerdings wirkt die Desensibilisierung in alle Richtungen und beschneidet die gesamte Lebensintensität, einschließlich Glück und Freude. Ein erster Schritt aus dieser Gefühlsarmut besteht darin, den Schmerz, den wir nicht spüren wollen, wieder zuzulassen. *„Wer die Zeit nicht findet zu trauern, findet die Zeit nicht zu heilen."*[89]

Claude Anshin-Thomas beschrieb diesen Prozess der Heilung folgendermaßen: *„In Einklang mit meinem inneren Schmerz zu sein, so dass ich davon nicht beherrscht werde. Es gibt keine Heilung ohne Verletzbarkeit."* Paradoxerweise werden wir immer verletzlicher, wenn wir uns unverletzbar halten wollen. Durch unsere Abwehrstrategien werden wir übermäßig unfrei und unbeweglich.

Kollektive Weisheit taucht aus dem Zusammenspiel individueller Weisheit auf. Diese aber kann erst entstehen, wenn wir unsere Sensibilität als Menschen wieder zulassen und verfeinern. Erst dann können wir uns zu Hütern von Weisheit entwickeln. Solange wir uns schützend vor Schattenteilen in uns selbst abschotten und deren Entsprechungen in anderen abweisen, können wir kaum empfänglich sein für den Reichtum an Informationen aus unserer Umwelt. Wir können nicht das Mitgefühl entwickeln, welches die Basis für weise Entschlüsse bildet. Sobald wir uns wirklich wieder öffnen für die persönlichen Schicksale hinter den abstrakten Zahlen über Kindersoldaten, Katastrophenopfer und politischen Flüchtlingen zerbricht uns fast das Herz. *„Vielleicht ist uns inzwischen aufgegangen, dass wir in unserem eigenen Privatleben nicht vollkommen gesund und in Frieden sein können, wenn wir in einer Welt leben, die selbst krank und so wenig in Frieden ist.*[90]*"*

Die Unfassbarkeit des Leids in dieser Welt zeigt uns, dass wir unser Herz nicht weit genug öffnen, das Leid zu umfassen. Wir wenden uns ab und schütteln den Kopf, aus Angst vor den Gefühlen, die in uns ausgelöst werden könnten. Wir abstrahieren Leid aus reinem Selbstschutz und nicht unbedingt aus Ignoranz, wie wir uns das gerne gegenseitig vorwerfen. Jeder Akt, uns voneinander abzukapseln, kostet Kraft. Die Züricher Hirnforscherin Tania Singer[91] bringt die neuesten Befunde aus der Forschung auf den Punkt: *„Unser Gehirn ist auf Zusammenleben geeicht. "*

In seinem Buch *„Soziale Intelligenz: Wer auf andere zugehen kann, hat mehr vom Leben "* beschreibt Daniel Goleman neuere Forschungsergebnisse aus der sozialen Neurowissenschaft. Inzwischen können die konkret erlebbaren Erfahrungen von Empathie, Resonanz und Synchronisierung in Kontaktsituationen wie z.b. einem einfachen Gespräch neuronal nachvollzogen werden. Dabei zeigt sich, dass wir viel mehr direkt wahrnehmen, als uns bewusst ist.

Goleman spricht über zwei neuronale Netzwerke, die in unserem Körper parallel und miteinander verknüpft aktiv sind: das bewusste Netzwerk, „der obere Pfad"[92], und das unbewusste Netzwerk, „der untere Pfad". Hier gibt es die Möglichkeit einer Analogie zu den Hauptwegen und den Nebenwegen unserer Zivilisation. Mit Hauptwegen sind die Wege gemeint, die bekannt und institutionell verankert sind. Sie sind deutlich gekennzeichnet und entsprechen unseren kulturellen Gepflogenheiten. Sehr leicht könnten wir annehmen, dass sie die ganze uns zugängliche Realität abdecken, wären da nicht auch noch die vielen fast unsichtbaren Pfade, über die wir manchmal überraschenderweise stoßen. Vielleicht als Folge eines Schicksalsschlages, eines Zufalls oder einer instinktiven Abenteuerlust machen wir einen Schritt ins Unbekannte und ein fremdes wildes Land tut sich vor uns auf. Manchmal liegt der Zugang direkt vor unserer Haustür oder im Garten, wie bei *Alice im Wunderland*. Es ist befreiend, ein möglichst breites Spektrum bewandern zu können. Und ich glaube, dass ein

Großteil dessen, was wir heute über uns und die Welt neu entdecken müssen, nicht auf den Hauptstraßen zu finden ist.

Zurück zu den neuronalen Netzwerken: Über dem ‚unteren Pfad‘ strömen unablässig große Mengen von unbewussten Informationen in unser Wahrnehmungsfeld ein und aus. Wir lesen Feinheiten des Gesichtsausdrucks und der Körpersprache, wir riechen Hormonausschüttungen und hören eine etwaige Anspannung in der Stimme unseres Gegenübers. *„Unbewusste Denkvorgänge machen 98 Prozent aller menschlichen Nervenleistungen aus, schätzen Neurobiologen.“*[93] Der ‚obere Pfad‘ interpretiert und ordnet diese Informationsmenge währenddessen. Er macht sich ein eigenes Bild der Situation, das an Interpretationen der Vergangenheit anknüpft. Am liebsten fasst er das jetzt Wahrgenommene in einer Weise auf, die das bisherige Weltbild bestätigt. Wir wissen viel mehr, als uns bewusst ist! Hier liegt die Grundlage unserer Fähigkeit, intuitiv richtige Entscheidungen zu fällen, ohne sie rational nachvollziehen zu können.

Auch in unserem Selbstausdruck spielen beide Netzwerke eine Rolle. Wenn sie in Übereinstimmung miteinander agieren, also synchron sind, nennen wir das Authentizität. Unsere Integrität im Sinne einer Übereinstimmung von inneren Werten und äußerer Lebenspraxis findet hier ein hautnahes Echo. Stimmt der Klang unserer Stimme mit dem Inhalt unserer Worte überein? Oder spricht unser Körper z. B. von Rückzug und Anspannung, während unsere Stimme von Aufbruch und Begeisterung redet? Andere Menschen nehmen solche doppeldeutigen Botschaften erstaunlich präzise wahr, je nach dem Grad der Aufmerksamkeit und der Übung. Dementsprechend intuitiv entscheiden sie über unsere Vertrauenswürdigkeit.

Ursprünglich ist es uns selbstverständlich, unsere Gefühle authentisch und direkt zum Ausdruck zu bringen. *„Unsere neuronale Verdrahtung überträgt jede noch so geringe Stimmungsschwankung auf die Muskeln unseres Gesichts und macht damit unsere Gefühle sofort sichtbar.“*[94] Wenn wir uns freuen, strahlen unsere Augen und unser Mund lacht. Wenn wir Schmerzen empfinden, ziehen wir uns zusammen. Die Unterdrückung des natürlichen Selbstausdrucks kostet Zeit und Kraft. Dazu müssen wir den ‚oberen Pfad‘ einschalten und absichtlich eine Maske anlegen.

Paul Ekman[95], ein US-amerikanischer Psychologe, der besonders für seine Forschungen im Bereich der nonverbalen Kommunikation bekannt wurde, ist fasziniert von unserer Fähigkeit, Lügen aufzuspüren. Erhöhter Blutdruck und minimale Diskrepanzen (wie zwei zehntel Sekunden Verspätung bei der Beantwortung von Fragen) geben feinste Hinweise, die selten unbemerkt bleiben, auch wenn wir nicht immer bewusst sagen könnten, was gerade nicht stimmt.

Eine besondere Rolle bei den unbewusst ablaufenden Prozessen spielen Spiegelneuronen. Nach Giacomo Rizzolatti[96], ihrem italienischen Entdecker, befähigen uns diese *andere Menschen nicht durch begrifflich strukturierte Überlegungen zu verstehen, sondern durch direkte Simulation, durch Fühlen, nicht durch Denken.*[97] Mit Hilfe von Spiegelneuronen bilden wir die Gefühlslagen und Bewegungen anderer in uns selbst ab. Wir fühlen uns in andere ein, so als steckten wir in ihrer Haut. Unsere Spiegelneuronen spiegeln den Tanz der Neuronen unseres Gegenübers. Sporttrainer wissen seit langem, dass ihre Schützlinge auch über die Vorstellung von Bewegungsabläufen oder die bloße Beobachtung eines z.b. perfekt ausgeführten Tennisaufschlags lernen. Spiegelneuronen werden in den gleichen Gehirnpartien aktiv wie beim tatsächlich ausgeführten Aufschlag, ohne reale Signale an Muskelpartien zu senden. So kommt es auch, dass uns manchmal die Tränen schon in den Augen stehen, bevor unser Gegenüber selbst die eigene Trauer überhaupt bewusst wahrgenommen hat. Untersuchungen haben gezeigt, dass Menschen, wenn sie sich nur einen Moment lang Zeit nehmen, sich wirklich in Fremde einzufühlen, diesen die gleiche Hilfe geben wollen wie einem nahestehenden Menschen.[98]

Es zeigt sich, dass sich zwischen Menschen, die empathisch miteinander kommunizieren, ein wahres neuronales Duett abspielt. Die neuronalen Netzwerke synchronisieren sich, die Übereinstimmung von Rhythmus und Spielart wird harmonischer. Umso eingefühlter das Zusammenspiel zwischen Menschen ist, desto co-kreativer werden sie und desto effektiver treffen sie gemeinsame Entschlüsse.[99] Ausschlaggebend sind eine vertrauensvolle Atmosphäre, ein hohes Maß an Aufmerksamkeit füreinander und die feine Koordination der nicht-verbalen Ausdrucksformen wie Tempo, emotionaler Fluss und

Körpersprache. Die Feinheiten dieses Zusammenspiels können am Beispiel der „Protokonversation"[100] zwischen Mutter und Baby wunderbar nachvollzogen werden. Hier fließen der Klang der Stimmen, feine Berührungen und Augenkontakt zusammen in einen exquisiten gemeinsamen Tanz, in dem der innere Zustand beider in Übereinstimmung gebracht wird. Fällt die Einstimmung aufeinander leicht, fühlen sich die Mutter und ihr Kind glücklich. Die Nachricht bleibt dabei trotz unendlicher Vielzahl der Variationen immer die gleiche: eine Bestätigung von Liebe, Lebensfreude und Geborgenheit.

Unsere Verbundenheit reicht also tiefer, als wir denken können. Die Co-Kreation unserer Gemütszustände kann inzwischen für die einfachste Interaktionsform, den Dialog, wissenschaftlich nachgewiesen werden. Was Gruppenphänomene angeht, erinnere ich an die Untersuchung des Einflusses von Meditierenden auf die Rate der Gewaltverbrechen in einer Stadt. Durch „kollektive Ansteckung"[101] können sich positive wie auch negative Stimmungen blitzschnell in Gruppen und Menschenmassen verbreiten. Diese Resonanzphänomene finden ständig statt und durchziehen unsere engsten Beziehungen, unsere Familien, Organisationen, die Gesamtgesellschaft. Synchronisation ist ein doppelschneidiges Schwert, wie wir in Deutschland nur allzu gut wissen. Um unserer Resonanz nicht willenlos ausgeliefert zu sein, müssen wir uns ihrer erst einmal bewusst werden.

Wir können unsere Fähigkeit der Empathie bewusst ausrichten. Schon Freud wies darauf hin, dass wir durch eine geübte Einfühlung auf innere Regungen anderer Menschen aufmerksam werden können, selbst wenn die sich dieser noch nicht gewahr sind. Thomas Hübl[102] vergleicht diesen Prozess damit, „sich gegenseitig zu lesen". Wir tun dies zwar ohnehin ständig, können die Fähigkeiten durch Übung aber hochgradig verfeinern. Von Natur aus sind wir wie offene Bücher füreinander. Der Versuch, uns zu verschließen, schickt eine Welle der Anstrengung durch unser gesamtes System und verringert automatisch unsere eigene Sensibilität für Impulse von außen.

Es gibt z.B. die weitverbreitete Erscheinung der „urbanen Trance", in die wir treten, um uns vor dem Einströmen eines Übermaßes von Eindrücken im öffentlichen Raum zu schützen.[103] Die Grenze zwischen gesunder Abschirmung und ungesunder Abkapselung ist subtil und verschiebt sich in jedem Individuum ständig. Wie empfänglich erlauben wir uns gerade zu sein? Eine zu starke Kanalisierung und Blockierung im Bereich der bewussten neuronalen Netzwerke führt dazu, dass sich im unbewussten Bereich immer mehr Schatten ansammeln. Angst und Abgrenzung verhindern den gesunden Kontakt zwischen beiden. Ein innerer Druck oder Enge und Krankheiten können entstehen. Es gibt in uns einen natürlichen Impuls, unbewusste Inhalte beständig in unser Bewusstsein emporsteigen zu lassen und so beide Bereiche zu integrieren und unser Spielfeld zu erweitern.

Wenn wir in unserer komplexen Welt weise Entscheidungen treffen wollen, müssen wir den Mut aufbringen, den Pfropfen zu ziehen und den Geist aus der Flasche zu lassen. Wir wissen viel mehr, als wir uns bewusst machen. Wir können nicht nur unser Gegenüber ‚lesen‘, sondern auch die Atmosphäre einer Gruppe oder eines Raums. Wir können uns in Pflanzen und Tiere einfühlen. Unser Unbewusstes erfasst die Energie, die in Kleidern, die wir kaufen, und in Nahrungsmitteln, die wir essen, steckt. Wir können darum wissen, welches Glück oder Leid mit ihnen verbunden ist. Auf der Ebene des Unbewussten spüren wir das Wohl und den Schmerz der Menschheit und erleben die Belastung der Ökosysteme, deren Teil wir sind. Wir sind nicht vom Ganzen getrennt! Wir fühlen mit! Wir kennen nicht unbedingt die Fakten, aber wir besitzen einen intuitiven Zugang.

Es ist kein Zufall, dass wir Menschen keinen Panzer, keine Schuppen, kein dickes Fell und keine scharfen Krallen haben. *„Unser Körper ist ein universelles Übersetzungsinstrument für die Regungen des Lebens, für seine Schmerzen, für sein Glück."*[104] Aber wohin mit den Gefühlen, die auftauchen, wenn wir unsere Empfindsamkeit wieder zulassen? Wie schaffen wir sichere Räume (siehe hierzu z.B. die Arbeit von Joanna Macy[105])? Wie finden wir dabei das rechte Maß? Wie kann der natürliche Strom unserer Expressivität befreit werden, ohne uns in einem chaotischen Strudel der Emotionalität und Sentimentalität zu reißen? Im Methodenteil dieses Buches werden praktische Ansätze dazu aufgezeigt.

Wenn wir uns dem Prozess der Sensibilisierung stellen, werden wir mit einem Tanz an der Grenze zwischen Ordnung und Chaos konfrontiert. Wir alle kennen den Anteil in uns, der Angst vor Veränderung hat.

Dieser Anteil neigt dazu, viele Jahre an bestimmten Ausdruckswei-sen, Situationen und Verhältnissen festzuhalten, die längst nicht mehr zeitgemäß sind, und zwar aus purer Gewohnheit. Unser Sicherheits-bedürfnis kann so weit führen, dass wir eines Tages aufwachen und merken, dass die Begeisterung und die Lebensfreude aus unserem Leben verschwunden sind. Gleichzeitig brauchen wir ein bestimmtes Maß an Geborgenheit. Auch die ständige Suche nach dem Neuen kann zu einer Flucht werden. Wir sind am glücklichsten, wenn wir abenteuerliche Ausflüge von einer sicheren Basis aus starten und uns einen spielerischen Improvisationsgeist bewahren können.

Ein guter Freund von mir arbeitete früher als Sozialarbeiter in den Gefängnissen Londons. Zu dieser Zeit empfand er eine starke Entrüstung über gesellschaftliche Missstände. Er besuchte ein Semi-nar engagierter Buddhisten, in dem die Teilnehmer darum gebeten wurden, ihre Gefühle angesichts des Zustandes der Welt zu benennen. Viele nannten Wut, Angst, Frustration, Machtlosigkeit, Trauer oder Fassungslosigkeit. Insgesamt wurde eine recht geballte Ladung spür-bar. Der buddhistische Mönch lächelte fein und meinte dazu: *„Diese Gefühle sind wie die letzten Stunden der Dunkelheit, bevor die Sonne aufgeht. Akzeptanz ist das Aufgehen der Sonne."*

Wie können wir uns gegenseitig zum Wachstum einladen? Das Paradoxon von Akzeptanz und gleichzeitiger Herausforderung liegt im Zentrum der spezifischen Kraft, die letztlich Veränderungen bewirkt. Menschen blühen auf wie Blumen, wenn sie gebadet werden in einer Atmosphäre der Akzeptanz und des Wohlwollens. Sie reagieren mit Widerstand auf alles, was ihnen übergestülpt wird und nicht aus ihrem eigenen Inneren erwächst.

Wann braucht es liebevolle Zustimmung und wann die gegen-seitige Herausforderung, um innere Grenzen zu überschreiten? Je mehr wir die Anteile in uns selbst in Besitz nehmen, die bisher uner-forscht geblieben sind, je stärker wir uns für unsere Herzensprojekte engagieren, desto klarer finden wir heraus, wer wir sind. Wenn unsere Gedanken nicht mehr nur Wiederholungen der Gedanken von gestern und vorgestern sind, sondern neu entstehen aus einem frischen Strom des Kontaktes mit der Gegenwart, dann beginnen wir aufzuwachen gegenüber dem eigenen Potenzial und der eigenen Kraft.

Ich glaube aus meiner Erfahrung sagen zu können, dass jede noch so zufällig zusammengewürfelte Gruppe von Menschen mit etwas Feingefühl und gutem Willen zu einem Raum für Heilung und Öffnung werden kann. Manchmal braucht es nicht mehr als einen bestimmten Klang, eine klare Absicht oder Frage, eine ausgesprochene Wahrheit, um Vertrauen in einer Gruppe aufgehen zu lassen wie eine Knospe in der Morgensonne. Es ist ein Akt der Magie, aber dieser Akt kann geübt werden. Es ist eine Kunst, Räume zu schaffen, in denen Menschen sich trauen, authentisch miteinander zu sein und anfangen, ihre Verbundenheit anzuerkennen und mit ihr zu arbeiten. Der Raum zwischen uns wird dadurch wieder zu einem heiligen Raum.

„Wo zwei oder drei in meinem Namen versammelt sind, da bin ich mitten unter ihnen"[106]

Ob am Flughafen oder auf der Straße im Vorbeigehen: Schauen wir zufällig in ein paar Augen und versinken für einen Moment in den Tiefen einer uns nicht bekannten Erfahrung, die fremd und zugleich intim ist. Meist schauen wir schnell weg, weil wir eine unangenehme Aufdringlichkeit befürchten. Es ist keine Kleinigkeit, die Intimität einer Begegnung unvorbereitet und situativ mit Leichtigkeit und Tiefe, Wahrheit und Humor auszuhalten. Wir sind es eben nicht gewohnt. Wir schleichen in unseren Städten, Häuserblocks und auf der Arbeit umeinander herum. Wir sind einerseits erleichtert, andererseits gelangweilt über unsere Gepflogenheiten der oberflächlichen Begegnung, die unser Miteinander lenken.

In Wahrheit aber sind wir Naturgewalten und Universen, die aufeinandertreffen. Da gibt es keinen Alltag, keine Langeweile, sondern nur Gewohnheiten, die das so erscheinen lassen. Nassim Taleb beanstandet in seinem Buch "Der Schwarze Schwan – Die Macht höchst unwahrscheinlicher Ereignisse" den *„Drang, uns auf das zu fokussieren, was für uns einen Sinn ergibt. Das heutige Leben auf unserem Planeten erfordert viel mehr Fantasie, als uns mitgegeben wurde. Es fehlt uns an Fantasie und wir unterdrücken sie bei anderen."*[107] Um zur Kollektiven Weisheit vorzudringen, müssen wir unsere Gewohnheit fallen lassen, die gewohnten Bahnen verlassen und uns einlassen auf die wilde Unvorhersagbarkeit eines jeden Moments. Es gilt anzuerkennen, dass nichts ist, wie es scheint. Schon unsere Haut, die uns so nah und bekannt erscheint, ist in Wirklichkeit keine absolute Grenze, sondern ein durchlässiges empfindsames Wunder. Wir halten unsere Separation künstlich aufrecht, gerade weil wir so viel für- und miteinander empfinden und nicht wirklich wissen, wie wir das sicher verwalten können.

Das hört sich fast erotisch an, und es gibt sicher Momente, in denen der Unterschied zwischen einem tiefen Eintauchen in eine gemeinsame Gedanken- und Inspirationswelt und dem Eintauchen in eine Welt der sinnlichen Begegnung weniger groß ist, als wir erwarten. Vielleicht ist deswegen die Scheu vor dem gemeinsamen Denkprozess so groß? Weil sich die Grenzen unseres Ego dabei auflösen?

Präsenz und Frische im Moment und die Fähigkeit, das Potenzial des impliziten Feldes zu lesen, sind aber unbedingte Vorraussetzung für Kollektive Weisheit. In unserem sexuellen Empfinden ist das ganz ähnlich. Wenn wir uns nicht in der Begegnung ganz unvoreingenommen einlassen, werden wir das Mysterium der Verbundenheit nicht uneingeschränkt erfahren. Menschen lassen sich nicht zum Narren halten. Sie haben eine untrügliche Spürnase für echte Authentizität. Und für die Magie einer echten Begegnung.

7

7.1. Lebendige Gemeinschaft

Meine Kinder verbrachten ihre erste Lebenszeit im Bauwagen unter alten Buchen in einer zutiefst freundlichen Landgemeinschaft in Nordhessen. Unklare Besitzverhältnisse schickten uns jedoch schon bald auf die Suche nach einem Ort, der mehr Weite und Klarheit bieten konnte. Wir entschieden uns für das Ökodorf Sieben Linden[108] in der Altmark. Weite gibt es hier tatsächlich. Rollende Himmel, offene Felder, alte Eichen. Finanzielle Klarheit auch, denn das Gelände wurde 1997 von einer „Siedlungsgenossenschaft" gekauft. Als neue Mitglieder übernahmen wir im Jahre 2000 Anteile und wurden so zu Mitbesitzern von inzwischen 81,5 Hektar Bauland, Acker und Wald. Die Folgen sind kostbar, ein kleines Dorf (inzwischen leben hier 80 Erwachsene und 35 Kinder) ist wieder gemeinsam verantwortlich für die umliegende Natur, in Anlehnung an alte Tradition und Vorausschau der *Global Commons*[109]. Das Konzept der „luxuriösen Einfachheit" bestimmt unser Zusammenleben mit Mensch und Natur. Wir experimentieren mit der Frage, ob und wie ein ganzheitlich nachhaltiger Lebensstil in Deutschland möglich ist. Wir genießen frisches Gemüse aus dem eigenen Garten, ein reiches soziales Umfeld im Alltag und die Integrität einer gemeinsamen Sinn- und Lebenssuche. Wir pflegen den Umgang mit offenen Fragen. *„Wenn man die Fragen lebt, lebt man vielleicht allmählich, ohne es zu merken, eines fremden Tages in die Antworten hinein."[110]*

Schon lange lasse ich keine Chance mehr aus, Kommunikationsprozesse zu initiieren und zu begleiten, wo immer ich mich gerade befinde, auch in Sieben Linden. Dieser Ort ist auf Wachstum ausgerichtet und hat die Klugheit, Organisationshierarchien möglichst offen und transparent zu gestalten. Auch neue Menschen sind bald eingeladen, Leitung zu übernehmen.

Es gibt zwei Bereiche, die auf meinem Radar für die Pflege des sozialen Gefüges aufleuchten: die Transparenz der Kommunikation im gemeinschaftlichen Alltag und die Integration neuer Menschen. In beiden Bereichen engagiere ich mich in den kommenden sieben Jahren mit Haut und Haar. Mit einer Kerngruppe von fünf Menschen führen wir das Forum als Prozess ein (siehe Methodenteil). Über die nächsten Jahre findet ein gemeinsamer Lernprozess statt: Die Gemeinschaft bildet uns als Forumsleitung aus. Durch Rückkopplung von Kritik und Feedback werden wir geführt, unsere Kanten geschliffen und unsere Schwächen auf den Tisch gebracht. Im Gegenzug bekommen wir vom Rest der Gemeinschaft das nötige Vertrauen zu üben, unser Bestes zu geben, aber auch Fehler zu machen. Wir begleiten Menschen dabei, sich verletzlich zu zeigen und im Selbstausdruck einen Schritt weiter zu gehen, als sie es gewohnt sind. Mit der Zeit wissen wir voneinander, wo der Schuh drückt. Es erleichtert ungemein, wenn diese Dinge ausgesprochen werden dürfen. Was uns im Inneren bewegt, darf zum Vorschein kommen. Und da weniger im unausgesprochenen Untergrund rumort, laufen Entscheidungsprozesse an der Oberfläche leichter ab. Der Umgangston verfeinert sich mit den Jahren. Es wird weniger hinter dem Rücken und mehr offen angesprochen. Konflikte wachsen sich kaum noch zu Dramen aus. Eine ganze Gemeinschaft wird langsam, aber sicher erwachsen.

Parallel und in Anlehnung an den Forumsprozess gründen wir den „Gemeinschaftskurs" für Menschen, die Interesse haben, nach Sieben Linden zu ziehen. Wir beobachten, wie viel Kraft die Integration neuer Menschen in die Gemeinschaft kostet, und gehen schwanger mit der Frage, ob es auch Wege gibt, diesen Prozess für alle zu einer Quelle der Bereicherung zu machen. Daraus entsteht ein dreiwöchiger Kurs, der neuen Menschen die Gelegenheit bietet, sich in einem Kontext der transparenten Kommunikation und Gemeinschaft auszuprobieren und der Gemeinschaft fokussiert zu begegnen. Die Teilnehmer lernen, Grundwerkzeuge der Gemeinschaftsbildung anzuwenden. Bis die Menschen dann tatsächlich landen, haben sie schon einen Großteil der Fragen, die sich in diesem Vorgang immer wieder stellen, unter sich und mit Begleitung diskutiert. Es wollen mehr Menschen nach Sieben Linden, als aufgenommen werden können. Nach einer Weile finden wir auch eine mögliche Antwort auf die Frage, wie die Furcht der Gemeinschaft, von neuen Menschen überrannt zu werden, abgebaut werden kann. Nach dem Kurs setzt sich die Gemeinschaft zusammen und entscheidet, wie viele und welche der Menschen zu einer Probezeit eingeladen werden. Das ist ein heikler und intensiver Prozess, der aber eine erstaunliche Erkenntnis zutage fördert, nämlich dass die Menschen intuitiv wissen, was gut für sie ist. Die Entscheidungen fallen erstaunlich einhellig, gerade weil alle sich dessen gewahr und einig sind, dass es hier kein Richtig oder Falsch im mentalen Sinne gibt. Diese Frage ist nur über Einfühlung und Intuition zu beantworten. Eine Gemeinschaft übt sich in der Kollektiven Weisheit.

7.2. Kollektive Weisheit

Der Raum füllt sich an mit einem untergründigem Lachen. Man kann die Freude an der Kreativität förmlich knistern hören. An allen Tischen leuchten die Augen. Menschen nicken Zustimmung und gestikulieren herzlich, um das Ergebnis zu unterstreichen. Die Begeisterung ist ansteckend. Am Ende der letzten Runde entsteht eine tiefe Stille im Raum. Dann steht eine Teilnehmerin auf und spricht von der Inspiration, die für sie hier und jetzt entstanden ist. Ein anderer teilt mit, für welche Idee er sich heute entflammt hat. Ihre Berührtheit ist spürbar, und man hört ihnen gerne zu. Nach weiteren Beiträgen wächst ein Staunen darüber, wie essenziell, ausgeprägt und präzise der Projektplan geworden ist, der hier zusammen entwickelt wurde. Und das mit einer unglaublichen Leichtigkeit."[111]

Wir alle kennen solche Situationen und wünschen uns, sie öfter zu erleben oder auch die Erfolge duplizieren zu können. Kollektive Weisheit bezieht sich auf die Kreativität in Gesprächs- und Aktionsmomenten, in denen in einem Team der Gemeinschaftsgeist so konstruktiv wird, dass die Ergebnisse wahre Wunder zu sein scheinen. Fantastische Leistungen im Sport, außerordentlich glückende Rettungsaktionen oder Improvisationstheater, das ein ganzes Publikum in ein nicht enden wollendes Lachen katapultiert, gehen hervor.

Wir wollen uns nicht mehr auf den niedrigsten gemeinsamen Nenner einigen, sondern immer öfter Räume miteinander erleben, in denen das Ganze mehr wird als die Summe seiner Teile. Die Kreativität und spielerische Inspiration, die dann entstehen, sind wie das Salz in der Suppe der Mitmenschlichkeit. Sie schaffen eine tiefe Zufriedenheit im Alltag menschlichen Miteinanders.

Ist es möglich, diese Situationen bewusst herzustellen? Oder zumindest Umstände zu schaffen, die ihr Auftreten begünstigen? Wie stark können wir als Individuen zu kollektiven Phänomenen beitragen? Ist der Begriff „Leitung" sinnvoll anzuwenden im Bereich der Kollektiven Weisheit?

Wir haben Weisheit umschrieben als ein tiefes Verstehen von komplexen Zusammenhängen des Lebens, das zu Einsichten und Handlungen führt, die dem langfristigen Wohl des Ganzen dienen. Weisheit ist in der Präsenz des Moments verankert. Es gibt keine absoluten Antworten, nur zeitlich und räumlich verankerte, gesunde und stimmige „Ver-Antwortung". Ich glaube allerdings an die Existenz einer lebensunterstützenden Mustersprache,[112] ein Muster hinter der Ver-Antwortung, welche in jedem Kontext zwar andere Formen annimmt, aber dennoch wieder erkennbar bleibt. Bei allen ‚Heldengeschichten' wird sichtbar: Die Formen ändern sich ständig, die inneren Werte und Ausrichtung dahingegen festigen und vertiefen sich.

Es gibt nicht die eine Methode, mit der wir garantiert immer Erfolg haben werden. Es gibt z.B. nicht ein Modell nachhaltigen Lebens, das wir nur zu kopieren brauchen, um als Menschheit nachhaltig leben zu können. Nachhaltigkeit muss konkret verankert werden, angepasst an die jeweilige Örtlichkeit und Kultur. Ebenso ist ein kollektiv weises Umgehen mit den Anforderungen des Lebens ein zutiefst konkreter Prozess. Individuen und soziale Organismen sind gezwungen, ihre äußeren Formen und inneren Strukturen beständig neu schöpferisch zusammenzusetzen und auszugestalten. Es gibt immer nur temporäre

Lösungen im Hinblick auf die jeweils nächsten Schritte. Die Wachheit gegenüber dem, was jetzt gerade gefragt wird, darf nie nachlassen. Die Fähigkeit, gemeinsam zu improvisieren, spielerisch Neues zu kreieren, ist dabei Vorbedingung und Folge zugleich.

Trotzdem neigen wir dazu, die Strukturen, Formen und Bürokratien unserer Organisationen stark und bleibend zu gestalten. Unbewusst versuchen wir, die als bedrohlich empfundenen Kräfte chaotischer Veränderung fernzuhalten. Auch wenn Wachstum vor allem aus Unausgewogenheiten und eben nicht aus der perfekten Balance entsteht, bleibt es herausfordernd für uns, Schieflagen und Reibung wirklich zu genießen. Organisationen sind dann am erfolgreichsten, wenn sie so nah am Chaos gebaut werden, dass sie maximal schöpferisch bleiben, aber so nah an der Ordnung, dass sie ein Mindestmaß an Geborgenheit und Sicherheit vermitteln. Teams, Gemeinschaften und Organisationen folgen in diesem Sinne – wie übrigens alle lebendigen Systeme – dem Prozess der Autopoiesis[113]: Sie erschaffen sich selbst immer wieder neu und wahren dennoch ihre Gesamtidentität inmitten des ständigen Stroms der Veränderung. Wenn wir versuchen, sie zu statischen Gebilden gefrieren zu lassen, fließt das Leben buchstäblich an ihnen vorbei.

Im Folgenden wird eine mögliche Mustersprache der Kollektiven Weisheit beschrieben als eine Serie von Schritten, die wie Fraktale ineinandergreifen und sich gegenseitig stärken. Keiner dieser Schritte funktioniert isoliert, und keiner muss absolut realisiert werden, um in die Kollektive Weisheit einzusteigen. Im Gegenteil, die Perfektion kann auch zum Feind des Guten werden – und zwar dann, wenn wir entweder zu lange warten oder nie zufrieden sind mit dem Erreichten. Der Weg entsteht im Gehen.

1. Ausrichtung kristallisieren

„Nichts ist mächtiger als eine Idee, deren Zeit gekommen ist."[114]

Um eine gemeinsame Kraft zu entfalten, braucht jedes Projekt und jede Gemeinschaft eine gemeinsame Vision, einen Traum, für den es sich zu gehen lohnt. Allzu leicht stranden wir in den tausend kleinen Dingen des Alltags, verirren uns in unseren Pflichten und verlieren uns in unserem Gedankenlabyrinth. Wir brauchen eine Praxis der Rückverbindung zu einer höheren Ausrichtung. Je klarer sie in unserem Bewusstsein verankert ist, desto stärker wirkt sie.

Einen klaren Fokus zu setzen, wirkt wie ein Laserstrahl: Die Energie wird ausgerichtet, gebündelt und zieht das an, worauf sie zielt. Wir sind wie eine Wandergruppe im Dunkeln. Ob wir mit unseren Taschenlampen in alle Richtungen suchen oder die Strahlen auf einen gemeinsamen Punkt richten, macht einen großen Unterschied. Der gemeinsame Fokus, das gemeinsame Ziel ist währenddessen lebendig und nicht statisch festgelegt. Die Vision ist ein fließendes Gebilde. Sie wird ständig erneuert und bildet sich erst wirklich ab durch die Menschen, in denen sie lebendig ist.

Wie finden wir zu der Ausrichtung, die im jeweiligen Moment den größten Magnetismus entfaltet? Oft bieten Stille oder eine Erfahrung in der Natur einen deutlichen Zugang dazu. Manchmal kostet es Mut, sie zu benennen, weil sie am Rande des allgemein Anerkannten liegt und sich bis ins Unbekannte erstreckt. Ansteckende Visionen werden nicht fabriziert, sondern entdeckt. Otto Scharmer spricht in der U-Theory von dem Sog der Zukunft: dem gegenwärtigen Gefühl, dass etwas sozusagen geboren werden möchte. Wir erspüren intuitiv das Potenzial einer Situation, benennen es und tragen dadurch zu seiner Entfaltung bei.

2. Individuelle Einzigartigkeit entwickeln

„Alle Liebe dieser Welt ist auf Eigenliebe gebaut."[115]

Es braucht autonome Individuen, damit die Einzigartigkeit der Beteiligten das Ganze befruchten kann. Es braucht innere Freiheit und eine Natürlichkeit im Selbstausdruck. Es braucht eine Eigenständigkeit im Denken, Fühlen und Handeln, die so tief im Herzen verankert ist, dass sie fähig ist, für das Wohl des Ganzen einzustehen, auch wenn sie damit gegen den Strom schwimmt.

James Surowiecki schreibt sogar: *„Zu viel Kommunikation kann eine Gruppe weniger intelligent machen. Vielfalt und Unabhängigkeit sind wichtig, weil die besten Entscheidungen aus Differenzen und einem Wetteifern entstehen, nicht aus Konsensus oder Kompromissen."*[116] Das eigene Einpendeln auf eine bestimmte Meinung in einer Gruppe stellt immer auch eine Gefahr dar. Wir wissen aus unserer Geschichte nur zu gut, welche gravierenden Folgen solch ein Prozess haben kann. Ein gesundes Spannungsfeld zwischen „Einheitsbewahrern" und „Vielfaltserzeugern"[117] will gewahrt bleiben.

Noch führt die Überindividualisierung in unserer Kultur einerseits zu Einsamkeit und Narzissmus, andererseits dazu, dass wir individuelle Freiheit mit dem Recht auf das individuelle Gefängnis unserer Gewohnheiten verwechseln. Wir nutzen alle gelegentlich die in unserer Kultur üppig gebotene Möglichkeit des Rückzugs, um uns nicht mit dem Leben konfrontieren zu müssen. Unsere gewohnten Muster führen zu eine gewissen Ruhe. Mit ihrer Hilfe meiden wir es, unsere Unzufriedenheit mit uns selbst und unserem Leben als Anlass für Veränderung zu nutzen. Wir werden anfällig für Abhängigkeiten von Medien, Konsum und Drogen. Deutschland gehört zu den Ländern, in denen am meisten Alkohol konsumiert wird.[118] Wir kämpfen um die Freiheit des eigenen Autos und stehen dann mit allen anderen im Stau. Wir zahlen ein

Leben lang das Eigenheim ab und schauen dann womöglich die gleichen Fernsehserien wie alle Nachbarn auch.

Es ist an der Zeit, uns wieder stärker aufeinander und auf das Leben einzulassen. Wir brauchen die Spiegel der anderen, um uns selbst in unseren Schwächen und Stärken erkennen zu können. Erst wenn wir uns einlassen auf eine ständige persönliche Praxis von Verständigung und Vergebung mit anderen, können wir schmerzhafte traumatische Erlebnisse unserer Vergangenheit als Kraftquelle für die Zukunft einbringen. Dann können wir zu Menschen werden, die in sich selbst ruhen, und zwar auf Grund eines gewachsenen Wissens um den eigenen Wert und den Eigenwert der anderen.

Eine starke Gemeinschaft entsteht aus kraftvollen Individuen. Dürfen wir unsere persönliche Exzellenz im Streben nach kollektiver Weisheit ganz entfalten? Dürfen wir uns voll und ganz einsetzen für die Umsetzung der eigenen Träume? Die Antwort ist: ja. Die Entfaltung des kollektiven Potenzials entsteht Hand in Hand mit der Entfaltung des individuellen Potenzials. Es ist kein Zufall, dass wir menschheitsgeschichtlich erst die Phase der extremen Individualisierung durchlaufen, bevor wir uns der Frage der kollektiven Weisheit zuwenden.

3. Vielfalt einladen

„Die breite Masse hält ein fast vollständiges Bild der Realität in ihrem kollektiven Gehirn."[119]

Aus einem gesunden Selbstwert entsteht Großzügigkeit anderen gegenüber. Wenn wir unsere eigene Fähigkeit und Einzigartigkeit voll zum Ausdruck bringen, können wir andere darin unterstützen, das Gleiche zu tun. Erst dann fangen wir an, menschliche Vielfalt wirklich zu genießen. Der Reichtum der unterschiedlichen Sicht- und Herangehensweisen, unserer Kulturen und genetischen Kombinationen möchte nicht gebremst, sondern genutzt werden.

Noch nie waren wir global so bunt durchmischt wie heute. Noch nie gab es so viele Menschen, die in ihren Zellen die Gene ganz unterschiedlicher kultureller Stränge vereinen. Noch nie gab es so viele Menschen, die so viele Sprachen beherrschen und dadurch so unterschiedliche Bedeutungswelten in sich tragen.

Auch das ist ein Aspekt der keimenden Kollektiven Weisheit. Wir tragen sie in uns! Die Welt sieht durch jedes Augenpaar anders aus. Die Integration von Zuwanderern in Deutschland und in unseren Organisationen bietet große Chancen. Immer schon waren multikulturelle Metropolen bekannt für ihre Kreativität. Wie sähe die Welt aus, wenn mehr Gespräche stattfänden, die vor allem Menschen aus ganz unterschiedlichen gesellschaftlichen Segmenten und Schichten an gemeinsame Tische brächten?

Erst wenn wir miteinander in einen Raum des gegenseitigen Respekts und der grundsätzlichen Bejahung des anderen eintreten, können wirklich fruchtbare Gespräche entstehen. Das bedeutet nicht, dass wir aufhören, frech und herausfordernd, klar und ehrlich zu sein: In der Natur beruhen evolutionäre Prozesse auf einer Kombination von Konkurrenz und Kooperation. Beides darf Spaß machen!

4. Nichtwissen zulassen

„Phantasie ist wichtiger als Wissen, denn Wissen ist begrenzt."[120]

Unser Einzelwissen ist beschränkt. Selbst der Bereich, von dem wir wissen, dass wir über ihn nichts wissen, hält sich in Grenzen. Aber es gibt einen riesigen Bereich, von dem wir nicht mal wissen, dass wir über ihn nichts wissen. Dieses Gewahrsein zu pflegen ist für eine Forschungsreise ins Unbekannte unerlässlich. Sich zu öffnen für Neues erfordert eine gewisse Demut. Der Stolz des Wissenden ist hier fehl am Platz. Relevante Informationen zeigen sich in einem empfänglichen Raum. Intuitive

Mustererkennung entsteht aus einem weiten, entspannten Blick. Die vermeintliche Sicherheit, im Besitz der einzig richtigen Antworten zu sein, vertreibt die Chance auf Kollektive Weisheit.

Wir erzählen uns selbst ständig Geschichten über unser Leben, über die Welt und über das, was zu tun ist. Wir lästern innerlich gern über die Fehler der anderen. Unserem Ego wäre es am liebsten, unsere Geschichten bestätigt zu sehen und unsere kleine Version der Welt zu erhalten. Das führt zu einer Grundspannung, die offensichtlich wird, wenn wir uns auf Gespräche mit der Vielfalt der Andersdenkenden einlassen. Aus einem Vermeiden des Kontaktes entstehen Fronten und Lager. Dort, wo wir uns auf Andersartigkeit einlassen, erweitern wir unsere Grenzen. Unser Ego sträubt sich gegen Veränderungen, unsere Seele hingegen sehnt sich nach Wachstum und Erweiterung. Abgrenzen müssen wir uns nur dort, wo wir Angst haben, uns selbst im Ganzen zu verlieren. Wir verlieren uns nur dort, wo wir uns auf Machtkämpfe oder falsche Kompromisse einlassen. Wenn wir stattdessen Widersprüche in unserem Bewusstsein halten, ohne sofort nach einer Lösung zu suchen, können neue Möglichkeiten sichtbar werden, an die wir nie zuvor gedacht hatten. Falls tatsächlich ein ‚Nein' erforderlich ist, können wir dieses dann ganzherzig aussprechen, ohne aus dem Kontakt zu treten? Solange wir in Kontakt bleiben mit dem Andersartigen, werden wir Neues erfahren und unser Wissen erweitern.

Wie aber wird der Bedarf an Kompetenz und Professionalität eines Projektes mit dem Nichtwissen der Teilnehmer in Übereinstimmung gebracht? Wie werden die Exzellenz des Einzelnen und die Gleichwertigkeit aller in Übereinstimmung gebracht? Wie vereint man genügend Vielfalt in der Einheit und genügend Einheit in der Vielfalt?

5. Verbundenheit und Intimität kultivieren

„Sehen und Gesehenwerden bilden einen geheimnisvollen Kreislauf der Gegenseitigkeit, eine Gegenseitigkeit der Präsenz."[121]

Wie können wir ein Gefühl der Verbundenheit kultivieren, das unsere Einzigartigkeit nicht schmälert, sondern an ihren richtigen Platz im Ganzen setzt? Wie können möglichst viele kreative Verbindungen und Beziehungen in einem System gefördert werden? Können wir andere mit einschließen in unser Denken und Fühlen? Können wir die Gruppen, Organisationen, regionalen Gemeinden und Netzwerke, in denen wir uns bewegen, als eigenständige Wesenheiten, als lebendige Felder wahrnehmen? Intensität entsteht durch Präsenz und Authentizität im Kontakt zwischen dem Ich und der Welt auf folgenden Stufen:

1. Ich denke mir, was du erlebst (Vorstellung – Deutungsebene)

2. Ich fühle in mir nach, was du erlebst (Mitgefühl – Kontaktebene)

3. Ich fühle mich in dich ein (Einfühlung – Wahrnehmungsebene)

4. Ich fühle mich in das gemeinsame System oder Feld ein, das sowohl dich als mich umfasst (Einfühlung in das Wir – Wahrnehmung einer uns übergeordneten Ebene)

Unsere Wahrnehmung kann auf jeder dieser Stufen verfeinert werden. Auf der ersten ziehe ich aus meiner eigenen Gesamterfahrung Schlüsse über das, was gerade in dir vorgehen mag. Ich kann nur von dem ausgehen, was ich selber kenne. Auf der zweiten gehe ich von der distanzierten Betrachtung auf das direkte Miterleben über. Ich lasse die Erfahrung an mich heran. Ich erlebe die Spiegelung deiner Gefühle in mir. Wenn sie in mir auf Resonanz treffen, wird es schwer, die eigenen Gefühle vom „Mitgefühlten" zu unterscheiden. Auf der dritten Stufe fühle ich mich bewusst in mein Gegenüber ein. Ich verlasse imaginär meine eigenen Grenzen und tauche in ‚dich' ein. Ich kann Informationen über das Erleben eines anderen erfassen, die unabhängig von meinen eigenen Entsprechungen sein mögen. Auf der vierten Stufe erstrecke ich mich noch weiter und umarme energetisch das uns beide beinhaltende Feld als Ganzes. Wir wachsen über unser kleines Ich hinaus und werden gewissermaßen zu dem Holon, von dem wir gleichzeitig ein Teil sind.

Diese Übungen beruhen erst einmal auf einem inneren Vorstellungsvermögen, führen aber zu einer grundsätzlichen Verschiebung unserer Wahrnehmung. Wir lassen zu, dass unsere Umwelt uns anders als gewöhnlich berührt. Wenn wir die Art, wie wir die Dinge anschauen, verändern, verändern wir dadurch die Dinge selbst. Wir verlegen unseren Fokus auf die nächste Ebene der „Holarchie"[122] und werden fähig, diese Ebene als neue Ganzheit und uns selbst als integralen Bestandteil dieser Ganzheit wahrzunehmen. Wir entwickeln ein vertieftes Gewahrsein für den Gesamtvorgang unseres Zusammenseins, welches das Auftreten Kollektiver Weisheit unterstützt.

Wir sind eine miteinander denkende Einheit, die aus individuell denkenden Einzigartigkeiten besteht. Es ist neben den verbindenden Empfindungen wichtig, Widerstände wahrzunehmen. Manchmal wird individuell oder kollektiv eine Grenze erreicht, die wir im Moment nicht überschreiten können. Wir vergeuden viel Kraft im Ankämpfen gegen solch ein „Nein", anstatt es zu akzeptieren und in den Bereichen weiter zusammenzuarbeiten, in denen die Energie gerade leicht fließt.

6. In die Praxis gehen

„Menschen gehören zusammen – nicht weil sie einander gleichen oder ähnlich sind, sondern weil sie an einer gemeinsamen Aufgabe mitwirken."[123]

Viele Methoden, die das Auftauchen Kollektiver Weisheit unterstützen wollen, sind darauf ausgerichtet, die Kreativität einer Gruppe zu befördern und zu entfalten. Das Gefühl von Öffnung ist oftmals beglückend, führt aber auch zu der Frage, wie wir aus dieser weit aufgespannten Begeisterung zur Destillation eines gemeinsamen Plans und einer fein abgestimmten Handlung kommen. Diese zu beantworten erfordert Zeit und Geduld, vor allem aber eine konzentrierte Einlassung.

Erinnerungen an vergangene Situationen und Momente, in denen wir uns ausgenutzt fühlten, die Pläne anderer ausführten, überfordert und fehl am Platze waren, können nun aufsteigen.

Wir wollen keine Gewinner-Verlierer-Situationen aus der Vergangenheit reproduzieren oder weiter mit lauwarmen Kompromissen leben. Wie kommen wir zur Erreichung der Kollektiven Weisheit miteinander in Bewegung? Dies ist der springende Punkt. Die Vision, das Gespräch, der Kontakt, all das war Vorbereitung auf diesen Augenblick der Handlung. Wir lassen uns ein auf die Welt. Wir berühren, schmecken, bewegen und formen sie. Jeder für sich und alle gemeinsam. Wie fühlt sich das an, wenn jeder Schritt, den wir tun, aus einer Verbundenheit erwächst?

Marshall Rosenberg, Begründer der Gewaltfreien Kommunikation, hat weltweit die Erfahrung gemacht, dass es nichts gibt, was Menschen glücklicher macht als das Gefühl, andere zu beschenken und einen sinnvollen Beitrag zu leisten. Wie können wir wieder zurückfinden zu einer sinnerfüllten Arbeit, die unseren tiefsten inneren Werten entspricht? Wir brauchen Institutionen, die eine Ethik der Übernahme von Verantwortung von unten nach oben unterstützen. Die Sehnsucht nach Sinnhaftigkeit wächst. Wir sehnen uns danach, einen Ausdruck zu finden für unsere Liebe.

7. Reflexionen integrieren

„Reifen wie der Baum, der seine Säfte nicht drängt und getrost in den Stürmen des Frühlings steht, ohne Angst, dass dahinter kein Sommer kommen könnte."[124]

Alle totalitären Regime basieren darauf, dass sie das natürliche Feedback ihrer Mitglieder unterbinden. In natürlichen Systemen dagegen können Informationen sowohl in der vertikalen wie auf der horizontalen Achse frei fließen. Nicht nur zwischen den Mitgliedern eines Holons, sondern auch zwischen den verschiedenen Ebenen der gesamten Holarchie findet eine möglichst beständige und klare Rückkopplung statt. So können positive Potenziale verstärkt und negative Potenziale eingedämmt werden. Die gemeinsame und die individuelle Reflexion führen zu einem erhöhten Wachstumspotenzial und trägt in sich die Samen einer Neuausrichtung. Fehler werden so zu kostbaren Lernfeldern.

Leider sind wir daran gewöhnt, öfter das halbleere Glas zu sehen als das halbvolle. Wir neigen dazu, uns gegenseitig, aber auch unseren Organisationen, eher kritisches Feedback zu geben als Wertschätzung. In allen Organisationen, mit denen ich bisher gearbeitet habe, gab es ein aufgestautes Reservoir von ausgesprochener und unausgesprochener Kritik und gleichzeitig ein tiefes Gefühl der fehlenden gegenseitigen Wertschätzung. Wir nehmen uns oft nicht die Zeit, das gemeinsam Erschaffene wirklich miteinander zu feiern. Der Moment des Ruhens in Zufriedenheit nach geleisteter Arbeit ist ein zutiefst wichtiger Aspekt, wenn wir vermeiden wollen, in unseren Projekten auszubrennen. Der Moment der öffentlichen oder intimen Wertschätzung für einen geleisteten Beitrag gibt uns Kraft und Freude für weiteres Tun.

„Einen weisen Umgang mit uns selbst, mit unseren Mitmenschen und unserer einen Welt zu lernen, bleibt eine der wichtigsten Aufgaben einer jeden Kultur, gleich ob sie vergangen, gegenwärtig oder zukünftig ist. ... Ob wir Weisheit fördern oder nicht, ist letztendlich eine Frage des Überlebens."[125]

8

8.1. Das „Wir" in der Form

Im Jahr 2004 kamen 21 Kursanbieter aus dem „Global Ecovillage Network"[126] (einem internationales Netzwerk von Projekten, die gelebte Nachhaltigkeit beispielhaft vorantreiben) zusammen, um ihre Erfahrungen zu einem Curriculum[127] zusammenzutragen. Die wichtigste Funktion bestehender Orte wie Sieben Linden ist die Inspiration von Besuchern und der Region. Die Wirkung kann sich nicht durch eine Wiederholung der Ergebnisse fortsetzen. Es geht darum, eine gute Übersetzung der Sprache einer Kultur des Miteinanders für breitere gesellschaftliche Zusammenhänge zu finden. Welche Prinzipien liegen erfolgreichen Designs für ganzheitliche Nachhaltigkeit zu Grunde?

Wir saßen als Repräsentanten aus fünf Kontinenten im Kreis und lauschten unseren unterschiedlichen Ansichten. Für die einen war es selbstverständlich, dass eine Präzision im Bereich der Ökologie unser zentrales Anliegen sein müsste. Wie können wir uns wieder harmonisch in die materiellen Kreisläufe der Natur einfügen? Andere sahen im Aufbau gesunder Wirtschaftsbezüge den eigentlichen Schlüssel. Welche Grundsätze bilden funktionsfähige Alternativen zu der fehlgeleiteten Fixierung auf Maximalprofit und Endloswachstum? Wieder andere wussten, dass ohne einen Bewusstseinswandel und den Aufbau innerer Kraftquellen keine echte Chance zur Veränderung besteht. Nicht zuletzt herrschte bei manchen Klarheit darüber, dass die meisten Projekte am menschlichen Miteinander scheitern, so dass allem anderen voran die Kommunikation wichtig ist. Welche sozialen Formen fördern die Entstehung Kollektiver Weisheit?

Wir trugen einen gemeinsamen Erfahrungsschatz in uns, der eine vollkommen andere Qualität aufwies als die detaillierten Blickwinkel der Einzelnen. Aus der Verschmelzung unserer Lebenserfahrung und unserer Weltsichten entstand das Curriculum des 4-wöchigen EDE (Ecovillage Design Education[128]). Dieser Kurs bietet einen Rahmen, der weit genug ist, sowohl eine globale Sicht der Dinge zu vermitteln als auch die jeweils örtlichen Gegebenheiten einzubeziehen. Gaia Education und der EDE-Kurs wurden zu offiziellen Projekten der Weltdekade der Vereinten Nationen zur „Bildung für Nachhaltige Entwicklung 2005–2014"[129]. 2009 wurden wir als einer von 25 Hauptausstellern der Konferenz zur Halbzeit der Dekade nach Bonn eingeladen. Der EDE–Kurs hat inzwischen über 40-mal in mehr als 25 Ländern in urbanen wie ländlichen Kontexten stattgefunden. In São Paulo wurde die Teilnahme von jeweils 100 Städteplanern und Architekten an bisher vier Kursen von der brasilianischen Regierung gefördert. Der Wunsch, der Verschmutzung der überfüllten Städte auf unkonventionellem Wege zu begegnen, hat sie dazu bewogen. In Spanien wurde der EDE zu einem Online-Kurs der „Open University of Catalonia"[130] ausgestaltet. Im Senegal und Indien wird er zu einem Kurs für Analphabeten weiterentwickelt.

Das Curriculum ist frei im Internet verfügbar.

Ich trage aus dieser Arbeit Freundschaften und Verbundenheit mit Menschen aus aller Welt wie einen Schatz in mir.

8.2. Kollektive Weisheit in der Praxis – Einführung in die Methoden

Die Fähigkeit, als Kollektiv gemeinsam zu improvisieren, macht es möglich, Neues zu erschaffen, anstatt in alteingefahrenem und überholtem Denken und Fühlen zu verharren. In erfrischender Weise können in improvisierten Konversationen Sanftheit und spielerisches Gerangel gleichzeitig Ausdruck finden, verbunden mit einer tiefgründigen Ehrlichkeit und der Bereitschaft, gerade die brisanten Themen anzuschauen. Es braucht dazu eine Reife, die bei Herausforderung weder einen Rückzieher macht noch in das Drama flüchtet. Die Erzeugung einer Atmosphäre von Vertrauen und Offenheit unter Menschen ist Vorraussetzung für eine solche Herangehensweise.

Im Folgenden möchte ich verschiedene Methoden vorstellen, die ich für die Förderung Kollektiver Weisheit als hilfreich empfinde. Sie sind Landkarten, aber nicht die Landschaft, durch die wir reisen. Sie sind Speisekarten, aber nicht die Mahlzeit, die wir essen. Das Leben entsteht immer *jetzt* und immer frisch im Spannungsfeld zwischen den Polen von Männlichkeit und Weiblichkeit, Einatmen und Ausatmen, Loslassen und Ausrichten. Wir mögen diese Spannung magisch, kreativ oder anstrengend empfinden, aber wir können sie nicht umgehen. Als Menschen, denen an kreativer Gemeinschaft und Gesellschaft gelegen ist, werden wir nie in Stein meißeln können, wo es langgeht. Wir können uns nicht festhalten an dem, was beim letzten Mal noch so gut funktionierte. Wir können uns nur immer wieder neu ausrichten und auf den direkten Kontakt mit dem Prozess einlassen. Der Bach, der den Berg hinunterfließt, umspült singend Steine, durchstürzt Stromschnellen und reißt Äste mit, um sich dann wieder sanft weiterzuschlängeln. Der Fluss, in den wir steigen, ist nie der gleiche. Gerade deswegen ist es sehr hilfreich, auf gemeinsamen Wegen einen gut ausgerüsteten, vielfältig gefüllten Werkzeugkoffer zur Verfügung zu haben. Die Neigung, sich auf eine einzige Technik zu versteifen und sie akribisch anzuwenden, kann jede gute Methode in ihr schlechtes Gegenteil verkehren. Die Gewaltfreie Kommunikation[131] kann durchaus gewaltsam werden, Community Building[132] kann Gemeinschaften ungewollt einander entfremden, das Forum[133] kann einmal geschaffenes Vertrauen wieder zerstören. Am sinnvollsten unterstützen wir den natürlichen Fluss, wenn wir uns an die Lebendigkeit des Augenblicks anschließen und die Gegebenheiten erst einmal so annehmen, wie sie sind. Ein innerer Kompass, der uns aus dem Moment heraus entscheiden lässt, welche Methode für den jeweils nächsten Schritt genau richtig sein könnte, ist von unschätzbarem Wert. Dazu müssen wir uns in unserem Werkzeugkoffer gut auskennen. Inspirationen von anderen erfahrenen Menschen und Informationen aus Sachbüchern unterstützen uns. Wirkliches Wissen erlangen wir allerdings erst durch die eigene Erfahrung in der praktischen Anwendung. Wenn wir dann die nötige Kompetenz erlangt haben, können wir anfangen, mit den Methoden kreativer umzugehen. Letztendlich trainieren wir uns darin, die Wirkungs- und Antriebskräfte zu entdecken, die hinter den vordergründigen Anleitungen verborgen liegen. Wenn wir die Mustersprache der Methoden integrieren, können wir sie spielerisch kombinieren und anwenden, um den Ablauf der Dinge am sinnvollsten zu unterstützen. Öfter als wir denken, bedeutet das nicht mehr und nicht weniger als *nichts* zu tun, einmal die Ruhe zu bewahren und echte Stille zuzulassen. Oft werden wir erst dann Zeugen der Weisheit unter Menschen.

Ich möchte mich im Folgenden darauf konzentrieren, die Kerngedanken einiger Methoden vorzustellen. Manche von ihnen sind mit leichten Abwandlungen unter verschiedenen Namen bekannt. Bei jeder Methode wird, soweit möglich, auf weiterführende Literatur und Webseiten hingewiesen, so dass eine Vertiefung erleichtert wird.

8.3. Der Kurzdialog

Größenordnung: 10–1000 Menschen

Anwendung: Eröffnung von Austausch und Vernetzung, Aufbau von Vertrauen und Authentizität, Einführung eines Themas

Das Wort *Dialog* hat seinen Ursprung in zwei griechischen Begriffen: „dia" – hindurch und „logos" – Wort, Sinn oder Bedeutung. Es bezeichnet den Fluss von Worten und Bedeutungen zwischen Menschen.

Das direkte Gespräch, in dem zwei Menschen sich treffen, in die Augen schauen, aus dem Herzen sprechen und gegenseitig zuhören, bildet die Basis menschlicher Gefüge. Der erste Austausch mit Mutter und Vater ist unser Einstieg in das Miteinander überhaupt. In diesen ersten Kontakten werden Weichen gestellt und Reaktionsmuster erstellt, die über unser ganzes Leben mitbestimmen. Jeder Mensch hat das Grundbedürfnis, gesehen und gehört zu werden. Auf der Ebene des Zweierkontakts oder Dialogs kann eine bestimmte Art der Intimität aufgebaut werden, die schwerlich in größeren Kreisen entsteht. Der Moment des Ankommens, das persönliche Gesehenwerden, das im Zweierkontakt entsteht, ist unersetzlich.

Der Alltagsdialog scheint uns oft so selbstverständlich, dass wir ihm zu wenig Aufmerksamkeit schenken. Kollektive Weisheit aber baut auf diesem Kontakt und Gespräch auf. Eine kollektiv weise Gesellschaft braucht den Austausch an der Basis, die bewusste gemeinsame Bedeutungsgebung und Gestaltung der Wirklichkeit. Gemeinschaft fängt an bei der ehrlich gemeinten Frage: „Wie geht es Dir? Wie geht es Ihnen?" Sie fängt an bei einem respektvollen Umgang miteinander: ein Dankeschön beim Einkauf, ein kleines Gespräch in der U-Bahn, eine bereitwillige Auskunft einem Fremden gegenüber.

Die Stummheit, von der wir eingangs feststellten, dass sie in unserer modernen westlichen Gesellschaft das wesentliche Gespräch ersetzt hat, steht dem viel zu oft entgegen. Meine FreundInnen aus

Afrika erzählen noch heute von allabendlichen dörflichen Palavern am Feuer, wo jeder eingeladen ist, von sich zu erzählen. Heute ziehen wir uns eher vor den Fernseher oder Computer zurück. Wie viele intime Beziehungen an der Unfähigkeit zum echten Gespräch scheitern, zeigt sich an der steigenden Anzahl von Ratgebern für eine bessere Kommunikation.

„Viele von uns haben den Kontakt zu dem Feuer des Gesprächs verloren. Wenn wir miteinander reden, gehen wir selten in die Tiefe."[134] Es braucht Mut, authentische Gespräche zu führen. Manchmal ist es fast leichter, Fremden gegenüber ehrlich zu sein, als sich dem eigenen Partner gegenüber offen zu zeigen. Worte besitzen eine enorme Kraft. Sie schaffen neue Wirklichkeiten, können in Sekundenschnelle Mauern oder Brücken bauen, über Frieden oder Krieg entscheiden. Die Kollektive Weisheit fängt im Kleinen an, oder aber sie endet dort.

Der Kurzdialog

Die leichteste Art, zu Beginn größerer Zusammenkünfte eine Atmosphäre von Offenheit und Vertrauen zwischen Menschen herzustellen, besteht in der Einleitung durch Kurzdialoge. Gemeint sind hier kurze Zweierbegegnungen, an denen alle Anwesenden teilnehmen. Im Allgemeinen wird eine offene Frage gestellt, die sich beide Partner gegenseitig beantworten. Eine klare Rollenverteilung führt leicht und unumständlich zu Ruhe und Präsenz im Kurzdialog. Alltägliche Gesprächsmuster werden für diesen Moment beiseitegelegt. Jeweils eine Person beantwortet die Frage ohne Unterbrechung, während das Gegenüber sich im urteilsfreien Zuhören übt. Es ist hierbei sinnvoll, die Zeiten zum Starten des Dialogs, dem Tauschen der Sprechrolle und dem Gesprächsende mit einer Zimbel o. Ä. anzuzeigen. Durch diese einfachen Zeichen und Regeln wird ein sicherer Raum hergestellt, in dem es erstaunlich leicht sein kann, ein hohes Maß an Konzentration und Aufmerksamkeit füreinander aufzubringen. Oft genügen schon drei Kurzdialoge dieser Art, um eine Grundinformation von Authentizität und Klarheit in eine

Gruppenenergie einzuspeisen und das Gruppensystem in sich zu vernetzen.

Kurzdialoge können mit Leichtigkeit in Konferenzen, an öffentlichen Schauplätzen wie Flughäfen und Museen oder politischen Veranstaltungen praktiziert werden. Erfahrungsgemäß steigt das Maß an kreativem Austausch in kürzester Zeit enorm an. Statt in Passivität und relativer Isolation zu verharren, sind wir angehalten, in Kontakt und Aktion zu treten. Der Zuwachs an zwischenmenschlicher Verbundenheit ist überraschend groß.

Fragen können beispielsweise einfach sein:

● Wie geht es dir gerade?

● Was hat dich hierher geführt?

● Was wünschst du dir?

● Was war die wichtigste Einsicht, die du während dieses Treffens gewonnen hast?

Sie können auf ein bestimmtes Thema abzielen:

● Wie empfindest du die Atmosphäre in diesem Flughafen?

● Was könnte verändert werden, damit du dich hier wohler fühlst?

Sie können politischer Natur sein:

● Wie bist du in diesem Flüchtlingslager gelandet?

● Was hast du unterwegs erlebt?

● Wodurch, glaubst du, könnte dieser Krieg beendet werden?

● Was bräuchte es, damit du wieder nach Hause zurück kannst?

Es können Fragen sein, die das Einfühlungsvermögen trainieren:

● Welches Potenzial siehst du in mir?

● Was schätzt du an mir?

● Was empfindest du als meine Stärken / meine Schwächen?

Die Zeitspanne der einzelnen Gespräche ist variabel, je nach Umfang und Verhältnismäßigkeit des gesamten Konzeptes. Meist reichen aber 2–3 Minuten pro Person aus. Der Kreativität sind bei dieser Grundstruktur keine Grenzen gesetzt. In dem Spiel „Wer bist du?" wird diese eine Frage immer wiederholt, manchmal über Stunden hinweg, um in die tieferen Schichten einer möglichen Antwort vorzudringen. So schlicht diese Methode ist, so kraftvoll ist ihre Wirkung. Natürlich ist es möglich, auch non-verbale Begegnungsformen wie Tanz und Bewegung mit einzuflechten.

Links und weiterführende Informationen:

Macy, Joanna R and Brown, Molly Young: *Coming Back to Life: Practices to Reconnect out Lives, our World*, New Society Publishers, 1998

www.co-intelligence.org / www.thataway.org

8.4. Sprechstabrunden

Größenordnung: 10–50 Menschen

Anwendung: Einsammeln von vielfältigen Sichtweisen; die Gleichwertigkeit der TeilnehmerInnen steht zentral

Kreisgespräche bauen ähnlich wie Kurzdialoge auf wenigen Grundregeln auf. Diese sollen Menschen darin unterstützen, ihre Alltagsgesprächsmuster zu unterbrechen, sich auf Unbekanntes einzulassen und sich trotzdem sicher zu fühlen. Die Kreisform ist ein archetypisches Symbol der Gleichberechtigung. In vielen Situationen ist es wichtig, die traditionelle hierarchische Formensprache zu durchbrechen, wenn wir die Kreativität aller Beteiligten ins Spiel bringen wollen (z.B. in Klassenzimmern, Betrieben und internationalen Zusammenhängen). Ähnlich wie im Medizinkreis indigener Völker wird die Vielfalt der Welt symbolisch am Rand aufgefächert und richtet sich aus auf die Leere – oder auch das Feuer – im Zentrum. Es spricht jeweils nur eine Person, alle anderen üben sich im Zuhören. Oft wird ein Stab (oder anderer Gegenstand) reihum gereicht, um die Aufmerksamkeit jeweils auf die Person zu lenken, die gerade das Wort hat. Das Gespräch kann auf ein Thema oder eine Frage ausgerichtet sein oder ganz dem folgen, was aktuell ist. Eine kurze Pause zwischen den Beiträgen bietet dem Gesagten Raum zur Entfaltung.

Der Wunsch, gehört und gesehen zu werden, ist tief in uns verwurzelt. Die Angst, vor Menschen zu sprechen, anscheinend auch, zumindest ist sie weit verbreitet. Sprechkreise bieten einen Rahmen, in dem beide Aspekte berücksichtigt und geübt werden können. Gleichzeitig führt das Kernmuster des Kreises dazu, dass verschiedene Stimmen kommentarlos gehört werden und so ein Gesamtbild entstehen kann. Aus dem Kreis kann eine Spirale werden, wenn der Stab mehr als einmal im Kreis herumgereicht wird. Dabei werden individuelle Einblicke und Lösungsansätze nicht nur nebeneinander stehen gelassen, sondern zu komplexeren Einsichten verwoben. Irgendwann scheinen sie aus der Mitte des Kreises hervor zu gehen.

Die Moderation ist einfach und doch sehr bedeutend: Die anleitende Einführung des Kreises, das Benennen des Themas, der Aufbau des physischen Raums und der erste Beitrag geben hier den Ton an für den gesamten Ablauf.

Varianten

Innenkreis: Ein kleiner Kreis wird inmitten eines größeren Kreises gebildet und in diesem ein exemplarisches Gespräch geführt. Es gibt die Möglichkeit, einen Platz frei zu lassen für Menschen aus dem Außenkreis, die sich einbringen wollen. Nachdem eine Weile zu einem Thema gesprochen wurde, kann der

Außenkreis um Feedback gebeten werden: Was ist aufgefallen? Was blieb verborgen? Was blieb ungesagt?

Zeitmaß: Klassischerweise spricht jeder Teilnehmer zeitlich uneingeschränkt. Das kann zu einem Schwachpunkt werden, wenn der Sprechbedarf einiger lange nicht gestillt wurde. Eine grundsätzliche Spannung in Gruppen zwischen introvertierten und extrovertierten Menschen kann zum Ausbruch kommen. Ich habe sehr gute Erfahrungen damit gemacht, ein Zeitmaß einzuführen. Mit Hilfe einer Zimbel kann z.B. nach ein oder zwei Minuten gebeten werden, den begonnenen Satz zu beenden und den Stab weiterzureichen. Das Zeitmaß führt dazu, dass Menschen sich auf das Essenzielle ihrer Aussage beschränken. Sie lernen darauf zu vertrauen, dass sie nicht alles selber denken und aussprechen müssen. Ein gemeinsamer Denkprozess entsteht.

Fokus: Einen klaren Fokus zu setzen, wirkt wie ein Laserstrahl. Die Energie wird ausgerichtet, gebündelt und zieht das an, worauf sie zielt. Dieses Wissen können wir bewusst einsetzen. Die Vorgabe des Themas richtet die Aufmerksamkeit aus. Der zeitliche und inhaltliche Rahmen kann kleiner oder größer gesteckt werden, dementsprechend werden auch die Ergebnisse ausfallen. Die Einladung, miteinander statt gegeneinander zu sprechen, kann Wunder wirken, denn Kollektive Weisheit wird dadurch gefördert, dass die Teilnehmer ihre Beiträge bewusst auf denen der anderen aufbauen. Wenn wir, wie sehr verbreitet, unsere Beiträge als Gegenpol zum bisher Gesagten einführen, schaffen wir damit eine Widerstandsenergie im Raum. Wir können auch wählen, sie kommentarlos neben die bisherigen Beiträge zu stellen, oder wenn möglich, im positiven Sinne aufbauend. Dadurch fühlen sich andere nicht abgewiegelt und unnötig missverstanden. Die Freiheit der Meinungsäußerung wird keineswegs eingeschränkt!

Nonverbale Ausdrucksformen: Manchmal ist es sinnvoll, die Ausdrucksebenen zu wechseln. Im öffentlichen Bereich sind wir an sprachliche Konversationen gewöhnt. Tanz, Klang, Theaterimprovisation und bildende Kunst fallen in den Bereich der freizeitlichen Privatiertheit. Allerdings sprechen gerade diese

Formen intuitive Intelligenz und Einsicht an und beziehen über den Kopf hinaus auch den ganzen Körper mit ein. Dadurch kommen auch Ebenen unserer Wahrnehmung ins Spiel, die normalerweise unbewusst bleiben. Die Abstimmung der erweiterten Ausdrucksebene auf die jeweilige Zielgruppe sollte feinfühlend erfolgen.

Links und weiterführende Hinweise:

Zimmerman, Jack and Coyle, Virginia: *The Way of Council*, Bramble Books, 1996

www.ojaifoundation.org

8.5. Die Dialog-Methode nach David Bohm[135]

Größenordnung: 10–30 Menschen

Anwendung: Erhöhung des Gewahrseins um unsere individuellen und kollektiven Denk- und Gestaltungsprozesse

> *„Menschen sagen: ‚Wir brauchen nur Liebe.'*
> *Gäbe es die universelle Liebe, wäre alles gut.*
> *Aber wir scheinen sie nicht zu haben. Deswegen*
> *müssen wir einen Weg finden, der funktioniert.“[136]*

David Bohm begann sein Berufsleben als Physiker und machte in diesem Bereich einige bedeutende Entdeckungen, bevor er sich in seinem letzten Lebensabschnitt zunehmend Fragen des menschlichen Bewusstseins zuwandte. Er suchte in der Praxis des Dialogs nach einer Möglichkeit zur Bewusstseinserweiterung, zur Vertiefung gegenseitigen

Verstehens und zur Entfaltung gemeinsamer Weisheit. Er ging davon aus, dass wir vergessen haben, wie man gute Gespräche führt, und nun diese Fähigkeit neu für uns entdecken müssen.

Bohm beschreibt den Dialog als „freien Sinnfluss, der unter uns, durch uns hindurch und zwischen uns fließt". Im Gegensatz dazu hat das Wort „Diskussion" seine Wurzel im lateinischen „discutere", was so viel bedeutet wie zerschlagen, zerteilen, zerlegen.

Bohm versteht den Dialog als einen Prozess, der nicht nur zwischen zwei Menschen, sondern auch in Gruppen von Menschen abläuft. Er hat das Ziel, unserem individuellen und kollektiven Denken durch eine Erhöhung des Gewahrseins im Gespräch auf die Spur zu kommen. Im Dialogprozess soll die Fragmentierung, die unser Denken in der Welt erzeugt, wieder zusammengewoben werden. Wie können wir uns gegenseitig tiefer verstehen? Wie können wir in der politischen Arena statt auf weitere Polarisierung auf gemeinsame Lösungen hinarbeiten? Wie können Firmen zu lernenden Organisationen werden? Wie können sie die aktuellen innerbetrieblichen Erfahrungswerte ausschöpfen, statt sich auf einzelne – oft externe – Experten zu verlassen? Im Dialog ergründen wir gemeinsam, was wirklich für uns wichtig ist.

Das Dialog-Verfahren folgt vier Prinzipien. Diese haben ihre Wurzeln in Bohms Einsichten aus der Quantenphysik, z.B. der Erfahrung, dass Elementarteilchen, die im expliziten Sinne als einzelne, unabhängige Einheiten erscheinen, gleichzeitig in ihrem Verhalten eng miteinander verbunden sind.[137]

1. Das Prinzip der Partizipation und die Qualität des Zuhörens

Statt das Leben zu abstrahieren und dadurch zu fragmentieren (zu teilen, was miteinander verbunden ist), lassen wir uns wieder ein auf die unmittelbare Lebenserfahrung selbst und sprechen darüber. Bohm selbst war ein Meister darin, Bewusstseinsvorgänge in einfachen Worten zu beschreiben. Sein kleines Buch „Dialog" ist in dieser Hinsicht ein Lesegenuss. Wir lernen wieder, der unsichtbaren, grundlegenden Ordnung der Dinge in uns selbst, in anderen und der Gruppe als Ganzem zuzuhören. Statt nur auf das zu achten, was wir zu hören und zu erleben erwarten, beginnen wir, wieder vorbehaltlos zu erfahren.

2. Das Prinzip der Entfaltung und die Qualität der Artikulation

Normalerweise ist das, was wir denken, eine bloße Wiederholung von schon Gedachtem. Wir halten uns fest an alten Positionen und Überzeugungen und lassen erprobte Reaktionsmuster ablaufen. Das Prinzip der Entfaltung aber unterstützt „wahres Denken" durch die Annahme, dass es eine implizite, unsichtbare Realität in uns gibt, die sich in die Sichtbarkeit hinein entfaltet, wenn wir nur präsent genug sind. Was sich da entfalten möchte, ist oft überraschend, nie vollkommen vorhersagbar. Wir können intuitiv die Potenziale in uns und um uns wahrnehmen, wenn wir den Mut aufbringen, diese zu erkunden und zu artikulieren. Tun wir das, wächst unser Vertrauen in das Leben. *„Wir können feststellen, welche Dinge ihrer inneren Natur treu sind, und zwar deswegen, weil sie eine gewisse Lebendigkeit, Freiheit und Tiefe besitzen."*[138] Wir erkennen Authentizität.

3. Das Prinzip der Bewusstheit und die Qualität des Suspendierens

Wir neigen dazu, uns Bilder von der Realität zu machen und uns dann so zu verhalten, als wären diese die Wirklichkeit selbst. Wenn wir uns dieses Prozesses gewahr werden, können wir üben, unsere Gedanken und Auffassungen zu „suspendieren". Wir lassen unsere Bilder der Wirklichkeit wie Wäsche auf einer Wäscheleine vor unserem inneren Auge in der Schwebe und klammern uns nicht an ihnen fest. *„Nicht verhandelbare Positionen sind wie Felsen im Strom des Dialogs: Sie stauen ihn."*[139] Stattdessen erweitern wir unsere Fähigkeit, scheinbar unvereinbare Widersprüchlichkeiten bewusst wahrzunehmen. Gelungene Dialoge entstehen aus einer Haltung des Nicht-Wissens, wenn wir uns von dem Verlauf des Gesprächs und unseren eigenen Gedanken überraschen lassen können.

4. Das Kohärenzprinzip und die Qualität des Respekts

Die Erscheinungen dieser Welt gehören auf eine Weise zusammen und sind auf Wegen miteinander verknüpft, die unser Vorstellungsvermögen bei weitem übersteigt. Statt anderen unsere Meinungen überstülpen zu wollen, können wir unseren Blick für das Zusammenspiel aller Meinungen im Ganzen öffnen. In Beziehungen kann z. B. heute einer der Partner eifersüchtig sein, während der andere flirtet. Aber oft kehren sich die Rollen schon nach kürzester Zeit um. Es ist viel interessanter zu erforschen, weshalb wir ein Thema gemeinsam durchleben, als uns gegenseitig Vorwürfe wegen einer aktuellen Rollenverteilung zu machen.

Die „Anderen" (diejenigen, die eine andere Position einnehmen) sind immer auch ein Teil unserer Welt. Durch diese Einsicht können wir sie „neu sehen" lernen (Respekt von „re-spicere" heißt: zurückblicken, beachten, erwägen). Wir akzeptieren, dass das, was wir im Anderen wahrnehmen, auch etwas ist, das in uns ist. Wir können dadurch anderen leichter verzeihen, und uns gleichzeitig leichter bei ihnen entschuldigen für unseren Beitrag zu einem Konflikt.

Wenn Menschen gemeinsam üben, diese Prinzipien anzuwenden und die Qualitäten in sich zu entwickeln, steigen sie ein in die Praxis des Dialogs. „Strategische Dialoge", bei denen die Lösung einer bestimmten Frage in den Mittelpunkt gestellt wird, sind zwar möglich, aber Bohm selbst plädierte für den „Freien Dialog". Dieser hat kein Ziel außer der Entfaltung des gemeinsamen Gewahrseins. Eine Moderation oder Dialogbegleitung ist höchstens am Beginn im Sinne einer „Minimalförderung" hilfreich.

> *„Wenn wir eine gemeinsame Bedeutung, einen gemeinsamen Sinn teilen könnten, würden wir alle teilhaben. Wir würden teilhaben an dem gemeinsamen Sinn, so wie Menschen an eine gemeinsame Mahlzeit teilhaben. ... In dieser Teilhabe würde ein kollektiver Geist entstehen, der trotzdem das Individuelle nicht ausschließt."*[140]

Links und weiterführende Hinweise:

Bohm, David: *Der Dialog – Das offene Gespräch am Ende der Diskussion*, Klett Cotta, 1998

Isaacs, William: *Dialog als Kunst gemeinsam zu denken*, EHP, 2002

www.david-bohm.net

8.6. Die Gemeinschaftsbildung nach Scott Peck

Größenordnung: 20–40 Menschen

Anwendung: Aufbau authentischer Gemeinschaft in Workshop-Settings

Die Gemeinschaftsbildung wurde von Scott Peck[141] in den 1980ern entwickelt. In Wochenendkursen verfolgte er das Ziel, Authentizität in Gruppen erlebbar zu machen. Er war der Meinung, dass wir unserem eigenen Leid aus dem Weg gehen und es genau dadurch fixieren. Die eigene Anerkennung des Leids aber sei Voraussetzung für wahre Gemeinschaft unter Menschen, die wiederum ein Weg sei, Frieden zu schaffen.[142]

In der Gemeinschaftsbildung eröffnet die Moderation, ähnlich wie im Dialogprozess, das Treffen mit Kommunikationsempfehlungen wie z.b.

- Sprich von dir und deinen momentanen Erfahrungen.
- Drücke dein Missfallen innerhalb der Gruppe aus.
- Sprich nur, wenn du dazu bewegt bist usw.

Die Empfehlungen ähneln den Prinzipien und Qualitäten des Dialogprozesses, allerdings empfinde ich sie als weniger durchdacht und ausformuliert. Die anfängliche Moderation zielt darauf ab, die Gruppe im Laufe der Zeit leitungsfrei zu belassen.

Wirklich hilfreich sind die Beschreibungen der Gruppenphasen, die Scott Peck liefert. Sie ähneln dem Vier-Schichten-Persönlichkeitsmodell, das ursprünglich von Wilhelm Reich stammt. Demnach begegnen wir uns zuerst mit einer *Anpassungsschicht* der Freundlichkeit und Höflichkeit, die jedoch eine gewisse Oberflächlichkeit voraussetzt. Auf dieser Ebene kann eine Situation oder eine Beziehung zunächst sehr harmonisch wirken. Wenn wir uns dann tiefer aufeinander einlassen, steigen verborgene Anteile auf. Plötzlich scheint jemand sich unmöglich zu benehmen oder abstruse Ansichten zu vertreten. Eine zweite _Schicht der abwehrende Gefühle_ (Irritation, Wut, Ärger) steigt auf. An diesem Punkt gehen Beziehungen leicht in die Brüche. Das Wissen um diese Schicht kann uns unterstützen, Zeuge unserer selbst zu werden und die Emotionen nicht bis zur Entzweiung durchleben zu müssen. Darin zeigt sich eine erste Reifung. Wenn wir nun weiterhin zusammenbleiben, gelangen wir über kurz oder lang zu einer dritten _Schicht: der abgewehrten Gefühle_ (Trauer, Schmerz, Hoffnungslosigkeit, Einsamkeit, Nichtverstandensein), die wir in uns selbst nicht leicht ertragen. Nun erleben wir unseren eigenen Schatten, statt ihn nur im anderen wahrnehmen zu können.

An diesem Punkt kann eine neue Annäherung erfolgen, die zutiefst heilsam ist. Wenn wir den gesamten Zyklus durchlaufen, begegnen wir uns auf einer neuen _Stufe der Authentizität_, die unserem inneren Kern näher kommt. Aber aufgepasst! Nichts bleibt, wie es ist. Auch diese herrliche Harmonie wird vergehen, sobald die nächsten unintegrierten Anteile reif sind aufzutauchen. Diese Spirale durchlaufen wir in allen unseren Beziehungen. Wenn wir uns aufeinander einlassen, führt das zu persönlichem Wachstum.

Scott Peck benennt die vier Phasen als:

1. Pseudogemeinschaft

2. Chaos

3. Leere

4. Authentische Gemeinschaft

Scott Peck lässt allerdings die Einsicht vermissen, dass der Ablauf der Phasen durch verschiedenste Methoden unterstützt werden kann und nicht nur durch die leitungsfreie Methode des „Gemeinschaftsbildungsprozesses" an sich. Es fehlt eine klare Ausrichtung auf etwas Gemeinsames, das über das Wohlgefühl einer authentischen Gemeinschaft hinausgeht. Ist diese Methode wirklich als Alltagspraxis für Organisationen und Gemeinschaften geeignet? Meines Erachtens gibt es keine Lebensgemeinschaft, auch nicht in den USA, die mit ihr tatsächlich über viele Jahre lang gearbeitet hat. Andererseits kann die Methode zu einer tiefen ersten Erfahrung von authentischer Gemeinschaft führen, wie viele Menschen im deutschsprachigen Raum inzwischen gemacht haben.

Links und weiterführende Hinweise:

Scott Peck: Gemeinschaftsbildung. *Der Weg zu authentischer Gemeinschaft*, Eurotopia Verlag, 2007

www.gemeinschaftsbildung.com / fce-community.org

8.7. Das Forum

Größenordnung: 12–60 Menschen

Anwendung: Als regelmäßige Praxis zur transparenten Kommunikation in Gruppen, die zusammenleben oder -arbeiten

Das Forum hat seine Ursprünge in der Aktionskunst und wurde vor allem im Gemeinschaftsprojekt „ZEGG"[143] weiterentwickelt. Seit 1999 ist diese Kommunikationsform von vielen weiteren Gemeinschaftsprojekten weltweit übernommen worden. Sie bringt bei regelmäßiger Praxis in Gruppen, die zusammenleben und -arbeiten, viele wichtige Qualitäten hervor.

Die innere und äußere Gesundheit ist eine Frage ständiger Pflege. Die soziale Gesundheit von Gemeinschaften steht auf drei Säulen:

1. **Pflege der gemeinsamen Ausrichtung** – Austausch über innere Werte, politisches Denken, spirituelle Einsichten und Inspirationen, um das Gewahrsein der Gruppe zu erweitern und die innere Ausrichtung zu klären. Eine Gruppe, die weiß, wohin

sie sich entwickeln möchte, nutzt den Sog der Zukunft, um im Jetzt effektiv zu handeln.

2. **Transparenz im Bereich der Prozesse und inneren Vorgänge** – Feldwartung und Pflege des emotionalen Raums zwischen den Menschen. Wenn wir uns darauf einlassen wollen, mit Menschen zusammenzuleben und zu -wirken, sollten wir den Aberglauben fallen lassen, dass Sympathie in den Bereich natürlicher Gegebenheiten fällt. Sinnvoller ist es, uns stattdessen bewusst auf den Aufbau und die Pflege eines Netzwerkes gesunder Beziehungen einzulassen.

3. **Klärung organisatorischer Fragen** – Treffen zur Organisation des gemeinsamen Wirkens und der Umsetzung der Visionen.

Wenn wir die ersten beiden Bereiche vernachlässigen, erleben wir, dass sich der dritte Bereich *Organisation und Entscheidungsfindung* schwierig gestaltet. Die Entscheidung, ob z.B. die Farbe einer Wand eher weiß oder gelb ausfallen sollte, kann dann zum Trennungsgrund werden. Wenn es keinen regelmäßigen Austausch gibt und keine Transparenz über innere Prozesse hergestellt wird, ragen verborgene Spannungen und Emotionen als Reibungsflächen in den organisatorischen Raum hinein. Wenn die innere Ausrichtung auf das gemeinsame Größere fehlt, führt das unweigerlich zu einer Verengung des persönlichen Blickfeldes und dementsprechend zu einer Reduzierung des Wirkungskreises der Gruppe. Die nicht klar ausgerichteten Energien werden in einem zu kleinen Rahmen gegeneinander gewendet und führen zu Alltagskonflikten. Wir sind nicht für den Kleingeist gedacht, obgleich wir zu ihm neigen.

Das Forum schafft eine Plattform, auf der die Gefühlsebene hinter der Sachebene sichtbar wird. Es ist eine Methode, die sich in erster Linie für Gruppen anbietet, die sich regelmäßig treffen und gemeinsam etwas vorhaben. Allen voran für Gemeinschaften, die sich verbindlich dafür entscheiden, in immer tiefere und authentischere Ebenen der Kommunikation vorzudringen. Das Forum beinhaltet eine Bereitschaft zur Intimität in dem Sinne, dass innere Prozesse und Beweggründe mitgeteilt werden. Ein Kerngedanke des Forums ist, dass Transparenz zu Vertrauen führt. Transparenz ist kein statischer

Zustand, sondern ein laufender Prozess. Wir bemerken ohnehin sowohl bewusste als auch unbewusste Seiten aneinander und interpretieren beständig hintergründige Ebenen. Es ist mindestens so entspannend wie entblößend, diese bewusst ansprechbar zu gestalten. Dabei verschiebt sich die Grenze zwischen „privat" und „öffentlich".

Die Praxis

Eine Gruppe von Menschen kommt in einem Kreis zusammen. Für die Augenhöhe und Konzentration sind Stühle von Vorteil. In der Mitte entsteht eine „Bühne". Jeweils eine Person begibt sich in dieses Zentrum, mit der Absicht, sich einem bestimmten Thema zuzuwenden. Sie legt dabei den Fokus darauf, für sich in diesem Thema Klarheit zu gewinnen und neue Handlungsräume zu erschließen, indem sie der inneren „Betriebsblindheit" ständig sich wiederholender Gedanken oder Reaktionen auf die Spur kommt. Hierbei begleitet eine Forumsleitung die Person. Die Person in der Mitte ist auf sich selbst konzentriert, während die Menschen im Kreis sitzen und ihr ihre Aufmerksamkeit schenken.

Der Schritt in die Mitte wird „Auftritt" genannt – eine Anspielung auf das Theater und die künstlerische Selbstdarstellung. Je größer wir unseren Wahrnehmungshorizont aufspannen, desto klarer können wir die nicht sichtbaren Kräfte wahrnehmen, die auf die dargestellte Situation einwirken. Das Wissen darum, dass unsere persönlichen Themen immer auch eine kulturelle und geschichtliche Dimension haben, wird während eines Auftrittes aktiv in die Wahrnehmung der Anwesenden integriert. Eine Person tritt hier stellvertretend für uns alle auf die Menschheitsbühne, als individuelle Ausprägung eines Kollektivs. Diese Sichtweise befördert einen urteilfreien Raum, so dass auch unsere Schattenanteile sich trauen, ans Licht zu kommen. Schwierige Themen wie z.B. Gewalt, Todessehnsucht, Lust oder Machtgier können leichter angesprochen werden. Solche Themen bleiben viel zu oft im Verborgenen und wirken von dort aus destruktiv.

Sich ins Zentrum der Blicke der Anwesenden zu begeben, ist natürlich ein radikal anderes Erlebnis, als sich hinter ein Redner- pult zu stellen oder vom Rand eines Kreises aus zu sprechen. Wir machen uns als Ganzes sichtbar und fühlen uns dementsprechend verletzlich. Die auf die Person konzentrierte Aufmerksamkeit funktioniert wie eine Lupe: Innere Regungen werden verstärkt, und Diskrepanzen zwischen verbalen Ausdruck und physischer Haltung werden offensichtlich. Es ist ein Kraftfeld, in das wir da eintreten.

Gruppen haben zuweilen ein fast unheimliches Feingefühl für Authentizität. Sobald Gefühle, Worte und Körperausdruck über- einstimmen, geht etwas wie ein Aufatmen durch den Kreis, und eine unterstützende, liebevolle Präsenz breitet sich aus. Dabei ist es vollkommen zweitrangig, ob das Thema an sich positiv oder negativ belegt ist. Es scheint wie eine Art Naturgesetz, dass Wahrheit Liebe erzeugt.

Während eines Auftritts übt sich der Kreis im Zuhören. Jedes Mitglied des Kreises ist Teil des Energiekörpers und Resonanz- raums für die Mitte und wirkt durch die eigene Präsenz maßgeb- lich am Geschehen mit. Wir üben, einen möglichst unvorein- genommenen, offenen Raum zu wahren. Das beinhaltet auch, sich zwar berühren zu lassen, dabei aber nicht der Situation die eigene Bedeutung überzustülpen.

Jedem größeren Auftritt folgen in der Regel Feedback-Elemente (sogenannte *Spiegel*), wobei diese ebenfalls von der Mitte aus mitgeteilt werden. Wir bringen damit zum Ausdruck, dass jeder Spiegel auch etwas über die Person aussagt, die da gerade spricht. Die Spiegel der anderen unterstützen uns darin, Selbst- und Fremdwahrnehmung miteinander abzugleichen. Oft genug sind wir uns selbst gegenüber viel kritischer als andere. Und oft verändert sich eine Kritik schon dadurch, dass sie überhaupt aus- gesprochen und gehört wurde. Andere können Fähigkeiten und Talente in uns wahrnehmen, die uns selbst verborgen bleiben. Ein Spiegel gibt uns die nötigen Informationen, damit wir uns unseren Wünschen entsprechend verändern können. Wenn wir einen

Spiegel erhalten, geht es nicht darum, zu beurteilen, ob er richtig oder falsch ist, sondern darum, wahrzunehmen, was er in uns auslöst. Dann können wir bewusst wählen, welche Spiegel wir für die eigene Entwicklung nutzen wollen. Die Angst vor den Blicken der anderen wird allmählich überwunden.

Nach jedem Auftritt wird applaudiert. Auch hier findet sich eine Anspielung auf das Theater. Der Applaus gilt als Wertschätzung für den Mut der Person, sich in der Mitte zu zeigen. Gleichzeitig führt er zu einer energetischen Reinigung des Raumes.

Das Forum wird von einer geübten Forumsleitung begleitet. Idealerweise besteht diese aus zwei Personen, die unterschiedliche Ebenen des Gewahrseins besetzen. Wir sprechen von Leitung und Co-Leitung. Die Leitung unterstützt die Auftrittsperson und lädt sie ein, ungewohnte Wege im Selbstausdruck zu gehen oder Dinge aus ungewohnten Perspektiven zu betrachten. Die Co-Leitung achtet vor allem auf die gesamte Choreographie und die Konzentration des Kreises. Das Vertrauen der Gruppe in die Forumsleitung ist ein wichtiger Bestandteil. Dazu braucht es die Bereitschaft zur eigenen Transparenz und Schattenarbeit seitens der Leitung, außerdem eine gesunde Kritikfähigkeit. Es ist sinnvoll, eine Leitung zu wählen, die selbst nicht in das Thema des Auftrittes involviert ist.

Im Forum wird ein geschützter Rahmen für alle Beteiligten gepflegt. Zwei Faustregeln unterstützen diesen Schutz:

1. Das im Forum Gesprochene wird vertraulich behandelt und nicht nach außen getragen

2. Vor allem ‚heiße' Themen werden 24 Stunden nach dem Forum nicht angesprochen, so dass innere Prozesse nicht von Reaktionen überlagert werden.

Das Forum kann für Themen verschiedenster Art genutzt werden. Die Frage „Was bewegt dich gerade?" führt zu Einblicken in das, was die Gruppe beschäftigt. In einer Blitzlichtrunde z.B. treten Einzelne für jeweils nur 1–2 Minuten auf. Dabei können

die Stimmen und Impulse der Einzelnen zu einem kaleidosko-
pischen Gesamteindruck der Gruppe verschmelzen. Das Forum
kann aber auch dazu dienen, persönliche Hintergründe und
Gedanken zu einem bestimmten aktuellen Thema einzusammeln
und so gegenseitiges Verständnis und gemeinschaftliche Wertebil-
dung fördern. Spätere Entscheidungsprozesse verlaufen einfacher.

Das Forum ist eine ideale Plattform, um andere Methoden (wie
z.B. GFK, Aufstellungsarbeit, Improvisationstheater) einfließen
zu lassen. Ziel des Forums ist die Förderung von Wachstum und
Integrität aller Teilnehmenden. Das geschieht eher durch Loslösung als durch Lösung von Problemen. Nur dadurch schon, dass
Licht auf einen Schatten fällt und wir ihm unsere Aufmerksamkeit
schenken, verwandelt er sich. Anstrengungen verlangsamen oft
nur den natürlichen Entfaltungsprozess der Dinge. Viele Aspekte
wirken, solange sie unausgesprochen im Untergrund lauern,
erschwerend und binden unsere Energien. Durch Transparenz
gelöst, können sie wieder zu kreativen Kräften werden.

Wer an einem kontinuierlichen Forumsprozess teilnimmt,
trainiert sich in der Selbstverständlichkeit, vor Menschen ehrlich
und authentisch zu werden. Und übt sich darin, die Angst vor
der Meinung anderer abzulegen. Das Forum wirkt, wenn es über
längere Zeit in einer Gruppe geübt wird, wie eine Läuterung.
Unsere inneren Urteile und Schattenanteile werden sichtbar, und
unser Gewahrsein um sie wächst. Gemeinsam werden wir freier.

Links und weiterführende Hinweise:

www.kreacom.org

8.8. Gewaltfreie Kommunikation nach Marshall Rosenberg[144]

Größenordnung: 1–200 Menschen

Anwendung: Erarbeitung von Lösungen, in denen die Bedürfnisse aller Beteiligten Beachtung finden

Marshall Rosenberg geht davon aus, dass es in Menschen die natürliche Neigung gibt, sich gegenseitig beschenken zu wollen. Wir sind von Natur aus großzügige Wesen. Es gibt kaum etwas, das uns glücklicher macht, als anderen eine Freude zu machen. Konflikte entstehen nicht, weil wir streitsüchtig und gierig sind, sondern weil wir den Glauben daran verloren haben, dass die Bedürfnisse aller befriedigt werden können. Deshalb gehen wir Kompromisse ein und akzeptieren, dass es notwendigerweise Gewinner und Verlierer gibt. Rosenberg schlägt eine radikale Umwandlung dieser Sichtweise vor. Solange es Verlierer gibt, entsteht kein bleibender Frieden. In diesem Sinne sind *Win-win*-Lösungen, bei denen die Bedürfnisse aller Parteien berücksichtigt und beantwortet werden, nicht nur immer reale Möglichkeit, sondern vor allem absolute Notwendigkeit. Wir sind aufgefordert, unsere eigennützigen Strategien hinter uns zu lassen und uns stattdessen tiefer aufeinander einzulassen.

Es gibt eine Vielzahl universaler menschlicher Bedürfnisse. Neben den physischen Bedürfnissen nach Nahrung, Schlaf und einem Dach über dem Kopf gibt es z.B. auch das Bedürfnis nach respektvollen Umgang, nach Geborgenheit, Empathie, Integrität, Inspiration, Gewahrsein, Bedeutung und persönlicher Freiheit. Wir sind uns ähnlich und können diese Bedürfnisse nachvollziehen. Wir können miteinander mitfühlen. Über strategisches Verhalten hingegen entzweien wir uns. Wenn zwei Parteien z.B. glauben, sich gegenseitig umbringen zu müssen, um selbst in Sicherheit zu sein, gibt es auf der Ebene der Strategie keine Übereinstimmung, auf der Ebene des dahinterliegenden Bedürfnisses allerdings schon. Die Methode der gewaltfreien Kommunikation wendet sich an die zweite Ebene, um Verständigung zu ermöglichen.

Die drei Ebenen der Gewaltfreien Kommunikation (GFK):

1. **Kommunikation mit uns selbst:** Können wir mitfühlend mit uns selbst umgehen, so dass wir aus unseren Misserfolgen lernen können, ohne uns zu verurteilen oder zu bestrafen?

2. **Kommunikation mit anderen:** Wie gehen wir mit anderen so um, dass sich eine Beziehung des mitfühlenden Gebens und Nehmens zwischen uns entfalten kann?

3. **Auf der Ebene der Gesellschaft:** Wie erschaffen wir gesellschaftliche Strukturen und Institutionen, in denen das Mitgefühl und die Verbundenheit miteinander und mit der Umwelt gestärkt werden?

Die zwei Fragen der gewaltfreien Kommunikation:

1. **Was geht in diesem Moment in mir und in anderen vor?**
(Welche Impulse, Bedürfnisse und Sehnsüchte wollen zum Ausdruck gebracht werden?)

2. **Was können wir tun, um das Leben füreinander zu bereichern?**

Um in diesem Sinne zu kommunizieren, müssen wir uns unsere Sprache neu aneignen. Rosenberg spricht von der „Giraffensprache", die wir nutzen, um uns selbst transparent zu machen und andere tiefer zu verstehen. Die „Wolfssprache" hingegen bedient sich trennend wirkender Worte, die Bewertungen und Urteile in den Vordergrund stellt. Wir fallen in sie zurück, sobald wir in Bedrängnis kommen. Sie trennt uns von unserem Gegenüber in dem Versuch, uns selbst und unsere Strategie zu rechtfertigen. Die GFK bringt uns dazu, der Kraft von Empfänglichkeit, Offenheit und Flexibilität zu begegnen und die Schwäche, die in der Härte liegt, bewusst wahrzunehmen.

In der Giraffensprache üben wir, *Situationen und Fragestellungen neutral zu beschreiben* und dabei auf eigene Urteile und Vorwürfe zu verzichten. Wir üben, von uns selbst zu sprechen und dabei menschlich berührbar zu bleiben. Welche *Gefühle* werden in uns ausgelöst durch eine bestimmte Situation? Sind wir traurig, stolz, verwundert, neugierig, wütend, unsicher, neidisch? Welche *Bedürfnisse* stehen hinter unseren Gefühlen? Dies ergründend, zeigen wir uns verletzlich. Wie könnte dieses Bedürfnis beantwortet werden? Gibt es einen konkreten *Wunsch*, den wir diesbezüglich an unser Gegenüber richten wollen? Können wir, auch wenn ein Nein als Antwort kommt, unserem Gegenüber zugewendet bleiben? Können wir selbst ein Nein aussprechen, ohne uns von unserem Gegenüber innerlich zu trennen?

Während unser Gegenüber antwortet, fühlen wir uns wiederum in es ein: Welche Gefühle könnten in ihm ausgelöst sein? Welche unerfüllten Bedürfnisse verstecken sich dahinter? Wie könnten wir konkret dazu beitragen, seine Bedürfnisse zu erfüllen? Natürlich fällt es uns leichter, großzügig zu denken und zu handeln, wenn Giraffensprache gesprochen wird. Wir trainieren uns jedoch, gehörte Wolfssprache sofort innerlich in Giraffensprache zu übersetzen. Wir üben uns in der Kunst, angreifende Botschaften nie persönlich zu nehmen!

Sobald Menschen darauf vertrauen, dass wir wirklich an ihren Gefühlen und Bedürfnissen interessiert sind, fängt das Eis an zu schmelzen. Wir bleiben im Fluss dieser Kommunikation, bis Lösungen gefunden wurden, die alle glücklicher hinterlassen.

Die Gewaltfreie Kommunikation ist in erster Linie eine innere Ausrichtung, eine Haltung. Wenn die Technik zu sehr in den Vordergrund gestellt wird, kann sie sehr spröde wirken. Jedoch, wenn die Ausrichtung auf die Bereicherung des Lebens im Mittelpunkt gestellt wird und das Vertrauen in die Realisierbarkeit von Win-win-Lösungen wächst, stellt die GFK einen starken Beitrag zur Entwicklung kollektiver Weisheit dar.

Links und weiterführende Hinweise:

Rosenberg, Marshall: *Gewaltfreie Kommunikation. Eine Sprache des Lebens*, Junfermann, 6. Auflage, 2007

www.gewaltfrei.de

8.9. Worldwork/Processwork nach Arnold Mindell[145]

Größenordnung: 200–500 Menschen

Anwendung: Sichtbar machen und Transformation von Rollenverteilungen in Gruppen, Friedensarbeit, Wahrnehmung des Feldes

Arnold Mindell studierte Physik, bevor sein Interesse sich auf das Zusammenwirken von Menschen mit gemeinsam erlebter Wirklichkeit verlagerte. Seine Arbeit wird, außer von der modernen Physik und der Tiefenpsychologie nach Jung, auch von David Bohm, der Systemtheorie und dem Taoismus inspiriert. Er entwickelt die *Prozessarbeit*, ein Ansatz, der davon ausgeht, dass in uns und zwischen uns ein ständiger Prozess der Co-Kreation stattfindet. Hindernisse und Konflikte sind Symptome eines Interaktionsfeldes, das sich weiter entfalten möchte.

„Kannst Du tolerant werden gegenüber Prozessen, die andere „schlecht" nennen mögen, wie Wut, Eifersucht, Konkurrenz, Sexismus und Rassismus? Erlaube ihnen, aufzusteigen. Warte und beobachte. Was als erschreckender Konflikt beginnt, kann zu einem Prozess des schmelzenden Eises werden. ... Wenn Du Dich den Geschehnissen widersetzt, verfestigen sie sich zu herabwürdigenden zwischenmenschlichen und kulturellen Mustern."[146]

Allerdings haben wir in unserer persönlichen und kollektiven Geschichte so viele unbereinigte Erniedrigungen als Opfer oder Täter angehäuft, dass der heilsame Prozess manchmal sehr schwer auszuhalten ist. Wir müssen lernen, ihn zu bezeugen und dabei einen kühlen Kopf und ein warmes Herz zu bewahren. Mindell spricht davon, dass eine Friedenskommunikation, welche die Kraft des Zorns auszuklammern versucht, aus Selbstschutz von bevorrechtigten Gruppen praktiziert wird. Wir brauchen ein historisches Wissen um die Strukturen von Unterdrückung und Ausbeutung, um mit situativen Emotionen respektvoll umgehen zu können und sie in ihrer ganzen Dimension anzuerkennen. Ironischerweise rufen Vorgänge, die den Ausdruck von Wut unterbinden, letztendlich starke Konflikte (wie z. B. den Terrorismus) hervor. Der Mainstream geht davon aus, dass der nordeuropäische Verhaltenskodex, der auf Höflichkeit, ein leises Auftreten und Selbstbewusstsein basiert, das Optimum menschlicher Zivilisation darstellt. Emotionalität und Leidenschaft werden im eigenen Kontext verleugnet und auf andere, weniger zivilisierte Bevölkerungsgruppen projiziert.

Ein tiefer gehendes Verständnis von Demokratie (*Deep Democracy – Tiefe Demokratie*) setzt statt auf die Macht der Mehrheit darauf, dass alle Stimmen ausgedrückt und gehört werden sollten. In der Prozessarbeit werden *Großforen* veranstaltet, um Gefühle und Meinungen, die sonst an den Rand geschoben werden, sichtbar zu machen. So wie die Wildnis der Natur allmählich verdrängt wird, so werden z.b. auch die Weisheit indigener Völker und unangenehme Anteile in uns selbst verdrängt.[147] Oft liefern gerade die Stimmen und Bewusstseinsanteile, die nur an der äußersten Grenze unserer Aufmerksamkeit existieren, wertvolle Hinweise für innovative Lösungen.

Mindell geht in der Prozessarbeit von drei Ebenen der Wirklichkeit aus, die gleichzeitig anwesend sind:

1. In der **„Konsensrealität"** geht es um die real wahrgenommene Wirklichkeit von Menschen, Organisationen und gesellschaftlichen Fragen, über die wir uns gewohnheitsmäßig austauschen.

2. Auf der **„Traumebene"** befassen wir uns mit dem Strom, der unter und hinter dieser „realen" Wirklichkeit fließt, d.h. unseren Nachtträumen, unausgesprochenen Wahrheiten und

Gefühlen, formgebenden Themen aus der Vergangenheit sowie dem anziehenden Sog einer noch ungeformten Zukunft. Archetypische Rollen wie *Täter* und *Opfer*, *Held* und *Prinzessin* spielen sich auf dieser Ebene ab.

3. Auf der **„Essenzebene"** erspüren wir die Einheit hinter all diesen Aspekten einer aufgefächerten Welt. Von hier aus können wir wahrzunehmen, dass wir jede der archetypischen Rollen als Möglichkeit in uns vereinen. Wir sind gleichzeitig Opfer und Täter. Wir können sowohl die eine wie die andere Rolle einer Polarität einnehmen.

Wichtige Konzepte in der Prozessarbeit:

- **Konsens:** Sich gemeinsam dazu entscheiden, für eine gewisse Zeit ein bestimmtes Thema zu verfolgen oder etwas Bestimmtes zu tun.

- **Feld:** Die Atmosphäre/Stimmung/Identität einer Gruppe. Die Wesenhaftigkeit oder die Traumgestalt des lebendigen Ganzen findet Beachtung. (Indigene Völker gehen von der Gruppenatmosphäre als einem heiligen Ort aus.)

- **Status:** Bewusste oder unbewusste Ansammlungen von Fähigkeiten und Macht, welche die individuelle Rolle und das Ansehen in einer Gruppe bestimmen. Status kann ererbt (z.B. Männlichkeit, weiße Haut, blaue Augen, Schönheit) oder verdient werden (z.B. Wissen, spirituelle Reife, persönliche Ausstrahlung). Solange wir unseren Status unbewusst nutzen, wird er auf Widerstand im Gruppenfeld stoßen. Wir können ihn nicht ablegen, aber wir können uns seiner bewusst werden und ihn zum Wohle des Ganzen einsetzen.

- **Rollen:** Verschiedene Positionen, Meinungen und Emotionen, die das Feld bestimmen, werden sichtbar gemacht, damit sich ihre Wirkung nicht vernebelt entfaltet. Rollen haben eine Eigendynamik, die sich unabhängig von unserer Identifikation mit ihnen ausdrückt. Es gibt z.B. die Rolle des Außenseiters unabhängig davon, wer sie gerade ausfüllt.

- **Geisterrollen:** Diese Positionen kommen zum Tragen, ohne dass sich irgendeine Person direkt mit ihnen identifiziert. Das mag z.b. der Gewalttäter sein, vor dem sich ein gesamtes Stadtviertel fürchtet; die Hure, von der sich alle Frauen einer bestimmten Gesellschaftsschicht distanzieren, der Diktator, der niemals wieder an die Macht kommen darf. Diese Rollen können ein gesamtes Gruppenfeld unsichtbar, aber spürbar beeinflussen.

- **Doppelsignale:** Körper, Stimme und Sprache senden unterschiedliche Signale aus. Unbewusste Doppelsignale rufen unbewusste Reaktionen hervor.

- **Edge/Rand des Abgrunds:** Widerstand wird im Prozess spürbar, wenn die Gruppe oder ein Individuum zurückschreckt vor dem, was sich zeigt. Schattenanteile werden berührt.

- **Hot Spot/Brennpunkt:** Ein Moment, in dem starke Gefühle ausbrechen: Angriffslust und Fluchtbedürfnis, Ekstase und Hoffnungslosigkeit, Schmerz, Zorn usw.

- **Hohe Träume:** Reine Ideale und helle Glaubenssätze bewirken, dass wir uns im besten Falle in voller Begeisterung für das Leben engagieren, im schwierigsten Falle aber in Illusion oder Besserwisserei verirren.

- **Niedrige Träume:** Es entsteht eine tiefe Enttäuschung über die Natur des Menschen, der Organisation, der Gesellschaft etc., wenn wir scheitern. Wir müssen aber nicht notwendigerweise steckenbleiben in der Depression, sondern haben die Chance, aus dieser Erfahrung heraus zu größerem Mitgefühl und einem tieferen Engagement zu finden.

- **Backlash/Gegenreaktion:** Eine Gemeinschaft kann erst dann zusammenfinden, wenn diejenigen, deren Stimme unterdrückt war, sprechen konnten, und diejenigen, die sie unterdrückt haben, auch Raum für ihre Darstellung erhalten. Solange die Rolle der Schuld nicht bereinigt ist, kann keine Freiheit entstehen.

Worldwork-Konferenzen oder Großforen können 300 bis 400 Menschen aus über 40 Nationen umfassen. Diese Konferenzen sind geprägt von einer gigantischen, bunten Durchmischung genetischer und kultureller Stoffe. Die Tage beginnen mit dem Suchen nach dem aktuellen übergeordneten Thema. Gemeinsam wird ein Konsens über das aktuelle Thema gefunden. Wer immer sich berührt fühlt, geht in die Mitte und spricht für eine bestimmte Rolle, die er in sich wahrnimmt. Die Menschheitsbühne wird hier größer gespannt als im Forum: Viele Menschen haben gleichzeitig in der Mitte Raum. Wenn die erste Rolle gesprochen hat, kommen andere Positionen hinzu. Die unterschiedlichen Stimmen sollen Gehör finden. Menschen können sich bestimmten Rollen zugesellen und das Gesagte stärken. Es ist ein intuitiv und emotional geführter Prozess, in dem je nach Stimmigkeit und Resonanz Rollen auch gewechselt und Gegenpositionen eingenommen werden können. Die Moderation schlägt zuweilen eine *Geisterrolle* vor, die unterschwellig spürbar wurde, oder weist darauf hin, dass gerade ein *Brennpunkt* berührt wird. Momente des Schweigens entstehen, es können Tränen fließen, und ein gegenseitiges Verstehen beginnt.

Das Ganze gleicht zwar einem chaotischen Schauspiel, jedoch habe ich nie in so konzentrierter Form und so kurzer Zeit so viel Menschheitsgeschichte in Aufarbeitung erlebt. Das Spektrum reicht von Türken und Griechen, die mit dem gleichen Trauma von gewaltvollen Überfällen durch die jeweils anderen aufwuchsen, über die verborgene Geschichte von Frauen, die als Huren auf Schiffen mitgeführt wurden und in Scharen Selbstmord begingen, bis hin zu jungen Immigranten, die zwischen den Welten in existenzieller Unsicherheit schweben. Hier findet gelebte Geschichte einen authentischen Ausdruck, gegen die Zeitungs- und Fernsehreportagen nur noch wie fahler Abklatsch wirken.

Es entsteht ein Wissen um eine Zusammengehörigkeit auf einer tiefen menschlichen Ebene. Unaussprechliches wird ausgesprochen, leise Stimmen werden hörbar, und Heilung und Versöhnung kann stattfinden. Kollektive Weisheit entsteht auf der Basis eines Wissens um den eigenen Status und um geschichtlichen Schmerz und Schuldgefühle, die uns voneinander trennen. Erst auf der Basis der Anerkennung des Ist-Zustandes kann eine tragfähige Kooperationsbereitschaft entstehen.

Links und weiterführende Hinweise:

Mindell, Arnold: *The Deep democracy of Open Forums,* Hampton Roads, 2002

Mindell, Arnold: *Sitting in the Fire: Large Group Transformation using Conflict and Diversity,* Lao Tse Press, 1995.

www.processwork.org

8.10. Open Space nach Harrison Owen:

Größenordnung: 20–1000 Menschen

Anwendung: Flexible Gestaltung von Konferenzen und Großgruppentreffen

Harrison Owen[148] hat die Methode *Open Space* aus der Wahrnehmung heraus entwickelt, dass die interessantesten Zusammenkünfte, Gespräche und Resultate oft in den Pausen von Versammlungen und Konferenzen stattfinden. In den Zwischenräumen offizieller Programme, wenn nichts geplant ist, werden die Menschen selbst kreativ. Das erinnert an geniale Momente wissenschaftlicher Arbeit, die nach langen konzentrierten Lösungsversuchen eines Problems in einer Gedankenpause auftauchen. Wenn der Wissenschaftler alle Formeln loslässt, durchatmet, vielleicht in die Wolken schaut – ist plötzlich der Geistesblitz da. Das fehlende Puzzlestück fällt an die richtige Stelle.

Der Grundgedanke von *Open Space* ist, einen offenen Raum zu bieten für das, was aus der Gruppe ungeplant entstehen möchte. Die Intelligenz einer Gruppe ist viel größer, als wir zu glauben geneigt sind.

Die klassische Form von Konferenzen, in der Experten zu bestimmten Themen Impulsreferate halten, ist zwar sehr informativ, hat aber den Nachteil, dass der Großteil der Menschen zu passiven Zuhörern wird. Der nachgestellte Raum, der für Fragen und Diskussionen vorgesehen ist, reicht häufig nicht aus, um die Kreativität der Gruppe auch nur anzuzapfen.

Die Methode *Open Space* eröffnet eine Struktur am Rande des Chaos mit minimalen Sicherheitsvorkehrungen, die es uns ermöglicht, den Erfahrungsreichtum und das aktuelle Interesse der Anwesenden zu nutzen. Die Teilnehmer werden eingeladen, gemeinsam aus der aktuellen Situation heraus einen Ablaufplan zu finden.

Wie auch beim *World Café* wird dem *Open Space* ein gemeinsamer Fokus gegeben: eine thematische Überschrift oder eine Frage, die für alle greifbar ist. Die inhaltliche Ausrichtung entscheidet darüber, wer sich angesprochen fühlt und teilnimmt. Der/die Moderator/-in des *Open Space* konzentriert sich jedoch in erster Linie auf die infrastrukturelle Vorbereitung des Zusammenkommens. Die gastgebende Funktion steht im Vordergrund. Der Erfolg eines solchen Treffens ist stark von den räumlichen Bedingungen abhängig. Ein Setting mit verschiedenen gemütlichen Räumen und Nischen, die dicht um einen zentraleren Großraum gruppiert sind, ist für die Kreativität ideal. Eine Liste und Lagebeschreibung der Räumlichkeiten sollte vorliegen.

Das erste gemeinsame Treffen findet im Großraum vor einer großen leeren Wand oder Tafel statt, auf der kaum mehr als Anfangs- und Endzeit der gemeinsamen Konferenz angegeben sind. Zunächst wird die Frage gestellt: Wer möchte sich zu welchem Thema treffen? Die Teilnehmer benennen Themen, von denen sie sich angezogen fühlen oder zu denen sie etwas beitragen möchten. Ein eigener Beitrag kann z.B. auch darin bestehen, einen Raum für Entspannung oder Meditation zur Verfügung zu stellen oder Experten in einen intensiven Dialog zu bringen.

Themen und Namen der jeweils einladenden Teilnehmer werden ebenso wie die voraussichtliche Uhrzeit und der Treffpunkt auf Papierschildern notiert. Die Schilder werden an der leeren Wand flexibel angebracht. Nun beginnen Verhandlungen – eine Chaoswelle bricht aus. Menschen drängen sich an die Wand, lesen, erfassen, hinterfragen

Unklarheiten, bemerken Überschneidungen von Räumlichkeiten, Zeiten, Themen und treten in intensive Verhandlungen miteinander ein. Räume werden umdisponiert, Treffen zusammengelegt, interessante Querverbindungen entdeckt. Währenddessen mag es sein, dass sich andere gelangweilt abkehren, einen Tee trinken und sich unterhalten. Nach einer Weile gestaltet sich dieser Orientierungsprozess zu einer ersten Ordnung.

Nun ist der Moment gekommen für Einzelne, ihr Thema in ein paar Sätzen kraftvoll vorzustellen. Dadurch wird der gemeinsame Raum neu ausgerichtet und fokussiert. Natürliche Zuordnungen entstehen.

Danach beginnen die Einzeltreffen. Ein unvorhersagbarer Strom inhaltlicher Arbeit beginnt zu fließen. Er wird durch die Interessensfelder der Teilnehmer arrangiert und durch vier Grundprinzipien gelenkt:

1. **Es treffen immer die richtigen Menschen zusammen.** Das bedeutet ein Ja zu den Menschen, die da sind. Wenn niemand zu einem vorgeschlagenen Treffen erscheint, ist es vielleicht der richtige Moment, die eigenen Gedanken zusammenzutragen oder sie in eine andere Gruppe einzubringen.

2. **Es geschieht jeweils genau das, was zu diesem Moment geschehen kann.** Das bedeutet ein Ja zum situativen Geschehen.

3. **Das Treffen fängt immer zur richtigen Zeit an** – auch wenn es später oder früher beginnt als ursprünglich gedacht.

4. **Es hört zur richtigen Zeit auf** – denn manchmal ist nach kürzester Zeit alles gesagt, was gesagt werden wollte.

Außerdem gibt es eine für alle geltende Richtlinie, nämlich das sogenannte **Gesetz der zwei Füße:** Jeder ist selbst verantwortlich dafür, dass er zur richtigen Zeit am richtigen Ort ist, um seinen Teil beizutragen. Wenn jemand merkt, dass er sich in einem Gespräch befindet, zu dem er nichts mehr beizutragen hat, sollte er gehen. Er kann sich intuitiv anziehen lassen von einem nächsten Thema und Kreis.

Vielleicht entsteht ein Zufallsgespräch außerhalb des normalen Rahmens, oder ein erfrischender Spaziergang bringt den Geist zur

Ruhe. Immer wieder habe ich erlebt, wie im *Open Space* ein magisch anmutender Fluss oder Prozess entsteht – eine Art knisterndes Feuer der Inspiration. Ein Zusammenspiel von individueller Einzigartigkeit und kreativer Verbundenheit im Ganzen kommt zum Tragen. Die Moderation hat die Aufgabe, der Inspiration der Gruppe nachzuspüren und das eigene Kontrollbedürfnis zurückzustellen. Sie unterstützt den Schöpfungsprozess durch die Bereitstellung einer gastfreundschaftlichen Atmosphäre und äußerlicher Ordnung und Klarheit.

Falls das *Open Space* mehrere Tage füllt, ist es sinnvoll, alle Beteiligten zu regelmäßigen Zeitpunkten im Großgruppenraum zu versammeln. Ein möglicher Rhythmus besteht aus einer morgendlichen Runde, um Tagespunkte, Themenkomplexe und Workshops vorzustellen. Zum Abschluss des Tages kann gemeinsam reflektiert werden, was die Höhepunkte des Tages waren und welche neuen Einsichten und Ergebnisse es gab. Daraus ergibt sich häufig eine Feinabstimmung der Absichten und eine Neuausrichtungen für den kommenden Tag.

Die Stärke von *Open Space* liegt in der Bandbreite der spontanen Kreativität, die sich direkt aus dem Interesse und den Impulsen der Anwesenden ergibt. Eine mögliche Schwäche liegt in der Frage, wie diese Bandbreite sich wieder bündeln lässt. Harrison Owen plädiert dafür, in den einzelnen Gruppen Protokolle zu schreiben und diese elektronisch zusammenzuführen, so dass jeder Teilnehmer am Ende der Tagung über eine Darstellung der Ergebnisse verfügt. In manchen Fällen mag das hilfreich sein.

Bessere Erfahrungen gibt es mit der Einrichtung eines abschließenden Treffens aller Teilnehmer, bei dem Menschen spontan und konkret mitteilen, welche Ideen für sie neu entstanden sind und was sie am meisten berührt hat. Aus diesen zentralen Aussagen am Schluss lassen sich effektiv nächste Schritte und gemeinsame Lösungsansätze ableiten.

Links und weiterführende Hinweise:

Owen, Harrison und Maren Klostermann: *Open Space Technology: Ein Leitfaden für die Praxis*, Schäffer-Poeschel, 2008

www.openspaceworld.com / www.openspaceworld.org

8.11. World Café

Größenordnung: 30–500 Menschen

Anwendung: Kollektive Weisheit einer Gruppe abrufen in Bezug auf eine inspirierende Fragestellung

Die Methode des *World Café* wurde 1995 von David Isaacs[149] und Juanita Brown[150] zufällig entdeckt, zu einer Zeit, als sie mit dem Dialog-Verfahren nach Bohm[151] arbeiteten. Die Entstehungsgeschichte der Methode lautet folgendermaßen: 24 Menschen treffen sich an einem verregneten Tag, um der Frage nach der Rolle der Leitung in kollektiven Prozessen nachzugehen. Vor dem eigentlichen Treffen in großer Runde soll es noch einen kleinen Imbiss geben. Da die Terrasse des Hauses durch den Regen ausscheidet, werden kleine Tische im Wohnzimmer aufgestellt. Eine befreundete Künstlerin findet, dass die Tische nackt aussehen, und bedeckt sie mit weißen Papiertischdecken. Es werden Stifte dazugelegt, Blumen verteilt. Die Menschen kommen an, verteilen sich und sind sofort in intensive Gespräche vertieft. Es werden intuitiv Notizen auf den Tischdecken gemacht. Nach einer Dreiviertelstunde ruft ein Teilnehmer, dass er gerne mehr wüsste über die Gespräche an den anderen Tischen.

Man entscheidet sich, die Plätze zu wechseln, während jeweils einer als *Gastgeber* am Tisch sitzen bleibt. Der Rest schwärmt aus und verteilt sich neu. Gedanken und Einsichten werden vernetzt und die Begeisterung steigt. Nach einer weiteren Stunde wird abermals gewechselt. Voller Staunen legen die Anwesenden nach der dritten Gesprächs- und Notizenrunde die Tischdecken in die Mitte und betrachten den Reichtum an Einsichten, der dort sichtbar wird. Es scheint, als hätte der Prozess intimer Gespräche an kleinen Tischen, gepaart mit der gegenseitigen Befruchtung von Ideen, zu einer intensiven Erfahrung kollektiver Kreativität und Intelligenz geführt. Eine neue Methode ist geboren.

Juanita Brown ist inspiriert von den Arbeiten Maturanas[152] und Varelas[153], und zwar vor allem von ihrer Reflexion des Prozesses, wie wir durch Sprache unsere Wirklichkeit gestalten. Paolo Freire, der brasilianische *Pädagoge der Unterdrückten*, formuliert es so: „*Es gibt kein wahres Wort, das nicht gleichzeitig eine Aktion beinhaltet. Ein wahres Wort zu sprechen ist gleichbedeutend damit, die Welt zu verwandeln.*"[154] Aus der Sicht menschlicher Entwicklung sind unsere Gespräche nichts Triviales. Im sprachlichen Austausch miteinander entdecken wir, was uns am Herzen liegt, lassen Informationen fließen, kooperieren und gestalten die gemeinsame Zukunft. Sprache ermöglicht uns die komplexe Koordination unserer Handlungen. Das *World Café* möchte anregen zu echten Gesprächen über Fragen, die uns bewegen. Kleine Tische mit jeweils vier bis fünf Tischgästen laden ein zu einem zwischenmenschlichen Kontakt in relativ intimer Umgebung. Insgesamt kann ein *World Café* allerdings hunderte Menschen umfassen.

Einfache Leitlinien erleichtern die Moderation eines *World Café*:

1. **Rahmenklärung**: Ziel und Zweck des Zusammentreffens wird festgelegt und die Teilnehmer ausgewählt.

2. **Vorbereitung des Raumes**: Der Raum wird gastfreundschaftlich und einladend, im Sinne eines Cafés, gestaltet.

3. **Themen und relevante Fragen**: Welche Fragen treffen den Nerv des Moments und erwecken die Forscherlust der Beteiligten? Das *World Café* kann sich über mehrere Runden mit nur einer Frage oder aber in jeder neuen Runde mit einer vertiefenden Frage befassen. Die Fragen richten die Energie des *World Café* aus und spielen eine dementsprechend zentrale Rolle. Meist entstehen die Fragen nicht direkt in dem Moment aus den Anwesenden, sondern werden vorher von der Moderation festgelegt.

4. **Ermutigung zu Beiträgen**: An den jeweiligen Tischen sollten alle zum Sprechen eingeladen werden. Jeder Beitrag ist gleich wichtig.

5. **Verknüpfung vielfältiger Perspektiven:** Vor allem durch die Vernetzung der Themen an den verschiedenen Tischen entfaltet das *World Café* seine inspirative Wirkung.

6. **Den Fokus setzen:** Ein Moment der Stille und Reflexion zwischen den Runden ist hilfreich, um essenzielle Einsichten für sich herauszufiltern.

7. **Neue Erkenntnisse:** Die Teilnehmer teilen zum Abschluss mit, welche Einsichten sie berühren und für welche neuen Ideen sie sich begeistern. Die Kommentare sind kurz zu halten und geben Einblicke in die Gesamtausrichtung der Gruppe. Sie bieten eine effektive Basis für die Ausformulierung der nächsten Schritte.

Ein *World Café* erfordert, wie das *Open Space*, eine zeitaufwendige und minutiöse Vorbereitung, was die Infrastruktur angeht. Die Wirkung ist es meist wert: Menschen finden einen sicheren Raum vor, in dem sie ihre Kreativität üppig und vielfältig entfalten können. Oftmals entsteht eine fühlbare Präsenz kollektiver Weisheit, die auch praktische Konsequenzen hat. Eine kreative Konferenz kann z.B. mit Kurzdialogen beginnen, zu ein paar Kernvorträgen und einem *Open Space* weiterführen und schließlich mit einem festlichen *World Café* enden. Die Verschachtelung verschiedener Methoden in- und miteinander sollte jeweils der aktuellen Situation angepasst werden.

Weiterführende Informationen:

Brown, Juanita and Isaacs, David: *The World Café. Shaping our Futures through Conversations that Matter*, Berrett-Koehler, 2005

www.theworldcafe.com / www.pegasuscom.com

8.12. U-Theory nach Otto Scharmer

Größenordnung: 1-100 Menschen

Anwendung: Sich als Organisation, Betrieb oder Individuell neu
ausrichten

> *„Der Meister erledigt seine Arbeit und hält dann
> inne. Er begreift, dass das Universum sich für
> immer der Kontrolle entzieht, und dass der Ver-
> such, die Ereignisse zu beherrschen, gegen den
> Strom das Tao geht. "*
>
> Laotse, Tao Te King[155]

Wir schwimmen auf das weite Meer hinaus und sehen die Spannung
im Wasser. Es gilt zu beobachten, abzuwarten und zu erspüren, wann
die Welle kommt. Wir machen uns bereit für den Moment und agieren blitzschnell, springen in den Strom der Kraft, der uns mitreißt.
Wir können die Welle reiten, und es kostet keine Anstrengung. Jetzt
geht es nur um den Erhalt der inneren Balance, darum, sich vorzu-
beugen und nicht zurück. Die Welle rollt uns an einen Strand, an dem
wir uns entspannen können. Wir schütteln uns das Wasser aus dem
Haar und genießen noch den Nervenkitzel der Geschwindigkeit im
Blut. Könnten wir gemeinsam so agieren? Anstrengungslos mit dem
Strom der Entfaltung reisen und ihm unsere Ausrichtung hinzufügen?
Neues erschaffen, statt Altes zu wiederholen? Mit den Erfordernissen
der Zeit gehen, statt uns gegen sie zu stemmen? Wie können wir uns
anschließen an einen Energiefluss von minimalem Aufwand für maxi-
malen Erfolg – Entscheidungen treffen und Projekte umsetzen ohne
unnötige Reibungsverluste?

Die *U-Theory* wurde von Otto Scharmer[156] im Zusammenspiel
mit Kollegen[157] entwickelt. Scharmer wuchs auf einem alten Hof in der
Gegend von Hamburg auf. Schon früh machte ihn sein Großvater mit

den Geheimnissen der Natur vertraut. Er lernte, dass es die Fruchtbarkeit des Bodens ist, welche die Fülle der Ernte bestimmt. Ein Bauer, der seinen Boden nicht pflegt, sollte sich über einen ärmlichen Ertrag nicht wundern. Durch die Bearbeitung des Bodens werden die unsichtbaren und sichtbaren Ebenen der Erde miteinander in Kontakt gebracht und durchmischt, durch Düngen, Hacken, Pflügen.[158] In einem sozialen Feld geht es um etwas Ähnliches. Der ausschlaggebende Unterschied zwischen einer lebendigen Organisation und bürokratisierten Institutionen besteht darin, dass Erstere fähig sind, flexibel die unsichtbaren und sichtbaren Dimensionen einer zu bewältigenden Situation miteinander zu verweben, während Letztere an fertigen Mustern festhalten.

Wir können der Kräfte der impliziten Realität, von der Bohm spricht, gewahr werden und diese in ihrer Entfaltung unterstützen. Das gilt für uns als Individuen, aber ebenau so für alle selbstorganisierende Systeme, also auch für Organisationen, multinationale Konzerne, Nationen usw. Wir sind auf keiner Ebene sozialer Organisation gezwungen, die Vergangenheit blind zu reproduzieren. Wir können uns von der Weisheit der Zukunft lenken lassen.

Das U in der *U-Theory* bezeichnet ein Eintauchen in die Wahrnehmung tieferer Strömungen. Der Prozess fängt mit dem *Suspendieren* an, ein Begriff, den wir schon bei der Dialog-Methode kennengelernt haben. Wie Bohm sagte: *„Normalerweise haben unsere Gedanken uns, statt wir sie.“*[159] Treten wir aber neben unsere gewohnheitsmäßigen Gedanken und weiten unsere Wahrnehmung, umfassen wir auch die unsichtbaren Anteile eines Gruppenfeldes.

Symbolisch gesehen bewegen wir uns links am U hinunter in einem Prozess des Erspürens: *Sensing*. Unsere Aufmerksamkeit ist auf die Quelle der Handlung gerichtet statt auf die Formen, die aus ihr entstehen.

Am Grund des U angekommen, lassen wir Stille zu. Wir begeben uns in eine Art Einkehr und fühlen uns ein in die unsichtbaren Kräfte einer Situation. Vielen Menschen ist dieser Vorgang suspekt. Weshalb aber scheuen wir die Stille im Kontakt mit anderen? *„Vielleicht fürchten wir uns ja, weniger zu sein, als wir zu sein glauben, wo wir doch in Wirklichkeit unendlich viel mehr sind.“*[160] Wir können meditieren, malen, spazieren gehen oder einen heiligen Ort aufsuchen – bis das Potenzial der Situation fühlbar wird. Das ist *Presencing*: Die Zukunft wird in uns präsent. Von diesem Punkt aus können wir aktiv und zielgerichtet handeln. Wir kristallisieren unsere Absicht, überschreiten die Schwelle des Alten und realisieren erste Prototypen des Neuen. Wir bewegen uns rechts am U hoch und hinaus in die sichtbare Wirklichkeit. Wir praktizieren *Realizing*: Wir realisieren die erspürte Zukunft in der Welt.

Für ein Individuum könnte der Prozess z.B. folgendermaßen aussehen:

1. **Sensing**: Frage dich, wer du wirklich bist und was du zu geben hast. Dann suche Orte und Menschen auf, die dir helfen, die Bandbreite deiner Einsichten und Fähigkeiten zu erweitern.

2. **Presencing**: Schaffe einen Ort der Stille, an dem du das Gesehene und Erlernte reflektieren und integrieren kannst. Aus dieser Stille heraus kannst du spezifische Formen visualisieren, die dein Potenzial annehmen möchte.

3. **Realizing**: Wende dich der Welt wieder zu, um dich auszuprobieren. Fang mit Versuchsreihen an, experimentiere mit Hand und Herz, bis deine Vision Form annimmt.

Da wir in einer Wirklichkeit leben, die mehr auf Separation als auf Verbundenheit setzt, spricht Scharmer davon, dass wir *Circles of Presence* (Präsenzkreise) brauchen[161]: sichere Container, in denen wir uns gegenseitig darin unterstützen, in diesen Prozess wie in eine Verpuppung einzusteigen. Uns geht es wie den Raupen, die nicht wissen, was sie als Schmetterlinge an Entfernung zurücklegen können und mit welcher Leichtigkeit! Den Schritt in eine Welt der echten Verbundenheit kann niemand allein gehen.

Links und weiterführende Hinweise:

Scharmer , Claus Otto: *Theorie U: Von der Zukunft her führen: Prescencing als soziale Technik*, Carl-Auer-Systeme, 2009

www.presencing.com / www.presence.net
www.ottoscharmer.com

8.13. Dragon Dreaming

Größenordnung: innerer Kreis: 5–7 Projektgruppe: 7–50 Menschen, weitere Vernetzungen möglich

Anwendung: Die Visionen und Träume von Menschen verweben zu erfolgreichen Projekten

Wir gestalten unser Leben als Menschen immer gemeinsam. Das bedeutet auch, dass wir nur gemeinsam den Weg aus der Umweltkrise, Wirtschaftskrise und Sinnkrise hin zu einer förderlichen Ebene des Miteinanders auf diesem Planeten finden können. Wir brauchen die Bündelung aller Kräfte, die bereit sind, Verantwortung zu übernehmen und Antwort zu geben durch politisches Lenken und Tatkraft. Die Beschränkungen der politischen Lenkung von oben werden in diesem Prozess offensichtlicher. Die Bedeutung des kreativen Einsatzes von Bürgern, der weltweiten Graswurzelbewegung, schält sich klarer heraus. Die Umweltbewegung und Bewegung für soziale Gerechtigkeit verbinden sich in ihrer Sehnsucht nach Achtsamkeit und Teilhabe.

Wie schaffen wir es, aus individuellen Ansätzen gemeinsame Projekte zu entwickeln? Die bisher beschriebenen Methoden legen einen Schwerpunkt auf die Erweiterung von Bewusstseins und Entwicklung neuer Ideen. Die Schwierigkeit liegt jedoch oft in der Umsetzung der Inspiration. Wie kommen wir von der Idee zu einem kollektiv kreativen Ausdruck in der äußeren Realität? Und wie können wir das Feedback auf unseren Ausdruck so integrieren, dass wir beständig dazu lernen und dementsprechend unsere Projekte verfeinern und ausbauen?

Eine Methode der Kollektiven Weisheit, die mich begeistert, weil sie den gesamten Kreislauf zwischen Inspiration und äußerer Form beschreibt und begleitet, ist *Dragon Dreaming*.

Einleitung

Dragon Dreaming setzt in erster Linie auf die Kraft unserer Träume und Visionen, um den Sog der Zukunft zu nutzen. Die Methode zielt darauf, Projekte hervorzubringen, die temporär bestehen, bis der Fokus sich auf den nächsten Schritt oder die nächste Vision verschiebt. Es gibt immer einen Spalt zwischen dem, was tatsächlich ist, und dem, was wir uns von Herzen wünschen würden. Oft finden wir uns damit ab, statt veränderungswillig unserer Sehnsucht zu folgen. *Dragon Dreaming* bringt Menschen zusammen, um mit Hilfe von erfolgreichen Projekten diesen Spalt zu überbrücken.

Die Methode wurde in Australien entwickelt und ist inspiriert von Einsichten aus der Chaos- und Komplexitätstheorie, der Systemtheorie und uralte Weisheit der Aborigines. Ihre Anwendung zielt auf die Reintegration von Aspekten, die kulturgeschichtlich getrennt wurden: linke und rechte Gehirnhälfte, Intuition und Logik, das Selbst und unsere Umwelt, Denken und Tun, Arbeit und Spiel usw. Sie betont Kooperation und die Kraft der Gemeinschaft.

John Croft[162], gebürtiger Australier und einer der Begründer der Methode, lebt seit 2007 in Deutschland.

Jedes Projekt beginnt mit unserer Imaginationskraft. Wir stehen mit einer Vorahnung an der Schwelle zur Zukunft. Leider behalten wir meist unsere Träume und inneren Bilder für uns. Ein Großteil von Möglichkeiten erstickt so schon im Keim. Es kostet Mut, unsere Projektideen zu kommunizieren. Aber selbst dann kommt ein Großteil nie über die Planung hinaus oder geht schon nach kurzer Zeit wieder ein. Nach John Croft sind Projekte dann nicht nachhaltig und tragfähig, wenn wir wichtige Bereiche eines gesunden Projektkreislaufs von Träumen – Planen – Handeln – Feiern vernachlässigen. Vor allem die Zeit für Feiern, Reflexion und Wertschätzung wird in unserer Kultur oft vernachlässigt. Das führt dazu, dass wir die Freude am Tun verlieren und uns erschöpfen. Ideen und Projekte können nur reifen, wenn wir Feedback aus unserer Umwelt zulassen, auch dann, wenn dieses kritisch ist. Dragon Dreaming lehrt uns, Wertschätzung zu kultivieren; aber auch, den Beitrag unserer Kritiker zu berücksichtigen.

Kritiker können zu echten Unterstützern unserer Projekte werden, wenn wir ihr Feedback unvoreingenommen auf hilfreiche Hinweise abklopfen.

Einzelne Schritte

Der Beginn eines Projektes liegt in einem **Traum- oder Visionskreis**. Ein inspirierter Mensch lädt andere als mögliche Kooperationspartner ein und breitet seine Vision aus.

Die Projekt-Idee sollte folgenden Kriterien entsprechen:

1. **Unterstützung von persönlichem Wachstum:** Während der Durchführung eines Projektes entdecken wir neue Seiten an uns und erlernen neue Fähigkeiten. Wir vertiefen unseren Kontakt mit der Welt und mit dem Leben überhaupt.

2. **Unterstützung von Gemeinschaftsaufbau:** Das Vertrauen und die Kooperation im Team wachsen, wenn Menschen sich gehört fühlen und eine für sie stimmige und sinnvolle Rolle übernehmen.

3. **Unterstützung des Ganzen:** Wir stellen uns mit unseren Projekten in den Dienst des Ganzen und haben als Ziel, Glück, Vielfalt und Kreativität zu fördern.

Wenn wir von unserer Vision erzählen, geht es uns darum, andere zu inspirieren und den eigenen Wirkungskreis zu vergrößern. Dieser Schritt ist sehr wichtig für unser wirksames Sein in der Welt. Können wir andere erreichen mit dem, was uns am Herzen liegt? Gelingt uns das, erreichen wir allerdings auch einen Moment, den wir gerne vermeiden: Das Projekt muss als unser individuelles Projekt sterben, um als Projekt der Gruppe wiedergeboren zu werden. Wir können diesen Schritt nicht umgehen, wenn wir gemeinschaftlich wirksam werden wollen.

Die Frage, die der Gruppe an diesem Punkt gestellt wird, ist: „Was müsste während und durch dieses Projekt geschehen, damit du deine Zeit nicht sinnvoller hättest verbringen können?" Was motiviert jeden Einzelnen von uns, unsere Zeit und Aufmerksamkeit diesem Projekt zu widmen? Wie wird dieses Projekt auch zu einem Ausdruck meines persönlichen Anliegens? In mehreren Runden sprechen alle Beteiligten zu diesen Fragen in einer sich gegenseitig befruchtenden Art, bis der Inspirationsfluss schließlich verebbt. So entsteht das **Traummanifest** des Projektes. Bei einer späteren Auswertung der Projektergebnisse kann dieses Manifest als Maßstab genutzt werden: Zu welchem Prozentsatz sind die Träume der Einzelnen umgesetzt worden? Wie könnte das Resultat verbessert werden?

Nach dieser Phase des Träumens kommen wir zur **Phase des Planens.** Sachinformationen werden eingeholt, Möglichkeiten und Alternativen der Umsetzung in Betracht gezogen, Strategien für die Ausführung entwickelt und erste praktische Testläufe gemacht. Die Kunst des *Dragon Dreaming* besteht in der Fähigkeit, die Visionen und Träume der anderen innerlich so anzunehmen, dass wir wahrhaftig für sie mitdenken. Eine Kollektive Intelligenz wird gefördert, in der das Ganze der Gruppe mehr wird als die Summe seiner individuellen Teile.

Der Spielplan

Schließlich wird aus den Strategien ein Projektdesign (elektronisch oder auf Papier) erstellt. Dieser *Spielplan* sieht aus wie ein komplexes Netzwerk von Linien, die sich vom Anfangspunkt bis zur Vollendung des Projektes schlängeln. Die Linien stellen Energieflüsse von Ressourcen, Kommunikation, individuellen Interessensfeldern sowie gegenseitiger Unterstützung dar. Dort, wo sich Linien kreuzen, entstehen Knotenpunkte als Treffpunkte für Menschen, die ihr Wissen und Können zusammentragen, um die Realisierung des Projektes um einen spezifischen Schritt weiterzubringen.

Eine künstlerische Gestaltung des Spielplans kann das Wesen und die organische Komplexität des Gesamtprojektes intuitiv erfassbar machen, während gleichzeitig viele Einzelinformationen vermittelt werden:

- Welche Schritte sind insgesamt für die Realisierung des gemeinsamen Manifests notwendig?
- In welcher Reihenfolge werden diese Schritte erledigt?
- Welche Querverbindungen gibt es zwischen verschiedenen Bereichen (wie Finanzen, Teamaufbau, PR usw.) und wie befruchten sie sich gegenseitig?
- Welche Teams übernehmen die einzelnen Schritte?
- Wie sieht die Zeitplanung der einzelnen Schritte aus? Wie lange dauert das gesamte Projekt?
- Wie hoch sind das Gesamtbudget des Projektes und die Budgets der einzelnen Abläufe?
- Was wurde schon erledigt und was steht als Nächstes an?

Der Spielplan ermöglicht eine organische Rollenverteilung in dem Sinne, dass Menschen dort mitwirken, wo sie sich einbringen wollen mit ihren Kompetenzen, als Lernende oder auch als Experten im Hintergrund. Arbeitsgruppen werden nicht für den Gesamtablauf fest definiert, sondern entstehen je nach Bedarf flexibel und lösen sich auf.

Der Spielplan macht das Verfassen von Protokollen und eine umständliche Planung von Treffen überflüssig: Auf dem Plan wird direkt sichtbar, welche Schritte bisher erledigt wurden, wie der aktuelle Projektstand aussieht und welche Aufgaben als Nächstes anstehen. Wurde eine Aufgabe erledigt, wird der jeweilige Knotenpunkt farblich gekennzeichnet, dann ist Zeit zu feiern.

Momentan wird mit Open-source-Software experimentiert, die eine elektronische Erstellung von Spielplänen ermöglicht und viele weiterführende Optionen der gemeinsamen Nutzung in Aussicht stellt wie z.B. die Umwandlung von Spielplänen in Mindmaps und Gantt-Charts (Projekt-Darstellung auf Zeitstrahlen). Menschen können ihren ganz persönlichen Weg durch das Projekt hervorheben und schnell Klarheit über die eigenen nächsten Schritte bekommen. In Zukunft können Spielpläne für Projekte partizipativ via Internet geplant und verfeinert werden.

Finanzielle Umsetzbarkeit

Erfolgreiche Projekte brauchen eine stabile wirtschaftliche Basis. Eine häufig empfundene Ohnmacht oder fehlende Überzeugung im Hinblick auf eigene Ideen besteht in tief sitzenden Zweifeln über deren Finanzierbarkeit. Ein wichtiger Aspekt Kollektiver Weisheit ist, dass der Strom von Finanzressourcen in die Richtung von unterstützenden, kooperativen Projekten umgelenkt wird. Wir können durch die Methode des *Empowered Fundraising*[163] dazu beitragen. Viele Einzelmenschen, Organisationen und Institutionen haben sowohl Sehnsucht als auch die Absicht, einen sinnvollen Beitrag mit ihrem Geld zu leisten. Wir können ihnen Kooperationsvorschläge machen, die das Verschenken von Geld für einen guten Zweck mit direkter Teilhabe an der Ausführung verknüpft. Welche Form diese Teilhabe nehmen soll, bleibt ihnen überlassen. Sie sind eingeladen, Teil des Projekts und der Gemeinschaft zu werden.

Fazit

Dragon Dreaming ist ausgerichtet auf Heilung: Jedes Projekt stellt einen Prozess der Heilung unsere Separation von unserer Umwelt dar und überbrückt den Spalt in uns zwischen impliziter und expliziter Realität, zwischen intuitivem Denken und sinnlichem Handeln. Inspiration und der geförderte Glauben an die inhärente Weisheit der Menschen vermag uns aus unserer geistigen Lethargie zu wecken und an die Kraft unserer Träume und Visionen zu erinnern. Durch einfache Prinzipien entstehen selbstorganisierte „Swarming Organisations[164]", starke Teams mit großer flexibler Kreativität, die mit wenig Bürokratie und Kontrolle auskommen.

Links und weiterführende Hinweise:

www.dragondreaming.info

8.14. Holacracy

Größenordnung: 20–500 Menschen

Anwendung: Innere Organisationsform für Betriebe und Organisationen, welche die Entstehung natürlicher Hierarchien und kollektiver Weisheit unterstützt

> *„Holacracy ist mit seinen Prozessen und holarchischen Strukturen darauf ausgelegt, den evolutionären Impuls einer Organisation, ihren eigentlichen Daseinsgrund, zu hüten, erfahrbar zu machen und nicht in der Turbulenz der persönlichen Interessen der Mitarbeiter untergehen zu lassen. "[165]*

Diese Methode wurde innerhalb der letzten Jahre von einer jungen Softwarefirma in den USA entwickelt. Die Gründer, vor allem Brian Robertson[166], machten es sich zur Aufgabe, in der Beantwortung einiger grundsätzlichen Fragen, die sich in jedem Unternehmen stellen, neue Wege zu gehen:

- Wer trifft welche Entscheidungen?
- Wie wird der Arbeits-/ Handlungsprozess organisiert? Wie stellen wir sicher, dass alles getan wird, was getan werden muss?

- Wie können wir flexibel mit Veränderungen umgehen? Wie können wir unsere Entscheidungen beständig an den wechselnden Fluss der Erfordernisse anpassen?

Die in diesem Teil des Buches beschriebenen Methoden können in den verschiedensten Kontexten angewandt werden. Natürlich müssen wir sie jeweils an die Erfordernisse anpassen und den richtigen Ton finden. Die Methoden schlagen Brücken zwischen unsichtbaren und sichtbaren Ebenen der Wirklichkeit. Sie unterstützen uns darin, uns individuell und kollektiv auszurichten, gemeinsam einen kohärenten Sinn zu erarbeiten und Reibungsverluste zu vermeiden. Sie dienen der Bewusstwerdung, der Heilung und der Neuausrichtung.

Dragon Dreaming und *Holacracy* gehen noch einen Schritt weiter in die Praxis der Prozesse, die den alltäglichen „Betriebsablauf" in Gruppen organisieren. Dabei scheint *Dragon Dreaming* darauf zugeschnitten, Graswurzelprojekte (Projekte, die aus Bürgerengagement entstehen) zu begleiten. Die Methode hat außerdem viel zu bieten für den Bereich selbstorganisierender „Swarming Organisations" (Projektteams, die ständig im Takt mit den Erfordernissen des Moments entstehen und wieder vergehen).

Im Gegensatz dazu ist *Holacracy* von Bedeutung für Institutionen und Firmen, die stabilere Formen annehmen. Organisationen entwickeln ein hohes Maß an Kreativität, wenn sie sich an der Grenze zwischen Chaos und Ordnung ansiedeln. So können sie in ständigem Kontakt mit dem steten Wandel des Geschehens bleiben und gleichzeitig ein Mindestmaß an Sicherheit bieten. *Holacracy* schafft vor allem klare Strukturen der Kontinuität und Ordnung und bahnt doch zugleich einen tieferen Zugang zu Kollektiver Intelligenz und Weisheit.

Modernere Firmen in westlichen Ländern integrieren inzwischen ein Mindestmaß an Demokratie, sind allerdings nach wie vor stark hierarchisch organisiert. Aktionäre wählen einen Aufsichtsrat, der wiederum einen Vorstand einstellt. Dieser verfügt über eine fast absolute Machtbefugnis, von der er Anteile an Manager verschiedener Bereiche weiterleitet. Diese sagen ihren Untergebenen, was zu tun ist. Dieses Modell agiert auf Basis der Annahme, dass Experten aus einem Wissen über die Vergangenheit voraussagen können, was geschehen wird und was demzufolge zu tun ist. Kontrolle von oben scheint notwendig, um eine Organisation zu lenken. Der Rückfluss von Informationen von der Basis zur Führungsebene ist minimal. Dementsprechend wird die Kreativität an der Basis der Organisation kaum genutzt. Menschen gewöhnen sich daran, einer Stimme von außen zu folgen, statt ihre Kraft zur Verantwortungsübernahme zu entfalten und ihrem inneren Kompass zu folgen.

Der Versuch, die vielfältigen Qualitäten von MitarbeiterInnen stärker einzubinden, endet im Gegensatz zur Kontrollhierarchie oft in durchgängig demokratischen oder auf Konsens basierenden Entscheidungsmodellen. Beide Modelle haben Schwachpunkte. Sobald der Konsens alltäglich genutzt wird und die Größenordnungen von Entscheidung und Gruppe nicht optimal aufeinander zugeschnitten sind, kann die Geschwindigkeit der Entscheidungsfindung nicht mehr Schritt halten mit dem Fluss der Veränderungen. In einem dritten Modell, der klassischen Demokratie wird die Befugnis erst mal nicht an einzelne Experten, sondern an die Mehrheit überreicht. Wir wissen aber, wie beeinflussbar Mehrheitsmeinungen sein können. Spätestens wenn Wahlkampagnen zu plakativen Werbekampagnen werden, stellt die Demokratie sich selbst in Frage. Wie kristallisiert man weise Entschlüsse in Unterscheidung dessen, was gerade attraktiv und populär erscheint und dem, was langfristig gesehen gut und nachhaltig ist?

Holacracy möchte genau an diesem Punkt ansetzen. In dieser Praxis entsteht eine geschickte Verbindung von Führungsbefugnis und Beteiligung aller Mitarbeiter. Die unterschiedlichen Qualitäten von oben und unten werden miteinander verbunden. *Holacracy* möchte der natürlich wachsenden Form einer Organisation folgen. Sie ersetzt künstliche Hierarchien durch *Holarchien*: *Kreise zunehmender Ganzheit*, die ineinander verschachtelt sind.

Zwischen ihnen wird jeweils eine *Doppelverbindung* hergestellt, über die aus jedem Kreis ein gewähltes Mitglied als Schnittstelle zum jeweils darüber- und darunterliegenden Kreis für einen lokalen Informationsfluss sorgt. Jeder Kreis ist selbstorganisiert und entscheidet selbst, wie er Aufgaben erfolgreich lösen möchte.

Das Prinzip einer *Dynamischen Steuerung* beschreibt drei Richtlinien, die praxisnahe und schnelle Entscheidungen ermöglichen:

1. Suche nach einer temporären **guten Lösung für den nächsten Schritt ohne Perfektionsanspruch**. Gelange rasch zu kleineren Entscheidungen, die ein zügiges Weiterarbeiten ermöglichen, und lasse die richtig guten Ansätze im Verlaufe der Zeit von selber entstehen.

2. Jede Entscheidung ist jederzeit **revidierbar**, wann immer sich neue Informationen zeigen oder die Situation sich ändert. Steuere kontinuierlich und mache Feinabstimmungen!

3. Entscheidend ist das **aktuelle Spannungsfeld**. Vermeide es, auf der Grundlage vorausgesagter Schwierigkeiten zu handeln. Verschiebe Entscheidungen auf den letzten verantwortbaren Augenblick, um bis dahin möglichst viel Information zu sammeln.

Letztendlich gibt unser Zusammenspiel in der Praxis das präziseste Feedback und zeigt, was funktioniert und was nicht. Das Konzept, brauchbare Entscheidungen zu treffen, entbindet von der Notwendigkeit, alle möglichen Perspektiven einzunehmen und zu berücksichtigen. Die Befürchtung, etwas Wichtiges zu übersehen, tritt in den Hintergrund. Die Revidierbarkeit erlöst von der Sorge, womöglich mit falschen Entscheidungen ewig leben zu müssen. Dadurch bekommen Entscheidungen eine größere Leichtigkeit und können relativ zügig getroffen werden, auch wenn viele Menschen daran beteiligt sind.

Integrative Entscheidungsfindung

Bei demokratischen Mehrheitsentscheidungen werden wichtige Perspektiven Einzelner überstimmt. Konsensentscheidungen dahingegen haben den Schwachpunkt, dass sie zwar nach der persönlichen Meinung der Beteiligten fragen, aber anstelle der größeren gemeinsamen Ausrichtung die individuellen Befindlichkeiten in den Mittelpunkt stellen. In der integrativen Entscheidungsfindung wird ein Einspruch definiert als triftiger aktueller Grund, weshalb ein Lösungsvorschlag die Toleranzgrenzen des Gesamtsystems in irgendeinem Aspekt überschreitet. An diesem Punkt kann jede Stimme zu einem Schlüssel werden, der zu einem Nein oder Ja führt. Persönliche Emotionen gelten als wertvolle Quelle weiterer Informationen, aber nicht als Entscheidungskriterium für oder gegen einen Vorschlag. So wird sichergestellt, dass keine Stimme überhört wird und gleichzeitig kein Ego die Möglichkeit hat, das Geschehen zu dominieren.

Brian Robertson betont die Wichtigkeit einer klaren Unterscheidung zwischen Rollen und Individuen. Viel zu oft neigen wir dazu, Menschen mit ihren Rollen zu identifizieren. Wenn wir dann noch unausgesprochene Erwartungen mit bestimmten Rollen verknüpfen, sind zwischenmenschliche Konflikte programmiert. *Holacracy* legt großen Wert auf die Ausformulierung der Verantwortlichkeiten oder Aufgaben, die jeweils mit einer Rolle verbunden sind. Diese ergeben sich aus der Praxis. Welcher Mensch die jeweilige Rolle übernimmt, wird erst in einem zweiten Schritt entschieden.

Holacracy geht davon aus, dass die holarchische Struktur einer Organisation zu jedem Zeitpunkt eine natürlicherweise stimmige Konfiguration besitzt. Die Kreise, die entstehen, entsprechen einer natürlichen Ordnung. Genauso ist es auch mit den Rollen und Aufgaben der verschiedenen Kreise. Sie sind implizit schon da und wollen detektivisch entdeckt statt erdacht werden. Antworten bestehen schon, wir müssen sie nur finden. Wenn die Übereinstimmung zwischen den expliziten Formen und den impliziten Inhalten exakter wird, fügt sich die Gesamtentfaltung der Firmenstruktur leichter und reibungsloser.

Wortwörtlich bedeutet *Holacracy* das Regieren des Ganzen, des Holons, so wie *Democracy* das Regieren des Volkes. Nicht die einzelnen Menschen bestimmen den Lauf einer Organisation, sondern die Identität des lebendigen Systems selbst, das sich in einem beständigen Prozess der Autopoiesis entfalten möchte. Die Menschen sind als untrennbarer Bestandteil des Ganzen eingestimmt und ausgerichtet auf dieses Ganze. Der evolutionäre Impuls einer Organisation, sich aus sich selbst weiterzuentwickeln, soll herausgeschält, erfahrbar gemacht und gehütet werden.

Als Holon ist jede Organisation, jede Firma, jeder Konzern gleichzeitig Teil eines größeren Holons, z.B. der Gesellschaft, und muss die Balance zwischen Autonomie und Verantwortung für das Wohlsein des größeren Ganzen halten. In unserem heutigen Wirtschaftsverständnis werden Konzerne darin unterstützt, ihr Wachstum und ihren Profit als zentrales Anliegen zu betrachten. In den Kreisen, die für das Gesamtanliegen eines Unternehmens verantwortlich sind, sollten Menschen aus den nächstgrößeren Holons aufgenommen werden, z.B. aus den Bereichen Politik, Umwelt und Soziales. Und auch diese Kreise müssten wiederum verschachtelt sein in noch größere, die Welt umspannende Entscheidungsplattformen, die ihre Aufmerksamkeit auf das Wohl des noch weiter übergeordneten Ganzen ausrichten.

Im deutschsprachigen Raum steht die praktische Arbeit mit *Holacracy* noch am Anfang. Mir scheint das Modell viele wertvolle Anhaltspunkte und Inspirationen mit sich zu bringen. Allerdings vermute ich an manchen Punkten ein noch übermäßig mechanistisches Weltbild, besonders im Hinblick auf die Form der Doppelverbindung zwischen den Kreisen und in dem Bild einer Gesamtwelt, die aus sauber ineinander verschachtelten Kreisen besteht. Ich freue mich auf eine spielerische Integration und Weiterentwicklung der Kerngedanken von *Holacracy*.

Links und weiterführende Hinweise:

Robertson, Brian J.: *Organization at the Leading Edge: Introducing Holacracy*, 2007

www.holaceacy.org / www.humanemergence.org.uk

8.15. Einfache Übungen

Nachfolgend empfehle ich kleinere Übungselemente, die für die Methoden allgemein nützlich und unterstützend sein können. Es gibt unendlich viele weitere Spielmöglichkeiten.

In die Stille treten

Unsere Welt ist in den letzten Jahren immer lauter geworden. Das Gehör vieler Menschen lässt nach, die Fähigkeit zur Konzentration ebenso. Die folgende Übung hilft, innerhalb kürzester Zeit eine Atmosphäre fokussierter Stille aufzubauen: Ein einfacher Bogen DIN-A4-Papier wird aufmerksam von einem Menschen zum nächsten im Kreis herumgereicht. Beim Überhändigen darf kein Geräusch gemacht werden. Das kleinste Rascheln breitet sich wie eine feine Woge im Raum aus. Menschen halten den Atem an, um besser horchen zu können.

Gruppenbewegung 1

Wir stellen uns im Kreis auf, Schulter an Schulter, so dass wir uns berühren, die Arme liegen am Körper an. Wir schließen einen Moment lang die Augen und entspannen uns in die sanfte Berührungswärme hinein, die uns umgibt. Von selbst fängt eine Bewegung in der Gruppe an, ein sanftes Wogen, das an Wasser erinnert. Wir werden still und forschen nach der Ursache dieser Bewegung. Woher stammt sie? Sind wir – ich und du – aktiv oder passiv?

Gruppenbewegung 2

Wir gehen durch den Raum und üben dabei, unseren Fokus von uns selbst auf die ganze Gruppe auszuweiten. Vielleicht hilft es dabei, die Augen leicht unscharf zu stellen. Wann immer eine Person stehen bleibt, bleiben alle stehen. Wann immer eine Person losgeht, gehen alle los. Irgendwann entsteht ein Punkt, an dem nicht mehr klar ist, wer das Signal gibt und wer folgt. Die Gruppe fängt an, als Ganzes zu agieren.

Meditationen

Harameditation

Du bist eingeladen, dich in deinen Körper einzufühlen und beim nächsten Ausatmen innere Spannungen loszulassen. Wo in deinem Körper bist du am stärksten präsent? Im Kopf? Im Bauch? Lasse langsam deine Aufmerksamkeit hinabsinken bis zu dem Punkt, der im Kampfsport *Hara* genannt wird, drei Finger breit unter deinem Nabel. Hier ist der Balancepunkt deines Körpers. Wenn jemand dich über seinem Kopf quer in der Luft halten wollte, wäre das der Punkt, an dem seine Hand ruhen müsste. Verankere dich hier. Spüre, dass du an diesem Ort zu Hause bist und dich entspannen kannst.

Wurzelmeditation

Von diesem beheimateten Punkt aus kannst du dich ausbreiten in den Raum hinein. Erlaube deinem Gewahrsein, mit deinem Atem hinunterzusinken bis in deine Füße. Verweile hier einen Moment und spüre das Prickeln in deinen Fußsohlen, diese feine Membran zwischen dir und dem Boden, der dich trägt. Dann lasse los, lass dich tiefer hinabgleiten, so als würden Wurzeln aus deinen Füßen wachsen, die dich in die Erde bringen, hinunter in den warmen, dunklen Mutterboden. Vielleicht spürst du ein Wohlgefühl oder ein Aufatmen, in dem Moment, in dem du die nahrungsreiche Erde und Wasser findest. Du breitest dich wohlig aus und entspannst. Dabei bemerkst du andere Wurzeln, die sich um dich befinden. Du wirst dir dessen bewusst, dass sich um dich ein Wurzelgeflecht erstreckt, und spürst, wie du dich hineinverwebst. Es entsteht ein sanfter Raum gemeinsamer Entspannung. Verweile einen Moment in dieser Verbundenheit der Gruppe unter der Oberfläche der Dinge.

Thematische Meditation

Wir entspannen uns tief und lassen dann das Thema, um dass es gerade geht, in unserem Gewahrsein als offene Frage erscheinen. Antworten können in uns als Traumbilder, Eingebungen oder klare Geistesblitze auftauchen. Wenn wir merken, dass unsere gewohnte Art zu denken einsetzt, lassen wir die Gedanken weiterziehen. Ein mitfühlender Humor gegenüber dem Verstand, der sein Bestes gibt, kann uns dabei unterstützen.

Danach tauschen wir im Kreis unsere Eingebungen aus. Eine pathetische Ernsthaftigkeit ist bei dieser Art Übungen schwer zu ertragen. Eine spielerische Leichtigkeit, gemischt mit kreativer Ernsthaftigkeit, kann aber zu ganz neuen Einsichten führen.

Die Achtsamkeitsglocke

Eine Person hütet eine Achtsamkeitsglocke. Wann immer sie geläutet wird, werden wir still und kehren zurück zu einer inneren Achtsamkeit. Wir beobachten unsere inneren Landschaften, atmen und lassen Anspannungen los.

Ja-Nein-Spiele

Ja-Nein-Spiel

Wir bewegen und treffen uns in einem Raum zu Dialogen, die jeweils aus nur drei Worten bestehen, nämlich Ja, Nein und Vielleicht. Wie viel können wir mit diesen drei Worten zum Ausdruck bringen? Letztendlich ist das, was durch sie zwischen uns entsteht, ein Energiefluss, der gebremst oder beschleunigt wird. Was geschieht, wenn plötzlich beide Ja sagen? Bekommen wir Angst vor dem Potenzial, das entsteht? Und wenn beide Nein sagen? Wie kommt es, dass die Bedeutungen der Worte sich in ihr Gegenteil verkehren? Wie spricht der Körper mit? Entsteht die Bedeutung in einem von beiden Menschen oder zwischen uns? Ist das Vielleicht manchmal vielversprechender als ein direktes Ja? Wie unterschiedlich empfinden wir die Dialoge, die mit verschiedenen Partnern ablaufen?

Jaa!-Spiel

Dieses Spiel ist dem Impro-Theater angelehnt und basiert auf der Wichtigkeit, Ja zu dem zu sagen, was gerade geschieht oder vorgeschlagen wird, damit die Energie weiter fließt und nicht gebremst wird. Wenn sie einmal fließt, können wir sie lenken. Ohne diesen Fluss wird es spürbar zäh im Raum. Ich sage zu meinem Nachbarn das Erste, was mir an ihm auffällt. Das kann positiv oder negativ sein. Es sollte in erster Linie spontan ausgesprochen werden. Der Nachbar wiederholt den Satz in einem (gespielten) Gefühl völligen Einverständnisses und setzt dabei mindestens ein Wort hinzu, das die Grundaussage des Satzes noch verstärkt, beispielsweise:

„Du hast so schöne Augen."
„Jaaa, ich habe wunderschöne Augen!"

oder:

„Du trägst ein altmodisches Hemd."
„Jaaa, mein Hemd ist fürchterlich altmodisch!"

Interaktionsspiele

Zählen bis zehn

Die Gruppe steht im Kreis. Die Aufgabe ist, gemeinsam bis zwanzig zu zählen, ohne eine Reihenfolge vorzugeben. Die jeweils nächste Zahl darf nur von einem Menschen gesprochen werden. Falls mehrere gleichzeitig sprechen, muss die Gruppe neu anfangen. Wie lange braucht es, um die Aufgabe zu lösen? Welche Art von Konzentration braucht es?

Gemeinsame Geschichten

Die Gruppe erzählt gemeinsam eine Geschichte. Jeder fügt reih-um ein Wort hinzu. Es darf nicht pausiert oder gestoppt werden, und die Sätze sollten grammatikalisch möglich sein. Wie sehr können wir uns in den Strom einfügen? Wie stark versuchen wir, unsere Bedeutungen in die Geschichte hinein zu geben? Welche Gefühle kommen auf, wenn jemand anderes die Geschichte in eine ganz andere Richtung lenkt? Welche Geschichten entstehen aus diesem Kreis?

9

9.1. Die Welt einladen

Ich atme auf, wenn ich mich in internationalen Zusammenhängen bewege. Jede Form von Gemeinschaft wird mit der Zeit zu einer kollektiven Gewohnheit. Die Grundannahmen des Systems werden unsichtbar in ihrer Selbstverständlichkeit. Erst wenn wir das System verlassen oder durch fremde Augen von außen daraufschauen, fallen uns Eigentümlichkeiten überhaupt auf. Dann öffnen sich eingefahrene Denkmuster in unseren Köpfen, und die Bilder von der Welt erweitern sich. Wir brauchen das Fremdartige in unserer Welt, um uns selbst entdecken zu können.

> *„Die wirkliche Frage ist, wie wir Menschen dazu bringen können, sich innerlich zu transformieren, von einer egozentrischen über eine soziozentrische hin zu einer weltzentrischen Sichtweise. Die weltzentrische Sichtweise ist die erste, die die globalen Dimensionen unserer Probleme wirklich begreifen kann und deswegen auch die erste, die globale Lösungen mit Freude und in Freiheit vorantreiben wird.“*[167]

Das ist Grund genug für mich, den vierwöchigen Kurs, den wir im Global Ecovillage Network konzipiert hatten, als internationalen Kurs im Ökodorf Sieben Linden zu organisieren. Es ist bedeutsam, wenn Menschen aus südlichen Ländern mit eigenen Augen sehen, dass es hier im reichen Europa experimentelle Orte wie Sieben Linden gibt. Es berührt sie, zu sehen, dass wir von ganzem Herzen nach Wegen suchen, wieder nachhaltig zu leben. Zum Teil kommen die Lösungen, die wir dabei entdecken, ihren Lebensweisen sehr nahe. Beide Seiten wachsen durch den Erfahrungsaustausch. Wir erleben die Welt durch die Menschen und ihre Projekte und können uns so einfühlen in einer Tiefe, die kein Medienbericht ermöglicht.

Im Sommer 2007 findet der erste Ecovillage Design Education Kurs mit 23 Teilnehmern aus 17 Ländern statt. 2009 folgt der zweite mit 29 Menschen aus 20 Ländern wie z.B. Südafrika, Senegal, Malawi, Sierra Leone, Namibia, Ghana und Indien. Die ersten Tage verlaufen in einem Wirbel der Entdeckungsfreude. Unsere Sprachen klingen so verschiedenartig! Wir nutzen Dialoge, Forum, World Café, *Dragon Dreaming* und üben, durch die Augen der anderen zu schauen.

Der Kurs hat verschiedene Ebenen. Die geistigen Grundlagen, Prinzipien und Designtools für eine ganzheitliche Nachhaltigkeit berühren uns nicht nur oberflächlich. Es geht vielmehr darum, uns und unsere Projekte an ihnen zu messen, mit ihnen zu ringen, die Anstrengung unseres Bemühens um sie zu erfahren. Wir spüren unsere Verbundenheit in der Sehnsucht, Mitmenschen und Umwelt mit Respekt zu begegnen. Konkrete Designs werden in kleinen Anwendungen direkt umgesetzt – ein gemeinsames sinnliche Anfassen. Es entstehen lehmverputzte Strohballenwände, Gartenanlagen, Lehmöfen, Solarduschen, Komposttoiletten. Im Tun stellt sich heraus, wie individuell bestimmend manche Europäer auftreten und wie leicht wir davon ausgehen, dass unser Intellekt die Lage richtig einschätzt.

Bei einer Übung von Otto Scharmer zum Thema *Zukünftiges Selbst*[168], in der das eigene Potenzial bildlich in Ton nachgeformt wird, schält sich die unterschiedliche Herangehensweise noch klarer heraus. Teilnehmer aus südlichen Ländern stellen ihr zukünftiges Selbst überwiegend als Gemeinschaft dar, und zwar als Kreise und Gruppen von Menschen, Pflanzen und Natur. Über die Frage, wo sie sich denn in dem Ganzen befänden, lachen sie nur gemäß der Antwort „*Überall und nirgends, mal im Zentrum und mal am Rande. Ich bin ein Teil des Ganzen!*" Die aber, die vorwiegend im Westen aufgewachsen sind oder als Kinder den Einflüssen der westlichen Kultur ausgesetzt waren, stellen ihr Selbst durchgängig in isolierter Form dar. Wir betrachten diesen Widerspruch mit innerer Berührtheit. Faszinierend ist auch die

Intensität der individuellen Kraft bei denjenigen, die sich nicht isoliert betrachten. Wer ist hier „fortgeschrittener"? Die Einladung zu einer neuen Integration steht im Raum.

Das Thema der Nord-Süd-Spannung, mit der in den jüngsten Klimaverhandlungen in Kopenhagen kaum offen umgegangen werden konnte, kommt auf den Tisch. Die Frage nach Leben und Tod wird in den südlichen Projekten oft hautnah gestellt. Es geht um Wasserpflege in trockenen Gebieten, gesunde Nahrung für Waisenkinder, Mikro-Kredite für den wirtschaftlichen Neustart von ehemaligen Kindersoldaten. Die Ausrichtung der Menschen wird getragen von der Intensität ihrer Situation. Hier gibt es kein weiches Sofa zum Ausruhen – keine Möglichkeit, sich bequem zurückzulehnen und abzuwarten. Die Grundstimmung lässt sich etwa so zusammenfassen: *„Wir sind es leid, dass Afrika als sterbender Kontinent dargestellt wird. Wir brauchen diese Art Mitleid nicht. Erlasst uns die Schuldzahlungen, statt euer Gewissen mit Almosen von Entwicklungshilfe zu besänftigen! Wir sind reich an Ressourcen, besitzen eine tiefe Kraft und wissen um den Zusammenhalt von Gemeinschaft! Lasst eure Selbstgefälligkeit und Schuldgefühle hinter euch, reicht uns lieber die Hand. Wir wollen mit euch kooperieren und einen gemeinsamen Weg in die Zukunft finden!"*

9.2. Verantwortung und Führungskraft

Wie groß kann unser individueller Beitrag zu einem kollektiven Phänomen ausfallen? Die individuelle Kultivierung von Wohlwollen und Verbundenheit ebnet den gemeinsamen Weg. Das Wissen um Methoden und Werkzeuge mag dabei unterstützend wirken. Und immer wieder erleben wir, dass Einzelne eine Situation stark prägen können. Herausragende Führungspersönlichkeiten wie Mahatma Gandhi, Nelson Mandela und Wangari Matthai verfügen anscheinend über eine Unverwüstlichkeit ihrer Integrität und Klarheit ihrer Absichten. Sie konnten ganze Nationen zu weiser

Aktion inspirieren. Wie entsteht eine solche Leitungskraft? In welchem Verhältnis stehen individuelle Führung und kollektive Weisheit zueinander?

Manchmal scheint es, als müssten wir unsere persönliche Kraft dämpfen und uns den Gruppenerfordernissen gewissermaßen unterordnen, um in den Genuss eines gemeinsamen Tanzes zu kommen. In Wahrheit sind die Überwindung des kleinen Ego und die Entwicklung wahrer Exzellenz untrennbar miteinander verknüpft: Das individuelle und kollektive Potenzial entfaltet sich Hand in Hand. Wenn wir beginnen, uns selbst wirklich ernst zu nehmen, versetzt uns das in die Lage, auch in der Gruppe unseren Herzensimpulsen zu folgen, statt auf Sicherheit und Anerkennung zu setzen.

Wir haben alle schon Zeiten in unergiebigen Versammlungen und Treffen verbracht. Manche dieser Treffen waren basisdemokratisch organisiert, andere hierarchisch. Wir mögen hilflos miterlebt haben, wie beste Absichten in einer gegenseitigen Minimierung von Kraft und Begeisterung enden. Zu oft führen Treffen zu einer bloßen Wiederholung von Gedanken, einer Bestätigung errungener Positionen und einer Verwaltung des Status quo, ganz egal ob in wirtschaftlichen oder in politischen Zusammenhängen, ob in NGOs oder in der Gemeinschaftsbewegung. Den Ausdruck „tödliche Langeweile" gibt es nicht umsonst für einen Zustand, in dem das Leben selbst den Raum zu verlassen scheint.

Unser Bildungssystem erzieht unsere Kinder dazu, zu funktionieren, aber nicht dazu, an die eigene Kreativität und das Potenzial der Menschen zu glauben. Viele von uns tragen Enttäuschungen in sich aus misslungenen Versuchen, sich verständlich zu machen. Manche stammen aus abgenutzten Familien- oder Schulzeiterinnerungen, andere aus Zeiten, als wir unseren Idealen nachgingen und dabei auf die Nase fielen. Wir haben erlebt, wie schmerzhaft Abwärtsspiralen des Nicht-Verstehens enden können. Liebesbeziehungen und Freundschaften zerbrechen, Projekte versagen, Kriege werden ausgefochten. Unbewusst sind wir ernüchtert und traurig über unsere kollektive Unfähigkeit, das Lebendige in uns zu schützen. Auf subtilen Ebenen ist Resignation entstanden, und kostbare Eigenschaften werden zurückgehalten.

Aber die Welt braucht uns jetzt ganz! Wie können wir mutig, authentisch und natürlich werden in unseren Gesprächen? Wenn frische Sichtweisen und spielerische Vorschläge auf offene Ohren und Herzen treffen und ein lebendiger Strom gemeinsamer Kreativität entsteht, werden Zusammenkünfte und Versammlungen zu Orten des Glücks. Die Kraft von Gruppen und Organisationen entsteht aus der Begeisterung und dem Engagement ihrer Mitglieder. Die Kreativität der Einzelnen ist das verborgene Gold der Gruppe, der innere Schatz, den es gemeinsam zu heben gilt. Aber wie? Was tun, wenn starke Persönlichkeiten und Positionen sich nicht ergänzen, sondern gegenseitig bekämpfen? Wie bringt man Kooperation und Konkurrenz in ein gesundes Gleichgewicht? Wann wirkt Reibung fruchtbar und wann zerstörerisch? Wie können die sieben Schritte zur Kollektiven Weisheit konkret ohne Selbstverleugnung und ohne Machtmissbrauch umgesetzt werden? Wer geht den ersten Schritt?

Im Folgenden definiere ich Macht als die Fähigkeit, den Fluss des Lebens zu kanalisieren. Wir beeinflussen den Lauf der Dinge jeweils durch Engagement oder Zurückhaltung. Wir nutzen unsere Macht entweder bewusst oder unbewusst, und zwar ständig. Solange wir sie nicht anerkennen und weise einsetzen, bewegen wir uns gerne in Opferrollen. Die Leugnung unserer Macht zur Gestaltung kommt der Leugnung unserer Verantwortung gleich. Irgendwann kommen wir aber nicht umhin, anzuerkennen, dass wir Teil eines globalen Systems sind, in dem ein Bruchteil der Menschheit auf Kosten der anderen und der Natur lebt. Wir tragen unseren Teil der Verantwortung für die Weiterführung unserer Lebensweise. Wie also antworten wir? Setzen wir unsere Kraft auf unterstützende Art ein, so dass das höchste Potenzial einer Situation leichter Form annehmen kann? Oder setzen wir unsere Kraft ein zum Schutze unseres Ego und zu unserem eigenen Gewinn? Wie sieht ein gesundes Gleichgewicht aus, in dem wir gut für uns selbst und gut für das Ganze sorgen?

Der Machtbegriff ist historisch eher negativ belegt, und das nicht ohne Grund. Die Machtverhältnisse in unserem globalen System haben bisher weder zu Frieden noch zu Gerechtigkeit geführt. Die Schere zwischen Arm und Reich öffnet sich weiter, auch in der deutschen Gesellschaft. Der Einsatz von Gewalt oder Gewaltdrohungen als Machtmittel im menschlichen Umgang hat keinesfalls abgenommen. Gleichzeitig reichen subtilere Ausdrucksformen struktureller Gewalt zur Unterwerfung längst aus und treiben immer größere Kreise von

Menschen in moderne Formen der Sklaverei. Kein Wunder, dass Macht assoziiert wird mit Grausamkeit und Entfremdung.

In einem abstrakten Sinn aber ist Macht zunächst weder gut noch schlecht. Wir können sie zum Guten wie zum Bösen einsetzen. Im englischen Sprachraum gibt es inzwischen Begriffe wie „self-empowerment" (Selbstermächtigung) und „co-empowerment" (Co-Ermächtigung), die beide sehr positiv besetzt sind. Sie beschreiben den Prozess, unsere Kraft als Individuen und als Kollektive wieder in Besitz zu nehmen. Leider bietet die deutsche Sprache bisher keine Übersetzungsmöglichkeit ohne negativen Beigeschmack.

Ein Grundstein der Kollektiven Weisheit ist, dass wir uns unsere Macht wieder zu eigen machen und sie mittragen in ein gemeinsames Spiel. Es ist hilfreich, zwei Formen der Macht zu unterscheiden:

1. **Macht über:** der Wunsch nach Kontrolle über die Umwelt

2. **Macht mit:** der Wunsch, das Leben in seinem Ausdruck zu unterstützen

Riane Eisler[169] spricht über die *Kraft des Schwertes* und die *Kraft des Kelches*. John Holloway[170] spricht über *repressive* und *kreative Macht*. Sie beziehen sich auf die gleiche Unterscheidung.

Hinter dem Wunsch nach Kontrolle versteckt sich ein Grundgefühl der Angst und der Schwäche. Die *Kraft des Schwertes* geht davon aus, dass es nicht genug für die Bedürfnisse aller gibt und wir uns in einem ständigen Existenzkampf befinden, in dem nur die Stärksten gewinnen können. Die Welt besteht demnach aus voneinander getrennten Einheiten (Menschen, Unternehmen, Nationen), die sich voreinander schützen müssen, weil jede gezeigte Schwäche ausgenutzt werden kann. Auf Basis dieser Annahme schirmen wie uns ab von Feedback und Kritik aus dem System. Das eigene Verhalten wird nicht korrigiert und verfeinert. Das führt so weit, dass die Umgebung, von der das eigene Leben abhängt, vernichtet werden kann. Der Wunsch nach Kontrolle führt in diesem Fall zu dem Verlust der Kontrolle.

Wir handeln, als wäre Angriff die beste Verteidigung, und verwandeln unseren Alltag dadurch allzu oft in einen Kampfschauplatz.

Die *Kraft des Kelches* lebt in einem sehr anderen Szenarium. Sie hat die Angst losgelassen, die Faust geöffnet und kann dadurch empfänglich sein. Wenn wir diese Brille aufsetzen, sehen wir den Überfluss, mit dem uns die Natur beschenkt, wenn wir nur pfleglich mit ihr umgehen. Wir verstehen, dass Lösungen, aus denen alle Teilnehmenden als Gewinner hervorgehen, möglich sind, wenn wir respektvoll vorgehen und kreative Strategien entwickeln. Wir entwickeln eine mitfühlende Akzeptanz gegenüber uns selbst und anderen, im Wissen, dass wir unser Bestes geben.

Wenn wir uns dafür entscheiden, die *kreative Macht* in unserem Leben und unseren Organisationen zu kultivieren, lassen wir uns auf einen geschichtlich neuen Prozess ein. Wir wurden in dem Glauben erzogen, dass wir entweder kontrolliert werden oder kontrollieren. Wir werden immer wieder zwischen den Polen von Angst und Angstfreiheit, von Misstrauen und Vertrauen, Verbundenheit und Separation hin- und herpendeln. Wir werden immer wieder aufgefordert sein, bewusst eine Entscheidung zu treffen, auch wenn unsere Gewohnheiten sich sträuben.

Unsere kreative Kraft wächst durch unser Engagement in der Welt und dadurch, dass wir uns einlassen auf die Verfeinerung unserer Kompetenz. Diese Kraft wächst nicht auf Kosten anderer, sondern durch authentische Kommunikation, spielerische Herausforderung und gegenseitige Unterstützung. Der Schlüssel zu der Entfaltung menschlichen Potenzials in unseren Organisationen liegt in der Entwicklung von Freundschaft.

Uns wird beigebracht, dass die Vernunft verlange, Dinge zu tun, die wir nicht tun wollen. Das kann uns von uns selbst entfremden. Die Frage, ob wir herausfinden, was uns fasziniert und welche Talente wir mitbringen, entscheidet über die Erfüllung, die wir erleben.

Gemeinschaftlich ausgerichtete Organisationen können eine Schlüsselrolle dabei spielen, dass Menschen wieder den für sie richtigen Platz im Ganzen finden. In ihnen werden verschiedene Arenen des Lebens zugänglich. Immer mehr Unternehmen bieten ihren Mitarbeitern möglichst große Freiräume, um eigenen Ideen und Interessen nachgehen zu können. Neue Methoden der Organisationsentwicklung wie *Dragon Dreaming* ermöglichen eine beweglichere Gestaltung von Arbeitsgruppen. Ein ständiges Feedback aus dem Umfeld hilft, die eigene Ausrichtung auszuloten und zu präzisieren.

Eine Steigerung von Kreativität und Innovationskraft belohnt den Mut zu größerer Freiheit.

Manitonquat, ein Ältester der Wampanoag-Nation, erzählt in einem Rückblick auf Gemeinschaften der 1960er Jahre, die sich als Gegenreaktion zu den starren Hierarchien, die zu der Zeit geläufig waren, basisdemokratisch organisierten und jegliche Form der Leitung ablehnten: *„Die Resultate brachten mich dazu, meine Ideen zu revidieren. Letztendlich bedeutet das Einsteigen in Leitung nichts anderes als die Übernahme von Verantwortung. Wenn es in einem Kreis keine Leitung gibt, bedeutet es, dass letztendlich keiner die Verantwortung trägt. Oft werden Aspekte vernachlässigt, nicht zu Ende gebracht, nicht gut durchdacht."*[171] Natürliche Hierarchien oder Holarchien beschreiben natürliche und flexible Ordnungen, in denen jeder und jede eingeladen ist, Verantwortung zu übernehmen auf den Gebieten ihrer Kompetenz und Sachkenntnis.

Menschen mit Initiativen finden sich oft sehr schnell in Leitungspositionen wieder. Es gibt letztendlich unendlich viele Möglichkeiten, in einem System Verantwortung und dadurch Führungskraft zu übernehmen. Das beinhaltet in erster Linie eine ganze Menge Arbeit. Ob wir Leitung als Unterstützung oder Unterdrückung erfahren, hängt von vielen Faktoren ab. Wenn wir erlebt haben, wie herausfordernd es ist, selbst die Verantwortung für das Gelingen eines Projektes zu tragen, fällt es uns leichter, die Leitung anderer wertzuschätzen. Eine gute Leitung bewegt sich auf dem schmalen Grat zwischen Führung geben (Energie ausrichten) und Offenheit für das, was kommt (Energie empfangen). In dem Wort *Leitung* können wir zwei Dinge wiederfinden: Einerseits bedeutet das althochdeutsche Wort *leitan* ursprünglich *gehen machen*, andererseits hat es auch die Bedeutung von *etwas durch sich hindurchleiten*. Letzteres beinhaltet Führungskraft im Sinne eines offenen Kanals, durch den die Leitgedanken eines Moments gebündelt werden. Wir leiten dadurch, dass wir das Potenzial, das implizit in einer Situation schlummert, benennen. Wenn Eigeninteressen sich hierbei einmischen, verliert die Leitung an Klarheit.

Eine Führung mit starker und integerer Vision wird in einem unterstützenden Umfeld natürlicherweise anerkannt. Allerdings hängt von der Frage, wie die Vision mit anderen geteilt wird, vieles ab. Sind wir in der Lage, die Vision als persönliche Vision sterben zu lassen, damit sie als Vision der Gruppe wiedergeboren werden kann (wie bei *Dragon Dreaming* beschrieben)? Sind wir fähig, zuzulassen, dass die Vision sich verändert, um genügend Raum für die Kreativität der anderen zu schaffen? Können wir Vielfalt einladen, ohne dabei das Ziel aus den Augen zu verlieren? Sehen wir, wer in welcher Weise zur Verwirklichung beitragen kann? Kennen und integrieren wir unsere eigenen Schattenseiten in Bezug auf das Thema *Macht*? Menschen besitzen ein natürliches Ansehen, wenn sie fähig sind, den Stürmen des Lebens gelassen zu begegnen und angesichts Kritik oder Angriff nicht persönlich zu reagieren.

Die Größe unserer Vision und unseres Wirkungsfeldes mag sich mit der Zeit verändern. Das Wort *Ambition* stammt aus dem lateinischen *amb-ir* und bedeutet *herumgehen*. Es bezieht sich auf den Gang des Monarchen um sein Reich. Ist das Reich zu klein, bietet es nicht genügend Raum für Expansion und Nahrung. Ist es zu groß, beschäftigt es den Monarchen unverhältnismäßig stark. Hat es aber genau die richtige Größe, so kann er das Wohl des Ganzen überschauen und hat Zeit, die Menschen, denen er bei seinem Gang begegnet, zu begrüßen und ein Gespräch mit ihnen zu führen.

Shakespeare beschreibt in *Macbeth* einen Charakter, der von seiner Ambition in die Grausamkeit getrieben wird:

„Ich habe keinen Ansporn, die meine Absicht anstachelt, außer meine sich aufbäumende Ambition, welche sich selber überspringend über den anderen herfallen will." (So spricht Macbeth zu sich selbst, während er den Mord an Duncan, König von Schottland, abwägt, aus Gier nach Thron und Macht.)

Unsere Ambition braucht einen gesunden Zuschnitt auf das rechte Maß. Beschränken wir unseren Wirkungskreis zu sehr, leiden wir bald unter dem Gefühl, nicht in vollen Zügen zu leben. Eine Zeitlang mag Zurückhaltung richtig sein, vor allem während wir neues Gelände in Augenschein nehmen. Aber dauert sie zu lang, macht sich Unmut in uns und um uns breit. Werfen wir unsere Netze dahingegen zu früh und zu weit aus, leben wir in einem ständigen Gefühl der leichten Überforderung. Wir werden weder uns noch anderen Menschen, noch der Sache gerecht. Vor allem gehen uns Offenheit und Einfühlungsvermögen unter Dauerstress verloren. Die passende Ambition führt zu innerer Balance und wir können ohne falsche Bescheidenheit unser Bestes geben und mitmenschlich wirken.

Ein kraftvolles Bild für kreative Leitung sind Wildgänse. Eine Gans übernimmt die Leitung, die anderen fliegen in V-Formation in dem Aufwind nach, den die Leitgans mit ihrem Flügelschlag erzeugt. Sie alle feuern die Leitgans mit ihren Rufen an. Sobald die Leitgans ermüdet, werden die Rollen getauscht und eine andere Gans übernimmt die Spitze. Ich habe gehört, dass Gänse auf diese Art bis zu 70% weiter fliegen können als ohne V-Formation.

Reibungsverluste werden verringert und kollektive Weisheit wächst an, wenn wir unsere Fähigkeit entwickeln, uns in das Gruppenwesen einzuspüren und von dieser Bewusstseinsebene heraus abzulesen, wo die Inspiration in jedem Moment am größten ist. Dann können wir erkennen, wer den nächsten Beitrag zu leisten hat, und diesem Menschen unsere maximale Aufmerksamkeit zukommen lassen.

Es gibt ein paar entscheidende Punkte, von denen abhängt, ob ein destruktiver *Führungsbrei* entsteht, indem wir uns als Leithammel gegenseitig behindern und nivellieren, oder ob eine Ergänzung und Potenzierung von Kompetenz entsteht, die das Ganze in die Richtung eines gemeinsamen Zieles voranbringt. Wichtig für die gemeinsame Effektivität ist Transparenz im Bereich der Verantwortungsübernahme. Wir müssen voneinander wissen, welche Stelle wir im Ganzen einnehmen, was wir leisten können oder nicht und wie weit unser Kompetenzbereich jeweils reicht. Kleine sinnvolle Rückkopplungskreisläufe können uns immer wieder auf den aktuellen Wissensstand bringen. Was lief gut? Was hätte besser laufen können? Haben wir das größere Ziel noch im Auge? Was ist der nächste Schritt?

Wir können in Teams und Organisationen ein hohes Maß an Synergie aufbauen, wenn wir mit diesen Fragen in ständigem Kontakt bleiben und ein großes Interesse für die Träume und Talente der anderen bewahren. Die Verfeinerung der Kunst des guten Zuhörens und der Erhalt von Freude über den Erfolg eines anderen sind integrale Bestandteile.

In Wirklichkeit gibt es mehr als genügend Verantwortung zu tragen und wir sind alle aufgefordert, unsere Leitungsfähigkeiten zu entwickeln. Die Welt geht sicher nicht daran zugrunde, dass zu viele Menschen Verantwortung übernehmen. Die Frage ist viel eher, wie wir aussteigen können aus der Verantwortungslosigkeit, egal ob wir gerade politisch wichtige Positionen innehaben oder einfache Bürger sind. Führende Politiker ziehen sich darauf zurück, auf Grund der Wählerschaft und Wirtschaftslage nicht so zu können, wie sie wollen. Manager, meinen sie, können nicht wegen der Aktionäre, denen sie maximale Profite schuldeten. Bürger fühlen sich wiederum machtlos wegen der schlimmen Politiker und Manager. Die Weisheit geht uns verloren, wenn wir unserem Gefühl der Verantwortung nicht mit Integrität entsprechen. Und sie findet wieder zu uns in dem Maße, in dem wir üben, unsere Integrität ganz zu entwickeln.

Es ist gut, wenn Verantwortung und Leitung möglichst breit über die Organisation oder das System verteilt ist. So sind auch Ökosysteme und das menschliche Gehirn aufgebaut. Da gibt es keine zentrale Führung. Und die Natur ist immerhin das bisher nachhaltigste und erfolgreichste Unternehmen auf diesem Planeten.

Unsere größte Angst ist nicht, unzulänglich zu sein.
Unsere größte Angst ist, grenzenlos mächtig zu sein.
Unser Licht, nicht unsere Dunkelheit ängstigt uns am meisten.
Wir fragen uns: Wer bin ich denn, dass ich so brillant sein soll?
Aber wer bist du, es nicht zu sein?
Du bist ein Kind Gottes.
Es dient der Welt nicht, wenn du dich klein machst.

(Bekannt geworden durch die Antrittsrede von Nelson Mandela im Jahr 1994, stammen diese Worte ursprünglich von Marianne Williamson.)

10

10.1. Global vernetzt

ch habe einen Traum. Immer wieder. Wie ein Sog, ein unbestimmtes Gefühl, das vom Rande meines Blickfelds aus mit meiner Aufmerksamkeit flirtet. Wie eine magnetische Anziehungskraft, die mich zum nächsten Schritt ins Unbekannte lockt. Das Leben klopft an und lädt mich ein, wieder eine Tür zu öffnen. Es tun sich nie geahnte Möglichkeiten vor meinen Augen auf. Irgendwann bemerke ich dann mit Erstaunen, dass die Spuren, die ich hinterlasse, einen Sinn ergeben. Ein Muster ist entstanden, das ich nie hätte voraussehen können. Ein Puzzlestück passt perfekt ins andere. Es entsteht in mir eine Ahnung von etwas Größerem, das durch mich wirkt. Andere fügen ihre Teile zum Gesamtbild hinzu. Plötzlich erhöht sich die Geschwindigkeit, und aus einem lebendigen Geduldsspiel entfaltet sich ein größeres Gefüge, als wir je erahnen konnten.

Meine Liebe zu Afrika führt dazu, dass ich mich in meiner aktuellen Rolle als GEN-Europe-Vorstandsvorsitzende für die Stärkung des Global Ecovillage Networks (GEN-Netzwerk) in Afrika einsetze. Die unsichtbare Bewegung von Bürgerinitiativen sprießt auch hier in rasanter Geschwindigkeit. Aber in Afrika gibt es einen zusätzlichen hilfreichen Faktor, der in fehlender Bequemlichkeit liegt. Hier sind wachsende Armut und die Folgen des Klimawandels so offensichtlich, dass oftmals nur die Wahl zwischen Verzweiflung oder den Schritt nach vorn in die eigene Größe und den Einsatz für die Gemeinschaft bleibt. In der Schwäche liegt gleichzeitig eine Stärke. Der Hunger der Industrienationen nach afrikanischen Bodenschätzen trifft auf Armut und Korruption – an vielen Stellen kommt es zum Ausverkauf von Natur und Menschen. Jedoch gibt es parallel und gleichzeitig ein

Wachstum der Einsatzbereitschaft und der Offenheit, auch von Regierungsseite, für ganz neue Ansätze.

Im Senegal z.B. gibt es seit vielen Jahren einen kleinen Zweig des Global Ecovillage Networks: GEN-Sen.[172] Über Kurse wie den vierwöchigen EDE[173] haben hier die Bewohner traditioneller Dörfer einerseits neue Hoffnung geschöpft, andererseits Anerkennung für ihr verwurzeltes Wissen um Nachhaltigkeit gewonnen. Gängig ist, dass senegalesische Dorfbewohner das Gefühl haben, im Kampf gegen Armut und Umweltzerstörung zu unterliegen. Die Älteren sehen keine andere Wahl, als die jüngere Generation in die Slums der Großstädte ziehen zu lassen, in der verzweifelten Hoffnung auf bessere Zukunftschancen. Viele trauern der Schönheit der traditionellen Lebensweise nach. Unter diesen Umständen birgt der EDE ungeahnte Möglichkeiten: In partizipativen Designprozessen wird das Beste aus der traditionellen Vergangenheit mit modernen Techniken verschwistert und gemeinsame Lösungen erarbeitet. Der ganzheitliche Ansatz stellt sicher, dass die Dorfbewohner selbst entscheiden, was für sie sinnvoll ist. Solarkocher wurden integriert, Aufforstungsprogramme entwickelt, Permakultur[174] und Tröpfchenbewässerung[175] eingeführt, Kleinstkredite vergeben. Die Zusammenarbeit mit einem internationalen Netzwerk macht dieses Projekt auch für senegalesische Studenten interessant. Inzwischen ist ein Netzwerk von 45 „Ökodörfern" entstanden, die wie gesunde Zellen in ihrer Umgebung wirken.

Darauf ist sogar der senegalesische Präsident Abdoulaye Wade aufmerksam geworden. Das hier auf Graswurzelebene, also durch Bürgerinitiative, gewachsene Projekt hat mehr Erfolg vorzuweisen als die bisher übliche Entwicklungshilfe. Nun hat er eine Nationale Behörde für Ökodörfer gegründet, die ANEV (National Ecovillage Agency of Senegal). Eine Strategie wurde erarbeitet, um 14 000 weitere traditionelle Dörfer nach diesem Modell in Ökodörfer umzuwandeln. Der Direktor der Behörde, Adama Ly, reist im Juli 2010 u.a. nach Sieben Linden, um ein beispielhaftes Ökodorf im reichen Deutschland zu besichtigen.

Diese Strategie, die traditionellen Weisheiten indigener Siedlungen mit modernen Techniken zu verbinden und Netzwerke von „Ökodörfern – Ecovillages" zu gründen, scheint zeitgemäß zu sein.

Während wir im Norden uns dringend auf die Suche machen nach nachhaltigeren Lebensweisen, wird an anderer Stelle des globalen Gesamtsystems das gelebte Wissen in Form indigener Dorfnetzwerke gerade vernichtet. Die Menschen müssen oft schutzlos zusehen, wie ihr Wald und ihr Land zerstört oder verkauft werden. Es reicht. Die Umweltministerin Ghanas, Sherry Ayittey, hat inzwischen schon den Senegal besucht, um sich mit Adama Ly zu den Plänen der senegalesischen Regierung zu treffen. Sie gab danach bekannt, dass das Ministerium in Ghana den Aufbau eines Netzwerkes von Ökodörfern zu einer nationalen Priorität machen möchte.

Die Netzwerke der Pygmäendörfer in Kamerun, der Adivasi in Orissa, Indien, oder der kriegszerrütteten Dörfer im Kongo und in Sierra Leone – sie alle sehen neue Chancen in der Zusammenfügung von alter Weisheit und modernem Wissen um Nachhaltigkeit, örtliche Verwurzelung und globale Vernetzung, GEN und EDE.

Ich schaue und merke, dass ich Teil bin einer Bewegung, die weit über mein kleines Ich hinausgeht. Die Welt ist mein Spielplatz, die Menschheit ist mein Zuhause.

10.2. Kollektive Weisheit in Gesellschaft

Der Formenreichtum der Natur kann uns Vorbild sein für die Vielfältigkeit lebendiger Organisationsformen. Die V- oder Pfeilformation der Wildgänse, von der im vorigen Kapitel die Rede war, ist für klar ausgerichtete Aktionen sinnvoll. Kreise bieten sich an, um neue Informationen einer Vielfalt zuzuführen und aus einer Vielfalt einzusammeln. Verschiedenartigkeit tritt in Kreisen am besten gleichwertig und respektwürdig in Erscheinung, weshalb sie für den Aufbau von Vertrauen eine unschlagbare Grundfigur bedeuten.

Auch Hierarchien sind aus der Natur abgeleitet – sie orientieren sich z.B. an Verästelungsmustern, wie wir sie an Bäumen oder Flussläufen sehen. Sie sind geeignet für Prozesse der Bündelung und Auffächerung, Fokussierung und Verteilung. Die Blätter eines Baumes strecken sich in weitestmöglicher Ausdehnung in den Himmel und zum Sonnenlicht, um Lichtenergie aufzunehmen, zu bündeln und im Gesamtsystem zu verteilen.[176] Systeme der Verästelung sind allerdings nur dann nachhaltig, wenn eine ausgewogene Versorgung aller Bereiche stattfindet. Durch die Wurzeln strömen wiederum Mineralstoffe und Wasser bis hoch in die Blätter. Sind Geben und Nehmen nicht im Gleichgewicht, bricht das ganze System früher oder später in sich zusammen.

Netzwerke stellen das archetypische neue Muster des Informationszeitalters dar. Unablässig, wie eine Spinne mit zartem Seidenfaden ihr Netz, spinnen wir unsere Welt zusammen. Die Verwebung unserer Gene, unserer Güter und Kulturen und unseres Wissens und Handelns mit Hilfe des Internets sprechen auf unterschiedlichen Ebenen von einer ähnlichen Komplexität der fraktalen[177] Vernetzung. Hier wird nicht nur wild vermischt bis zur Unkenntlichkeit – es bilden sich auch Muster von einer noch nie dagewesenen filigranen Feinheit. Das Netzwerk als Leitbild führt uns heute zu neuen Dimensionen in der Koordination kultur- und sprachübergreifenden Verhaltens. Avaaz z.B. ist eine Online-Community, die fähig ist, innerhalb kürzester Zeit Entscheidungsträger mit E-Mails und Petitionen besorgter Bürger zu überschütten. Dies geschieht in einer Größenordnung von z.B. 14000 Anrufen und 30000 E-Mails innerhalb von zwei Tagen. Das zwang Brasiliens Präsidenten Lua da Silva 2009 dazu, ein Gesetz zur Übergabe von Regenwald an Agrobusiness zu revidieren. In der Mission heißt es auszugsweise: *„Avaaz hat es sich zur Aufgabe gemacht, den Einfluss der Ansichten und Wertvorstellungen aller Menschen – und nicht nur jener der politischen Eliten und Großunternehmen – auf globale Entscheidungen sicherzustellen."*[178]

„Es gibt individuelles Bewusstsein und kollektives Bewusstsein. Unser Bewusstsein ist zusammengesetzt aus all jenen Samen, die gesät wurden durch unsere vergangenen Aktionen und durch die unserer Familie und Gesellschaft. Jeden Tag fließen unsere Gedanken, Worte und Aktionen in das Meer unseres Bewusstseins und erschaffen unseren Körper, unseren Geist und die Welt. Das individuelle Bewusstsein entsteht aus dem

Kollektiven, und das Kollektive entsteht aus dem Individuellen, sie sind gemeinsam. Die Einsicht unserer tiefen Verbundenheit lehrt uns, dass wir unsere volle kollektive Kraft erst dann wirklich nutzbar machen können, wenn wir unser kollektives Bewusstsein anerkennen und erwecken." [179]

(Thich Nhat Than)

Die filigrane Feinheit unserer Netzwerke schmiegt sich lautlos in die unsichtbare Wirkungsebene von Feldern. Wir entdecken, dass wir vollkommen einzigartig sind in unserer Individualität und gleichzeitig integraler Bestandteil eines größeren Zusammenhangs. Wir werden von diesem geformt und formen ihn aktiv mit. Die Komplexität des Zusammenspiels mag für uns rational nicht mehr greifbar sein. Intuitiv jedoch sind wir in der Lage, unseren ganz individuellen, dennoch tief eingefühlten Weg zu einem sinnvollen Beitrag zu finden. Auch in modernsten Zeiten steht der Gang durch den Irrgarten und die Reise des Helden an.

Im Kapitel zu *Spiral Dynamics* führe ich den Gedanken ein, dass es hilfreich ist, Kollektive Weisheit auf drei Stufen anzusetzen. Es gibt die Ebene der Kreise, in denen wir uns konkret im Alltag bewegen. Es gibt die komplexere Ebene einer Gesellschaft, von der unsere Kreise Teile ausmachen. Und letztlich ist da die globale Ebene der Menschheit als Ganzes. Für jede dieser Ebenen gibt es eigene Strategien und Visionen.

Ich glaube, der Begriff „Kollektive Weisheit" erzeugt in uns den Wunsch nach einer neuen Struktur, in die wir eintreten können wie in ein Zirkuszelt. Wir sehnen uns nach einer gut vorbereiteten Show. Wenn es um wirklich große Veranstaltungen geht, erwarten wir zumindest eine professionelle Organisation und kämen gar nicht auf die Idee, dass wir selbst – als Gast – die Sache mit in der Hand hätten. Aber in diesem Fall gibt es niemanden, der die Logistik und das Programm für uns komponiert. Keiner zieht von oben die Fäden. Jeder muss seinen Platz und seinen Programmteil selbst finden. Wir können niemandem die Schuld zuschieben, wenn wir es vermasseln. Zum erstem Mal in der Geschichte der Menschheit sind wir gezwungen anzuerkennen, dass wir alle gemeinsam unsere Realität erschaffen.

Politiker, Wirtschaftmanager, Konsumenten und Bürger sind verantwortlich für diese eine wilde, komplexe Welt, die uns umgibt und durchzieht. Können wir dem schmerzhaften Schauspiel, das uns sich darbietet, mit Großherzigkeit und Optimismus, mit offenem Blick und intelligenter Kreativität begegnen? Oder sind wir innerlich auf der Flucht und würden uns am liebsten unbemerkt aus dem löchrigen Kahn der Menschheit davonstehlen?

Kollektive Weisheit ist ebenso sehr eine individuelle Angelegenheit wie eine gemeinsame. Der Strang meiner eigenen Lebensgeschichte spricht von Verwirrung, vom Mut zum Unbekannten und vom im Nachhinein erkannten Sinn. Wie in der *Schwarmintelligenz* beschrieben, entsteht aus vielen eingefühlten, individuellen Handlungen eine Ordnung, die auf unvorhersagbare Art kollektive Weisheit und Schönheit zum Ausdruck bringt. Wenn in unseren individuellen Handlungen eine Mustersprache ersichtlich wird, die das Leben fördert, wirkt dies als Fraktal im Ganzen. Das Muster wird zu einer neuen Gewohnheit des Gesamtsystems und kehrt in verschiedenen Größenordnungen selbstähnlich, aber nie identisch wieder. Gerade darin liegt die Perfektion der natürlichen Schönheit.

Christopher Alexander[180] entwickelt den Gedanken der Mustersprache für den Bereich der Architektur und überträgt ihn theoretisch auf andere Bereiche. Er schreibt: *„Jedes Muster beschreibt zunächst ein in unserer Umwelt immer wieder auftretendes Problem und beschreibt dann den Kern der Lösung dieses Problems, und zwar so, dass man diese Lösung millionenfach anwenden kann, ohne sich je zu wiederholen."*[181]

„Kein Muster ist eine abgetrennte Einheit. Jedes Muster kann in der Welt nur so weit Bestand haben, als es von anderen Mustern gestützt wird: von den größeren Mustern, in die es eingebettet ist, von den Mustern gleichen Maßstabs, die es umgeben, und von den kleineren Mustern, die in ihm eingebettet sind."[182]

Die Kollektive Weisheit entsteht aus weisen Gedanken und Handlungen im Kleinen, die sich zu weisen Gedanken und Handlungen im Großen zusammenfügen. Die zugrundeliegende Mustersprache lädt uns ein, neu hinzuschauen, global zu denken, lokal zu handeln und dabei persönlich authentisch zu bleiben. Es ist wie ein gutes Kuchenrezept, das in sich stimmig ist und dessen Befolgung die Gaumen erfreut und die Herzen beglückt.

Auf der Stufe der Gruppe gilt es, sich eine neue Grundhaltung anzueignen. Jeder von uns ist gefragt, die eigene Sensibilität zu kultivieren, durch authentisches Sein Transparenz zu schaffen und Mitgefühl und Achtsamkeit einfließen zu lassen. Gleichzeitig sind wir aufgefordert, unsere Schritte mutig und in Klarheit zu tun. Wir verlassen das Bild einer engen Haut, die uns umschließt und einkapselt, und lassen die Verbundenheit zu mit dem, was uns umgibt. Wir erleben, dass eine vielfältig zusammengesetzte Gruppe zu weisen Entscheidungen vorstößt, weil sie in ihrer Gesamtheit einen größeren Horizont und eine tiefer reichende Vertikalachse zu erfassen vermag als irgendeines ihrer Mitglieder allein. Das Wesen und die Weisheit einer Gesamtgruppe, von der wir formender Bestandteil sind, werden für uns spürbar. Wir üben, ein Bewusstsein um das nächstgrößere Holon (den Kreis, die Firma, die Initiative) in uns zu tragen und aus diesem Bewusstsein heraus zu handeln.

Auf der Stufe der Gesellschaft suchen wir nach möglichst sinnvollen Verknüpfungen zwischen Kreisen unterschiedlicher Art. *Spiral Dynamics* wurde vorgestellt als eine Landkarte der verschiedenen Bewusstseinswellen, durch die wir sowohl individuell wie kollektiv schreiten. Sie beschreibt eine Ordnung auf der evolutionären Zeitachse, die in der Vielfalt der Gegenwart sichtbar wird. Wir und unsere Organisationen entwickeln uns beständig weiter. Wir sind heute nicht mehr die, die wir gestern waren. Jeder vollbrachte Schritt eines Teilbereichs wirkt sich auf die Gesamtspirale aus, so dass auch der Weg durch die Spirale nie gleich bleibt. Wir müssen wissen, mit welchen Bewusstseinswellen wir es gerade zu tun haben und welche Sprachen gesprochen werden, um in eine einfühlsame Kommunikation miteinander zu treten.

Selbst eine Mustersprache des Lebens, wie auch ein richtig gutes Kuchenrezept, muss übersetzt werden, um in einem nächsten Kontext auf Verständnis zu stoßen und Anwendung zu finden. Wenn wir unseren Lieblingskuchen zum ersten Mal für 500 Hochzeitsgäste backen wollen, müssen wir in völlig neuen Dimensionen denken. Die Mustersprache, die dem Erfolg eines kleinen Ökodorfnetzwerks zugrunde liegt, muss übersetzt werden, um im größeren Kontext Senegals zu einem sinnvollen gesellschaftlichem Wandel zu führen. Gehen zentrale Merkmale verloren, ist das Projekt zum Scheitern verurteilt. Ein zentrales Prinzip ist z.B., dass das Ökodorfnetzwerk mit Hilfe von Kursen oder Zusammenkünften entsteht, in denen Menschen sich die Zeit nehmen, sich über ihr Leben und ihre Träume auszutauschen und neue Erfahrungen zu integrieren. Erneuerungen werden im kleinen Maßstab eingeführt und entfalten sich erst allmählich.

Wir laufen Gefahr, uns in Idealisierung und Größenwahn zu verlieren, sobald wir in größeren Zusammenhängen denken. Das Buch „Small is beautiful" (übersetzt mit „Die Rückkehr zum menschlichen Maß")des britischen Ökonomen E. F. Schumacher[183] wurde zu einem der 100 einflussreichsten Bücher seit dem 2. Weltkrieg gekürt.[184] Praktische Kollektive Weisheit basiert auf der Wertschätzung der kleinen Tat, die auf kluge Art in einem überschaubaren Feld platziert wird. Wir müssen unsere Sehnsucht nach Kontrolle über das Ganze loslassen, um über „intuitive Mustererkennung"[185] zum nächsten Schritt für das Ganze zu finden. Es gilt, den jeweils natürlichen Radius des Einfühlungs- und Erfassungsvermögens zu respektieren. Natürliche Systeme bauen sich von unten auf. Große Ideen wollen heruntergebrochen und verwurzelt werden im alltäglichen Leben der Menschen vor Ort.

Wir haben noch nicht gelernt, die Weisheit der Bodentruppenarbeiter einerseits und Netzwerker andererseits genügend zu fördern und sinnvoll zusammenzuführen. In einem System wie Sieben Linden gibt es z.B. einen Spagat zwischen der Liebe zur Selbstversorgung einerseits und der Liebe zum Verständnis globaler Zusammenhänge andererseits. An einem Pol stehen die Pflege des Ackers, des gemeinschaftlichen Gefüges und ein Verstehen um die kleinen Kreisläufe. Am anderen stehen die Pflege der internationalen Netzwerke und Kooperationen und die Sehnsucht, neue Horizonte zu erschließen. Beides sind notwendige Teildisziplinen einer ganzheitlichen Ökologie. Jedoch vereinen sich diese Interessen selten in einem Menschentyp. Keines der beiden kann ohne den anderen dauerhaft erfolgreich verfolgt werden. Eine gesunde Gemeinschaft lädt sie deshalb zu einem Zusammenspiel ein.

Auch eine gesunde Gesellschaft muss die Weisheit der individuellen Tat in der Vielfältigkeit ihres Ausdrucks zu schätzen wissen. Es braucht eine größere Offenheit für ungewohnte Alternativen und kleine Trampelpfade der Einzigartigkeit. Und eine gemeinsame Ausrichtung auf Werte wie Kooperationsbereitschaft und Mitgefühl. Nicht jede Gesellschaft hat gleich einen *Nelson Mandela* oder einen *Buddha* zur Verfügung. Aber vielleicht gibt es einen Entwicklungsweg hin zu dem kleinen Buddha in jedem von uns.

> *„Der nächste Buddha wird nicht in der Form eines Individuums erscheinen.*
>
> *Der nächste Buddha könnte die Form einer Gemeinschaft annehmen, einer Gemeinschaft, welche Mitgefühl und liebevolle Zuwendung übt, einer Gemeinschaft, welche ein achtsames Leben übt. Dies könnte unser wichtigster Beitrag sein für das Überleben der Erde."*
>
> (Thich Nhat Than)

Kollektive Weisheit kann nicht von oben angeordnet werden, sondern kommt aus dem Ganzen empor. Statt das Leben in eine Form pressen zu wollen, gilt es, die ganze Bandbreite natürlicher Ordnungsmuster zu erkennen und sie in ihrer Selbstentfaltung zu unterstützen. Die Realpolitik mit ihrem Glauben, dass die Masse nur über finanzielle Anreize zu einem achtsameren Leben zu bewegen sei, mag für einen Übergang angebracht sein. Jedoch agiert sie aus den gleichen Denkmustern, aus denen die heutigen Probleme überhaupt erst entstanden sind. Wenn wir uns in erster Linie als eigennützige Wesen sehen, machen wir uns damit kleiner, als wir sind. Zahllose Beispiele von Großzügigkeit und Heldenhaftigkeit können nicht einfach wegdiskutiert werden. Mehr als drei Millionen Deutsche haben sich als Knochenmarkspender registrieren lassen, um unbekannten Leukämiekranken helfen zu können. Jeder dritte Deutsche arbeitet ehrenamtlich, mit steigender Tendenz[186]. Fast zwei Millionen mehr

Menschen als noch vor zehn Jahren sind gemeinnützig engagiert.[187] Ohne diese Mithilfe würde der soziale Sektor unserer Gesellschaft zusammenbrechen.

Den Forschungen Paul Hawkens zufolge gibt es inzwischen so viele Organisationen weltweit, die sich für soziale und ökologische Gerechtigkeit einsetzen, dass wir Tage damit verbringen könnten, nur ihre Namen zu überfliegen.[188] Diese *unsichtbare Bewegung* des Miteinanders besteht aus Menschen, die ihren freien Willen tatkräftig einsetzen, um die Welt ein Stückchen zum Besseren zu bewegen. Es sind so viele, und sie bezeugen einen solchen Mut und Einfallsreichtum, dass wir nicht anders können, als unseren Hut zu ziehen vor der Kraft des Guten im Menschen.

Es kann nicht eine neue festgelegte Ordnung für die kollektiv weise Gesellschaft geben. Die *unsichtbare Bewegung* des Engagements ist schließlich auch nicht entstanden wegen, sondern trotz der Regierungs- und Wirtschaftordnung. Inzwischen hat sie allerdings den Beigeschmack eines Nischenphänomens abgeschüttelt und wird auf allen Ebenen unserer Gesellschaft sichtbar. Es heißt, dass die Schwäche dieser Bewegung in ihrer fehlenden Organisation und Einheitlichkeit bestehe. Aber was, wenn genau dieses zugleich ihre Stärke ausmacht? In ihrer Vielfalt kommt unsere intuitive Suche nach einem neuen Einklang mit einer komplexen Welt zum Ausdruck. Wir befinden uns gerade schon in den Wehen des Übergangs zu einem neuen Umgang mit uns und der Welt, auch wenn der Ausgang noch ungewiss ist.

Aus unseren Netzwerken emergieren neue Qualitäten mit unvorhersagbarer Wirkung. Wir können nicht wissen, wie und wann das wachsende Engagement einer aufwachenden Zivilgesellschaft so stark wird, dass das Ruder sich dreht. Im Moment noch fressen Militäretats mehr Geld, als wir zur Beseitigung der Probleme von Klimawandel und Armut bräuchten. Es fließt zu viel Zeit, Geld und Energie in den Erhalt und der Verwaltung von destruktiven Gewohnheiten. Noch werden Wirtschaftsmanager gesetzlich dazu verpflichtet, die Profite ihrer Aktieninhaber zu maximieren. Noch können sie vor Gericht verklagt werden, wenn sie ethisches Handeln an erster Stelle setzen. Aber wie lange noch sind wir bereit, diesen Regeln zu folgen? Wir alle haben Sehnsucht nach einem sinnvollen Leben.

Veränderung wird nicht von Institutionen eingeführt, die von der Fortsetzung des Status quo profitieren, sondern durch uns. Unsere Begeisterung ist Grundlage für das lebendige Potenzial eines Wandels. Wir wollen nicht die Welt retten, sondern sie von Grund auf umformen. Wir finden immer öfter den Mut, ungewohnte Wege einzuschlagen. Wir wissen, dass Ansichten, die gestern noch als undenkbar galten, schon morgen Teil einer neuen kulturellen Übereinstimmung ausmachen können.[189] Unser Mitgefühl wird in unseren Taten sichtbar. Hingabe und Ausrichtung, Herzöffnung und verstandesmäßige Klärung, verwurzelt in einem unverrückbaren Wissen um unsere Verbundenheit, führen zu einer neuen Mustersprache. Wir sind das Tor, durch das die Kollektive Weisheit in die Welt strömt.

Bibliographie

Atlee, Tom: *The Tao of Democracy*, The Writers Collective, 2003

Bloom, Howard: *Global Brain. The Evolution of Mass Mind*, John Wily & Sons, 2000

Bohm, David: *On Dialogue*, Routledge Classics, 1996

Bohm, David: *Der Dialog. Das offene Gespräch am Ende der Diskussion*, Klett Cotta, 1998

Bohm, David: *Wholeness and the Implicate Order*, Routledge Classics, 2002

Beck, Don Edward; Cowan, Christopher C.: *Spiral Dynamics. Leadership, Werte und Wandel*, J. Kamphausen, 1. Auflage, 2007

Brown, Juanita; Isaacs, David: *The World Café. Shaping our Futures through Conversations that Matter*, Berrett-Koehler, 2005

Christopher, Alexander; Ishikawa, Sara; Silverstein, Murray: *A pattern language*, Oxford University Press, 1977

Cooperrider, David; Whitney, Diana; Stavros, Jacqueline M.: *Appreciative Inquiry handbook. The first in a series of AI workbooks for leaders on change*, Crown Custon Publishing + Berrett-Koehler, 2005

Dahm, Daniel; Scherhorn, Gerhard: *Urbane Subsistenz: Die zweite Quelle des Wohlstands*, oekom Verlag, 2008

Eisler, Riane: *Kelch und Schwert. Weibliches und männliches Prinzip in der Geschichte*, Arbor, 2008

Elgin, Duane: *Promise Ahead: A Vision of Hope and Action for Humanity's Future*, Harper Collins, 2000

Freire, Paulo: *Pedagogy of the Oppressed*, Penguin Books, 1996

Giger, Andreas: *Die Bewusstseins-Elite: Wie sie unsere Zukunft prägt*, 1. Auflage J. Kamphausen Verlag, 2006

Goleman, Daniel: *Soziale Intelligenz. Wer auf andere zugehen kann, hat mehr vom Leben*, Knaur Tb Verlag, 2008

Goleman, Daniel: *Ökologische Intelligenz. Wer umdenkt, lebt besser*, Droemer, 2009

Gloy, Karen: *Kollektives und Individuelles Bewusstsein*, Wilhelm Fink, 2009

Hawken, Paul: *Blessed Unrest*, Penguin Book, 2008

Helmick, Raymond; Petersen, S.J. und R. (Hrsg.): *Forgiveness and Reconciliation*, Templeton Foundation Press, 2002

Hock, Dee: *One from Many – Visa and the Rise of Chaordic Organization*, Berrett-Koehler, 2005

Hopkins, Rob: *The Transition Handbook*, Green Book, 2008

Hübl, Thomas: *Sharing the Presence. Wo warst du bis jetzt? Wie Präsenz dein Leben transformiert*, J. Kamphausen Verlag, 1. Auflage, 2009

Isaacs, William: *Dialog als Kunst, gemeinsam zu denken*, EHP, 2002

Jackson, Hildur; Svensson, Karen: *Ecovillage Living. Restoring the Earth and Her People*, Green Books, 2002

Jaworsky Joseph: *Synchronicity. The Inner Path of Leadership*, Berret-Koehler, 1996

Joubert, Kosha Anja; Alfred, Robin: *Beyond You and Me – Inspirations and Wisdom for Building Community*, Permanent Publications, 2007

Kabat-Zinn, Jon: *Zur Besinnung kommen*, Arbor, 2005

Kahane, Adam: *Solving Tough Problems. An Open Way of Talking, Listening and Creating New Realities*, Berrett-Koehler, 2004

Kennedy, Margrit: *Interest and Inflation Free Money*, New Society, 1995

Laszlo, Ervin: *Quantum Shift in the Global Brain*, Inner Traditions, 2008

Laszlo, Ervin: *Kosmische Kreativität. Neue Grundlagen einer einheitlichen Wissenschaft von Materie, Geist und Leben*, Insel, 1. Auflage, 1995

Leafe Christian, Diana: *Creating a life together*, New Society Publishers, 2003

Lipton, Bruce: *Intelligente Zellen: Wie Erfahrungen unsere Zellen steuern*, 1. Auflage KOHA-Verlag GmbH Burgrain, 2006

Lüpke, Geseko von: *Altes Wissen für eine neue Zeit*, Kösel, 2008

Macy, Joanna R.; Brown, Molly Young: *Coming Back to Life: Practices to Reconnect our Lives, our World*, New Society Publishers, 1998

Macy, Joanna R.: *Despair and Personal Power in the Nuclear Age*, New Society Publishers, Philadelphia 1983

Massing, Michael: *The News About the Internet*, in The New York Review of Books, Volume LVI, Number 13, 2009

Metcalf, Bill: *Shared Vision, Shared Lives. Communal living around the Globe*, Findhorn Press, 1996

Miller, Peter: *Schwarmintelligenz*, in National Geographic, August 2007

Mindell, Arnold: *The Deep democracy of Open Forums*, Hampton Roads, 2002

Mindell, Arnold: *Sitting in the Fire: Large Group Transformation using Conflict and Diversity*, Lao Tse Press, 1995.

Peck, Scott: *The Different Drum. Community making and peace*, Touchstone, 1988

Romhardt, Kai: *Wir sind die Wirtschaft*, J. Kamphausen Verlag, 1. Auflage, 2009

Rosenberg, Marshall: *Speak Peace in a World of Conflict*, Puddle Dancer Press, 2005

Russell, Peter: *Im Zeitstrudel*, Integral, 1994

Schwiwy, Günther: *Das Teilhard de Chardin Lesebuch*, Walter, 1987

Schwarz, Walter und Dorothy: *Living Lightly. Travels in Post-Consumer Society*, Jon Carpenter Publishing, 1998

Scharmer, Otto: *Theory U. Leading from the Future as it Emerges*, SoL, Cambridge USA, 2007

Schuhmacher, E. F.: *Die Rückkehr zum menschlichen Maß. Small is beautiful. Alternativen für Wirtschaft und Technik*, Rowohlt Verlag, 1989

Scobel, Gerd: *Weisheit. Über das, was uns fehlt*, Dumont, 2008

Senge, Peter; Scharmer, Otto; Jaworski, Joseph; Flowers, Betty Sue: *Presence. Exploring Profound Change in People, Organizations and Society*, Nicholas Brealey Publishing, 2005

Surowiecki, James: *The Wisdom of Crowds*, First Anchor Book Edition, New York 2005

Taleb, Nassim Nicholas: *Der Schwarze Schwan*, Carl Hanser Verlag, 2008

Troll-Rauch, Pyar: *Wir: Wege zur Verbundenheit*, Aurum, 1. Auflage 2009

Wackernagel, Mathis; Rees, William: *Unser Ökologischer Fußabdruck. Wie der Mensch Einfluß auf die Umwelt nimmt*, Birkhäuser 1997

Weber, Andreas: *Alles fühlt. Mensch, Natur und die Revolution der Lebenswissenschaften*, Berliner Tb Verlag, 2008

Wheatley, Margaret: *Leadership and the New Science*, Berrett-Koehler, 2005

Wilber, Ken: *A Theory of Everything*, Shambala Boston, 2001

Zimmerman, Jack; Coyle, Virginia: *The Way of Council*, Bramble Books, 1996

DIE ZEIT Geschichte, *1938 Abschied von der Zivilisation*, Nr.4 2008

http://www.zeit.de/2007/50/P-Tania-Singer
http://www.zeit.de/2006/51/Menschenfeindlich

Interessante Webseiten:

www.nextpractice.de
www.collectivewisdominitiative.org
www.co-intelligence.org
www.chaordic.org

Danksagung:

Dieses Buch wäre nie entstanden, wenn nicht ein reichhaltiger Lebensweg voller Begegnungen mit wundervollen Menschen und Kulturen hinter mir läge. Ich möchte den Menschen danken, die vor mir gegangen sind und den Weg geebnet haben. Ich möchte all jenen danken, die im Moment authentisch auf der Suche sind und den Glauben an unser gemeinsames Potential festigen. Und ich möchte meinen Kindern und allen Kindern danken, die unsere Menschheitsgeschichte weiterschreiben und jetzt schon die nächsten Schritte unserer Evolution spürbar werden lassen.

Ich danke meinen Eltern dafür, dass sie mir das Gefühl vermittelt haben, willkommen zu sein. Robin Alfred für seine Herzensbegleitung auf einem abenteuerlichen Weg in die zweisame Liebe. Silke Hagmeier und Martin Stengel für ihre tiefe Freundschaft über viele Jahre hinweg und Markus Flegel für die Freiräume, die er mir so großzügig geschenkt hat. Dieter Halbach, François Wiesmann, Wolfram Nolte, Dolores Richter, Ina Meyer-Stoll und Achim Ecker für einen gemeinsamen Forschungsweg, der nie aufhört. Andreas Weber, Jascha Rohr, John Croft, Scilla Elworthy, Tom Steininger und Daniel Dahm für reiche Gespräche und herausfordernde Fragen. Die Gemeinschaft in Sieben Linden hat mich über 10 Jahre begleitet und lässt mich jetzt weiterziehen – ich danke für das Spielfeld. Thomas Hübl ist für mich zu einem Begleiter auf meinem inneren Weg geworden. Durch ihn und den *Intensive Study Circle* eröffnen sich mir immer wieder wertvolle Erfahrungen des Neuen Wir.
Außerdem möchte ich Ina Kleinod, meiner Lektorin vom Kamphausen Verlag, von Herzen danken für ihren unermüdlichen Einsatz, ihr Feingefühl und ihre sprachliche Gewandtheit. Zu guter Letzt bleibt meine Wertschätzung für Ulrich Magin und seine Präzision, Joachim Kamphausen und sein Vertrauen und Ben Atreu Flegel für seine tatkräftige Unterstützung!
Mögen die Samen auch weiterhin sprießen.

Endnoten

1

1 DSW Datenreport „Weltbevölkerung 2009"

2 http://www.artenschutz.info

3 http://reset.to/ „Bedrohung des Regenwaldes"

4 http://www.fundus.org/pdf.asp?ID=12226

5 Gerd Scobel (* 12. Mai 1959 in Aachen), deutscher Journalist und Fernsehmoderator

6 Gerd Scobel: Weisheit – Über das, was uns fehlt, Dumont, Köln, S. 84

2

7 Maurits Cornelis Escher (* 17. Juni 1898 in Leeuwarden; † 27. März 1972 in Hilversum, Nordholland) war ein niederländischer Künstler und Grafiker und wurde vor allem durch seine Darstellung unmöglicher Wahrnehmungen bekannt.

8 Der Afrikanische Nationalkongress (ANC) ist eine südafrikanische Partei. Der bewaffnete Arm des ANC, der den Namen Umkhonto We Sizwe („Speer der Nation") getragen hatte, wurde von Nelson Mandela, einem späteren Präsidenten Südafrikas, gegründet. Da er sich gegen das südafrikanische Apartheidregime wandte, wurden viele seiner Aktivisten verhaftet oder mussten ins Ausland flüchten.

9 Die Bibel, Johannesevangelium 1,1

10 Jean Twenge ist amerikanische Professorin für Psychologie an der San Diego State University und Herausgeberin des Buches Generation Me.

11 „Enlightenment Next" – Das Magazin für Evolutionäre, Ausgabe 33, S. 82

12 Siehe Margaret Wheatley: Leadership and the New Science

13 Arthur Koestler (* 5. September 1905 in Budapest; † 3. März 1983 in London) war ein österreichischer Schriftsteller ungarischer Herkunft.

14 Ken Wilber: Eros, Kosmos, Logos, S.4

15 Ken Wilber (* 31. Januar 1949 in Oklahoma City) ist ein US-amerikanischer Autor im Bereich der Integralen Theorie, der vor allem über Psychologie, Philosophie, Mystik und Spirituelle Evolution schreibt. Im Jahr 1998 gründete er das „Integrale Institut".

16 Ken Wilber: Eine kurze Geschichte des Kosmos, 7. Aufl., Fischer, Frankfurt, S. 40 ff

17 Benoît B. Mandelbrot (* 20. November 1924 in Warschau) ist Mathematiker. Er ist zu einem großen Teil für das gegenwärtige Interesse an fraktaler Geometrie verantwortlich. Er gilt als Mitbegründer der Chaostheorie, da er zeigte, wie Fraktale in vielen verschiedenen Bereichen entdeckt werden können, z. B. in der Mathematik und auch in der Natur.

18 Hermes Trismegistos ist eine synkretistische Verschmelzung des griechischen Gottes Hermes mit dem ägyptischen Gott Thot. Bis in die Neuzeit glaubte man, Hermes Trismegistos hätte tatsächlich gelebt und wäre der Verfasser der nach ihm benannten hermetischen Schriften.

19 Andreas Weber (* 4. November 1967 in Hamburg) ist ein deutscher Biologe, Philosoph und Publizist. Das Zitat stammt aus einem Gespräch.

20 Marshall B. Rosenberg (* 6. Oktober 1934 in Canton, Ohio) ist Gründer und Direktor des gemeinnützigen „Center for Nonviolent Communication". Er hat das Konzept der Gewaltfreien Kommunikation (GFK), englisch Nonviolent Communication (NVC), entwickelt.

21 Francisco Varela (* 7. September 1946 in Santiago de Chile; † 28. Mai 2001 in Paris) war ein chilenischer Biologe, Philosoph und Neurowissenschaftler, der zusammen mit Humberto Maturara vor allem für die Einführung des Konzepts der Autopoiesis bekannt wurde.

22 Humberto Maturana (* 14. September 1928 in Santiago de Chile) ist ein chilenischer Biologe mit dem Schwerpunkt Neurobiologie und Philosophie. Zusammen mit Francisco J. Varela gilt Maturana als einer der Begründer des radikalen Konstruktivismus und als Erfinder des Konzepts der Autopoiese (1972).

23 Margaret Wheatley: Leadership and the New Science, S. 20

24 David Joseph Bohm (* 20. Dezember 1917 in Wilkes-Barre, Pennsylvania; † 27. Oktober 1992 in London) war ein Quantenphysiker. Bohm hat eine Reihe signifikanter Beiträge zur Physik geliefert, insbesondere im Bereich der Vielteilchentheorie und der Grundlagen der Quantenmechanik. Bohm ist Begründer des Dialogprozesses.

25 Karl Ludwig von Bertalanffy (* 19. September 1901 in Atzgersdorf bei Wien; † 12. Juni 1972 in New York, USA), war einer der bedeutendsten theoretischen Biologen und Systemtheoretiker des 20. Jahrhunderts. Er war Mitglied der Deutschen Akademie für Naturforscher „Leopoldina", und der „New York Academy of Sciences".

26 Kurt Lewin (1890-1947) wird zu den bedeutendsten Psychologen dieses Jahrhunderts gezählt. Er war Mitbegründer einer experimentellen Sozialpsychologie, begründete die Aktionsforschung und gab Anstöße zur Gruppendynamik im Sinne der Selbsterfahrung.

27 http://www.vedacenter.ch/weltfrieden

3

28 Siehe Endnote 8

29 Siehe einen Bericht zur Konferenz unter http://www.anc.org.za/ancdocs/history/women/pr900118.html

30 Siehe www.mutoidwastecompany.co.uk oder en.wikipedia.org/wiki/Mutoid_Waste_Company

31 http://www.adorare.de/forschung.html

32 Aus dem Film Monte Grande – Francisco Varela von Franz Reichle (2005).

33 Peter Russell: Im Zeitstrudel, Integral, München, S.24

34 Howard Bloom: Global Brain. The Evolution of Mass Mind, S. 15

35 Peter Miller: Schwarmintelligenz, in „National Geographic", August 2007

36 Bloom, Howard: Global Brain. The Evolution of Mass Mind, S.21

37 Bruce Lipton (geb. 21. August 1944, Mt. Kisco, New York) ist ein US-amerikanischer Biologe, Esoteriker und Buchautor. Er bezeichnet sich als spiritual scientist.

38 Siehe Nationales Genomforschungsnetz: http://www.ngfn.de/glossar286.html

39 Dee Hock ist der Gründer und ehemaliger Chief Executive Officer (CEO) von Visa und gehört heute zu den erfolgreichsten Unternehmensführern unserer Zeit.

40 http://www.weltbilder.de/derautor/seinearbeit/verstaedterung/index.html

41 Howard Bloom (*1943 in Buffalo, New York) ist ein amerikanischer Wissenschaftsautor.

42 Howard Bloom: *Global Brain. The Evolution of Mass Mind*, S.42-43

43 a.a.O., S. 89

44 a.a.O., S. 41

45 a.a.O., S. 33

46 Thomas Seeley ist amerikanischer Professor und Vorsitzender der Abteilung für Neurobiologie an der Cornell Universität. Er ist ein weltweit renommierter Spezialist auf dem Gebiet des Tierverhaltens und ganz besonders dem sozialen Verhalten von Honigbienen.

47 Peter Miller: *Schwarmintelligenz*, in „National Geographic", August 2007, S. 55

48 James Surowiecki (* 1967) ist ein US-amerikanischer Journalist, der mit seinem Buch *Die Weisheit der Vielen* (Originaltitel: *The Wisdom of Crowds*) international bekannt wurde. In diesem stellt er dar, wie durch Selbstorganisation, aber auch statistische Effekte Entscheidungen von Massen in der Regel klüger ausfallen als die von Einzelpersonen. Er ist Redakteur von „The New Yorker".

49 Sir Francis Galton (* 16. Februar 1822 in Sparkbrook, Birmingham; † 17. Januar 1911 in Haslemere, Surrey) war ein britischer Naturforscher und Schriftsteller. Er wurde 1909 zum Ritter geschlagen und war – wie auch sein Halbcousin Charles Darwin – ein Enkel von Erasmus Darwin.

50 Daniel Goleman (* 1946 in Stockton, Kalifornien, USA) ist ein amerikanischer Psychologe, der als Wissenschaftsjournalist bekannt wurde. Er lehrte als klinischer Psychologe an der Harvard-Universität, war Herausgeber der Zeitschrift „Psychology Today" und ist seit mehreren Jahren Redakteur für Psychologie und Neurowissenschaft bei der „New York Times". Bekannt wurde er durch sein 1995 erschienenes Buch *EQ: Emotionale Intelligenz*, das international zum Bestseller avancierte.

51 Mengzi (*um 370 v. Chr.; † um 290 v. Chr.) war der bedeutendste Nachfolger des Konfuzius. Er reformierte, erneuerte und entwickelte dessen philosophische Richtung weiter. So konnte der Konfuzianismus unter der Han-Dynastie zur chinesischen Staatsreligion aufsteigen.

52 Daniel Goleman: *Soziale Intelligenz – Wer auf andere zugehen kann, hat mehr vom Leben*, Droemer-Knaur, München, S.96

4

53 Die Xhosa sind ein südafrikanisches Volk, das sprachlich zu den Bantu gehört. Sie sind im Rahmen der Nord-Süd-Wanderung der schwarzafrikanischen Stammesvölker ins südliche Afrika gelangt und verdrängten dabei Bevölkerungsgruppen der San und der Khoikhoi. Das Hauptsiedlungsgebiet der Xhosa liegt heute in der Provinz Eastern Cape.

54 Hier benutzt im Sinne der Lehre von den Gegensätzen in den Dingen bzw. den Begriffen sowie die Auffindung und Aufhebung dieser Gegensätze.

55 Yin und Yang sind zwei Begriffe der chinesischen Philosophie, die für gegensätzliche Prinzipien stehen. Alle Phänomene werden als Manifestationen des Gegensatzes dieser beiden Gegenpole und ihres Wechselspiels gedeutet.

56 Die Balance finden in einem Spannungsfeld, ohne auf einen der beiden Pole auszuweichen.

57 Clare W. Graves (* 21. Dezember 1914 in New Richmond, Indiana; † 3. Januar 1986) war ein amerikanischer Professor für Psychologie und Begründer der Ebenentheorie der Persönlichkeitsentwicklung.

58 Don Edward Beck ist ein US-amerikanischer Management-Berater und Co-Autor (mit Christopher Cowan) des Buches *Spiral Dynamics*.

59 Theodore Andrea Cooke, *The curves of life* (aus: Don Beck und Christopher Cowan: *Spiral Dynamics. Leadership, Werte und Wandel, J. Kamphausen, Bielefeld*, S. 11)

60 Don Beck und Christopher Cowan: *Spiral Dynamics. Leadership, Werte und Wandel*, S. 35

61 Aus: Andreas Neef (2003): *Leben im Schwarm. Ein neues Leitbild transformiert Gesellschaft und Märkte*, z.B. zu finden unter http://www.changex.de/Article/article_924

62 Don Beck und Christopher Cowan: *Spiral Dynamics. Leadership, Werte und Wandel*, S. 65

63 Don Beck und Christopher Cowan: *Spiral Dynamics. Leadership, Werte und Wandel*, S. 86

64 Eine natürliche Hierarchie ist die Struktur menschlicher Beziehungen, die in einer lebendigen Zusammenarbeit entsteht. Rollen werden nicht statisch festgelegt, sondern entstehen immer wieder neu aus dem Interesse, Energiepotenzial und realen Unterschieden in den Entwicklungs- und Erfahrungsstufen der Einzelnen.

65 Don Beck und Christopher Cowan: *Spiral Dynamics. Leadership, Werte und Wandel*

66 Thomas Hübl ist ein zeitgemäßer spiritueller Lehrer. Er vertritt eine kompromisslose Klarheit, die das erleuchtete Potenzial einer neuen WIR-Kultur zum Vorschein bringt. Die Arbeit seiner Workshops und Trainings führt Menschen in eine tiefere Dimension von Selbst-Bewusstheit und individueller Verantwortung.

67 Thomas Hübl: *Sharing the Presence, J. Kamphausen, Bielefeld*, S. 15

68 Aus: Andreas Neef (2003): Leben im Schwarm. Ein neues Leitbild transformiert Gesellschaft und Märkte, vgl. Anm. 61.

69 James Lovelock (* 26. Juli 1919 in England) ist Chemiker, Mediziner, Biophysiker und Erfinder und Mitbegründer der Gaia-Hypothese zur Physiologie der Erde (Geophysiologie).

70 Pierre Teilhard de Chardin (*1881 in Frankreich, †1955 in New York) war ein französischer Jesuit, Theologe, Philosoph, Anthropologe, Geologe und Paläontologe. In seinem Werk versuchte er Wissenschaft und religiösen Glauben miteinander zu versöhnen.

71 Pierre Teilhard de Chardin, *Der Mensch im Kosmos*, C.H. Beck, München, 1994

72 Peter Russell (* 7. Mai 1946) ist ein britischer Autor und Produzent von drei Filmen über Bewusstsein, spirituelles Erwachen und ihre Rolle in der zukünftigen Entwicklung der Menschheit.

5

73 Die Transkei war das erste der ehemaligen autonomen Bantu-Verwaltungsgebiete im östlichen Kapland in Südafrika. Mit der Hauptstadt Umtata erhielt die Transkei als Homeland innerhalb der Apartheid-Politik Südafrikas begrenzte Autonomie.

74 www.sekem.com

75 Rajneesh Jain (* 1931; † 1990) war ein indischer Philosophieprofessor und Begründer der Neo-Sannyas-Bewegung. Er nannte sich zuerst Acharya Rajneesh (Mitte der Sechzigerjahre bis Anfang der Siebzigerjahre), danach Bhagwan Shree Rajneesh (bis Ende 1988) und von 1989 bis zu seinem Tod Osho.

76 Paul Hawken (* 8. Februar 1946) ist ein US-amerikanischer Umweltschützer und Bestsellerautor.

77 Siehe Endnote 70

78 Claude AnShin Thomas (*1947 in Pennsylvania) ist ein Veteran des Vietnamkriegs und Soto-Zen-Priester. Er versteht sich als Wandermönch und reist jährlich mehrere Monate, hält Vorträge und Retreats. Sein spezielles Interesse gilt der Heilung von Wunden, die durch Gewalt und Krieg verursacht sind.

79 Mohandas Gandhi (* 1869 in Gujarat, Indien; †1948 in Delhi) war ein indischer Rechtsanwalt und politischer sowie geistiger Führer der indischen Unabhängigkeitsbewegung, die 1947 mit dem von ihm entwickelten Konzept des gewaltfreien Widerstandes das Ende der britischen Kolonialherrschaft über Indien herbeiführte.

80 Paul Celan (* 1920 in Czernowitz, damals Rumänien, heute Ukraine; † vermutlich 1970 in Paris) war ein deutschsprachiger Lyriker.

81 Beide Zitate aus H. Glaser, *Das dritte Reich*, Herder, Freiburg, S.67

82 Dr. Tom Steininger studierte Philosophie an der Universität Wien und beschäftigte sich eingehend mit Themen der Bewusstseinsevolution. Er unterrichtet einen Universitätsstudiengang in Conscious Evolution in Connecticut, USA und ist Chefredakteur der deutschen Ausgabe von „Enlightenment Next"?.

83 Robin Alfred lebt in der Gemeinschaft Findhorn in Schottland und arbeitet als Coach und Berater.

84 Ein Dokumentarfilm in zwei Versionen, von 1976 und 1981. Regisseure: Jørgen Flindt Pedersen und Erik Stephensen

85 Mathis Wackernagel ist ein Schweizer Anwalt und derzeitiger Präsident des „Global Footprint Network", das er zusammen mit Professor William Rees ins Leben gerufen hat.

86 Siehe hierzu http://de.wikipedia.org/wiki/Grenze_zwischen_den_Vereinigten_ Staaten_und_Mexiko

87 Siehe hierzu auch Michael Moores satirischen Dokumentarfilm „Bowling for Columbine" über eine „Kultur der Angst" in den USA.

6

88 Genesis 3,1-16 beschreibt den Sündenfall von Adam und Eva. Dieser Geschichte zufolge wird Eva von der Schlange verführt, vom Baum der Erkenntnis zu essen. Dessen nicht genug, verführt sie Adam dazu, es ihr gleich zu tun. Gott tadelt Eva.

89 Zitat von Sir Henry Taylor

90 Jon Kabat-Zinn, *Zur Besinnung kommen*, Arbor, München, S. 530

91 Tania Singer (* 8. Dezember 1969 in München) ist Hirnforscherin und Professorin am „Center for Social Neuroscience and Neuroeconomics" an der Universität Zürich. In dieser Rolle wirkt sie beim Forschungsprogramm der Universität Zürich über die Grundlagen des menschlichen Sozialverhaltens mit.

92 Daniel Goleman: *Soziale Intelligenz: Wer auf andere zugehen kann, hat mehr vom Leben*, Droemer/Knaur, 2006, S. 27

93 Weber, Andreas: *Alles fühlt. Mensch, Natur und die Revolution der Lebenswissenschaften*, Berliner Tb Verlag, 2008, S. 94,

94 Daniel Goleman: *Soziale Intelligenz: Wer auf andere zugehen kann, hat mehr vom Leben*, Droemer/Knaur, 2006, S. 36

95 Paul Ekman (* 15. Februar 1934 in Washington D. C.) ist ein US-amerikanischer Anthropologe und Psychologe, der besonders für seine Forschungen zur nonverbalen Kommunikation bekannt wurde.

96 Giacomo Rizzolatti (* 28. April 1937 in Kiew) ist ein italienischer Neurophysiologe und heute Professor an der Universität Parma. Er leitet eine Forschungsgruppe zum Thema Spiegelneurone. Seit 1989 ist er Mitglied der „Academia Europaea".

97 Daniel Goleman: *Soziale Intelligenz: Wer auf andere zugehen kann, hat mehr vom Leben*, Droemer/Knaur, 2006, S. 69

98 Daniel Goleman: *Soziale Intelligenz: Wer auf andere zugehen kann, hat mehr vom Leben*, Droemer/Knaur, 2006 S. 97

99 Daniel Goleman: *Soziale Intelligenz: Wer auf andere zugehen kann, hat mehr vom Leben*, Droemer/Knaur, 2006, S. 48

100 Allan Schore führte den Begriff *Protokonversation* ein, der das typische aus Blicken, Gesten und einfacher Ansprache bestehende Kommunikationsspiel zwischen Mutter und Kind beschreibt.

101 Kollektive Ansteckung

102 Siehe Endnote 66

103 Daniel Goleman: *Soziale Intelligenz: Wer auf andere zugehen kann, hat mehr vom Leben*, Droemer/Knaur, 2006, S. 82

104 Weber, Andreas: *Alles fühlt. Mensch, Natur und die Revolution der Lebenswissenschaften*, Berliner Tb Verlag, 2008, S. 104

105 Joanna Macy, Ph.D (* Mai 1929), ist eine Gelehrte des Buddhismus, der allgemeinen Systemtheorie und der Tiefenökologie. Sie erhebt ihre Stimme für Frieden, Gerechtigkeit und den Schutz der Umwelt.

106 Jesus, im 18. Kapitel des Matthäus-Evangeliums

107 Nassim Nicholas Taleb: *Der Schwarze Schwan*, Hanser, München, S. 13

7

108 Siehe www.siebenlinden.de

109 „Global Commons" beschreiben die natürlichen Ressourcen, die in die Obhut aller Menschen gehören und zum Wohle aller erhalten werden sollten, wie Wälder, Ozeane, Landmassen, Trinkwasser und kulturelles Erbe. Früher bezeichnete das Wort „commons" das Land am und im Dorf, das allen gemeinsam gehörte.

110 Rilke, *Über die Geduld*

111 Teilnehmer-Feedback aus einem World Café 2009

112 Siehe hierzu Kapitel 10.2, Christopher Alexander: „Jedes Muster beschreibt zunächst ein in unserer Umwelt immer wieder auftretendes Problem und beschreibt dann den Kern der Lösung dieses Problems, und zwar so, dass man diese Lösung millionenfach anwenden kann, ohne sich je zu wiederholen."

113 Siehe hierzu auch die weiterführende Erklärung in Kapitel 2. 2 „Geistige Grundlagen"

114 Zitat: Victor Hugo (* 1802 in Besançon; †1885 in Paris) war ein französischer Schriftsteller. Er schrieb zahllose Gedichte sowie Romane und Dramen und betätigte sich als literarischer, aber auch politischer Publizist. Vielen Franzosen gilt er als ihr größter Autor überhaupt.

115 Eckhart von Hochheim, bekannt als Meister Eckhart (* um 1260 bei Gotha – † 1328 in Avignon oder Köln), war ein bedeutender spätmittelalterlicher Theologe und Philosoph. Er gehörte dem Orden der Dominikaner an und wird oft als Mystiker bezeichnet.

116 James Surowiecki: *The Wisdom of Crowds*, S. XIV

117 Siehe Kapitel 3.2 „Das Phänomen"

118 *Alkoholkonsum in Deutschland extrem hoch,* 13. Juni 2009, Welt-Online

119 James Surowiecki: *The Wisdom of Crowds,* S. 11

120 Albert Einstein

121 Jon Kabat-Zinn: *Zur Besinnung kommen,* Arbor, 2005, S. 205

122 Siehe Kapitel2.2 „Geistige Grundlagen"

123 Ernst Cassierer, deutscher Philosoph, 1874–1945

124 Rainer Maria Rilke, aus „Briefe an einen jungen Dichter"

125 Gert Scobel: *Weisheit. Über das, was uns fehlt,* S. 441

8

126 Siehe www.gen-europe.org

127 Das Wort *Curriculum* wird gelegentlich mit Lehrplan oder Lehrzielvorgabe
gleichgesetzt. Ein Lehrplan ist in der Regel auf die Aufzählung der Unterrichtsinhalte
beschränkt. Das Curriculum orientiert sich hingegen mehr an Lehrzielen und
am Ablauf des Lehr-Lern-Prozesses. Insbesondere enthält es Aussagen über die
Rahmenbedingungen des Lernens.

128 Siehe www.gaiaeducation.org

129 Für die Jahre 2004–2014 haben die Vereinten Nationen eine UN-Dekade zur
Förderung von Bildung für nachhaltige Entwicklung ausgerufen. Ziel dieser
Dekade ist es, die Prinzipien nachhaltiger Entwicklung weltweit in nationalen
Bildungssystemen zu verankern.

130 http://www.uoc.edu/portal/english/

131 Siehe Kapitel 2.2 „Geistige Grundlagen"

132 Scott Peck: *The Different Drum. Community making and peace,* Touchstone, 1988

133 Siehe Kapitel 8.7 „Das Forum"

134 David Bohm: *On Dialogue,* Routledge Classics, 1996, S. 25

135 Siehe Kapitel 2.2 „Geistige Grundlagen"

136 Bohm, David: *On Dialogue,* Routledge Classics, 1996, S. 142

137 William Isaacs: *Dialog als Kunst gemeinsam zu denken. Die neue Kommunikation in
Organisationen,* Ehr, 2002, S. 63

138 a.a.O., S. 79

139 a.a.O., S. 123

140 David Bohm: *On Dialogue,* Routledge Classics, 1996, S. 31

141 Morgan Scott Peck (* 22. Mai 1936 in New York City; † 25. September 2005
in Connecticut) war ein US-amerikanischer Psychiater, Psychotherapeut und
Schriftsteller.

142 Scott Peck: *The Different Drum. Community making and peace,* S. 17

143 Das ZEGG (Zentrum für Experimentelle GesellschaftsGestaltung) ist eine
Lebensgemeinschaft von etwa 80 Menschen, die ein 15 ha großes Gelände am Rande
von Belzig, 80 km südwestlich von Berlin, bewohnt. Es versteht sich als Projekt zur
Entwicklung einer alternativen Gesellschaftsform.

144 Siehe Kapitel 2.2 „Grundlagen"

145 Arnold Mindell (* 1. Januar 1940) ist ein US-amerikanischer Psychotherapeut und Schriftsteller. Er begründete die prozessorientierte Psychologie. Er lebt in Portland im US-Bundesstaat Oregon. Seine 19 Bücher wurden in 20 Sprachen veröffentlicht.

146 Arnold Mindell: *Sitting in the Fire: Large Group Transformation using Conflict and Diversity*, S. 193

147 Arnold Mindell: *Sitting in the Fire: Large Group Transformation using Conflict and Diversity*, S. 96

148 Harrison Owen gilt derzeit als einer der originellsten Organisationsentwickler. Besondere Berühmtheit hat er mit seinem Großgruppen-Moderationsmodell „Open Space" erlangt.

149 David Isaacs ist Präsident von Clearings Communications, die sich mit Organisations- und Kommunikationsstrategie befasst und Führungskräfte in den USA und anderen Ländern berät.

150 Juanita Brown , Ph. D., ist Mitbegründerin des World Café. Als „Thinking Partner" und Prozessgestalterin arbeitet sie mit Führungskräften zusammen und konzipiert und begleitet innovative Foren für strategische Dialoge rund um kritische Fragestellungen in Organisation und Gesellschaft.

151 Siehe Kapitel 8.5 „Die Dialog-Methode nach David Bohm"

152 Siehe Kapitel 2.2 „Geistige Grundlagen"

153 Siehe Kapitel 2.2 „Geistige Grundlagen"

154 Paulo Freire, *Pedagogy of the Oppressed*, Penguin Books, 1996, S. 68

155 Stephen Mitchell, *Laotse – Tao Te King*, S. 41

156 Otto Scharmer studierte Ökonomie und Betriebswirtschaft an der Witten-Herdecke Universität. Heute ist er Dozent am Massachusetts Institute of Technology (MIT) und Mitbergünder des Presencing Institute.

157 z.B. Peter Senge, Joseph Jaworski, Betty Sue Flowers

158 Otto Scharmer: *Theory U. Leading from the Future as it Emerges*, SoL, Cambridge USA, 2007, S. 10

159 a.a.O., S. 29

160 Jon Kabat-Zinn: *Zur Besinnung kommen*, Arbor, 2005, S.173

161 Otto Scharmer: *Theory U. Leading from the Future as it Emerges*, S. 410

162 John Croft (*1949 in Australien) arbeitete im Bereich der „community development and empowerment eduction" in Indonesien, Papua-Neuguinea, Australien, Afrika, USA und Europa. Dabei entwickelte er die Dragon Dreaming-Methode.

163 Engl.: auf einem gesunden Selbstwert basierende Mittelbeschaffung

164 „Swarming Organisations": Aus Andreas Neef (2003): *Leben im Schwarm. Ein neues Leitbild transformiert Gesellschaft und Märkte*, z.B. zu finden unter http://www.changex.de/Article/article_924

165 Zitat von Francois Wiesmann, siehe auch www.creacom.org

166 Brian Robertson ist international als früher Pionier von Holacracy bekannt. Er begann Holacracy zu verwenden, während er für Ternary Software arbeitete, ein preisgekröntes, wachstumsstarkes Software-Beratungsunternehmen, das er im Jahre 2001 gründete und bis 2007 als Geschäftsführer leitete.

9

167 Siehe Ken Wilber: *Sex, Ecology, Spirituality*, Shambhala 2001

168 Siehe Kapitel 8.12 „U-Theory nach Otto Scharmer"

169 Riane Eisler (* 1937 Wien) ist eine US-amerikanische Rechtsanwältin, Kulturanthropologin und Schriftstellerin. Sie absolvierte ein Soziologie- und Jura-Studium an der University of California, lehrte dort und forschte zur Kulturgeschichte und Evolution der Menschheit. Sie ist Autorin vieler Bücher und Artikel, außerdem Präsidentin des Center for Partnership Studies.

170 John Holloway (* 1947 in Dublin) ist Politikwissenschaftler. Er lehrt seit 1993 an der Benemérita Universidad Autónoma de Puebla (BUAP) in Puebla/Mexiko.

171 Manitonquat, auch bekannt als Medicine Story, ist ein Geschichtenerzähler und Wächter traditioneller Überlieferungen der Wampanoag-Nation in Massachusetts. Er ist zudem Dichter, Autor zahlreicher Bücher und Mitglied der „Association of Humanistic Psychology".

10

172 www.gensenegal.org

173 Siehe Kapitel 8.1 – International entwickelter Kurs: *Ecovillage Design Education*

174 „Permakultur" ist ein Oberbegriff für die Entwicklung und Anwendung von ethisch basierten Leitsätzen und Prinzipien zur Planung, Gestaltung und Erhaltung zukunftsfähiger Lebensräume. Schwerpunkte bilden dabei Nahrungsproduktion, Energieversorgung, Landschaftsplanung und die Gestaltung sozialer (Infra)Strukturen.

175 Die Tröpfchenbewässerung ist eine Bewässerungstechnik, bei der an Schläuchen in regelmäßigen Abständen Auslässe angebracht sind, über die nur geringe, exakte Wassermengen (tröpfchenweise meist 2–4 l/h) abgegeben werden.

176 Siehe hierzu auch Starhawk: *The Practice of Direct Democracy* in: *Beyond You and Me*, S. 96, Kosha Anja Joubert / Robin Alfred

177 Siehe zu *Fraktal* auch das Kapitel 2.2 „Geistige Grundlagen"

178 www.avaaz.org/de

179 Thich Nhat Than, *The Art of Power*, Harper One, 2007, S. 159

180 Christopher Alexander (* 4. Oktober 1936 in Wien) ist ein US-amerikanischer Architekt, Architekturtheoretiker, Systemtheoretiker und Philosoph des 20. Jahrhunderts.

181 Christopher Alexander: *Eine Muster-Sprache. Städte, Gebäude, Konstruktion.*, Loecker, 2000, S. X

182 a.a.O., S. XII

183 Ernst Friedrich "Fritz" Schumacher (* 16. August 1911 in Bonn; † 4. September 1977) war ein britischer Ökonom.

184 Von der Zeitschrift „Times Literary Supplement"

185 Siehe hierzu die Arbeit von Prof. Kruse und die Webseite www.nextpractice.de

186 http://www.sueddeutsche.de/wirtschaft/718/451432/text/

187 Aus: Stefan Klein: *Wie kommt das Gute in die Welt?*, Die Zeit, Nr. 53 vom 22. Dezember 2009

188 Sehr empfehlenswert: http://www.blessedunrest.com/video.html

189 Lawrence Siehe Kohlberg: *Die Psychologie der Moralentwicklung*, Suhrkamp, 1996

Ina Schmidt

Denkanstöße

Kann die Eröffnung neuer Denkräume die Welt verändern?
Ina Schmidt plädiert überzeugend für eine Lebens- und
Arbeitspraxis des philosophischen Denkens, die vermeintliche
Gewissheiten hinterfragt und Widersprüche aushalten kann.

Wer neue Lösungen und Antworten sucht, entdeckt in der lebendigen Philosophie eine Quelle, die trotz aller Unwägbarkeiten
das Leben voller Heiterkeit und Vertrauen bejaht. Und vielleicht
sogar glücklich macht!

Ina Schmidt: Macht Denken glücklich? | 200 Seiten | ISBN 978-3-89901-265-1

j kamphausen   www.weltinnenraum.de